Armin Täubner

Über Feld und Wiesen

Eine Schafherde und ihre Begleiter
Fensterbilder aus Tonkarton

frechverlag

Von dem bekannten und beliebten Autor Armin Täubner sind im frechverlag zahlreiche andere Titel erschienen. Hier eine Auswahl:

TOPP 2030

TOPP 2027

TOPP 1992

TOPP 1943

TOPP 1917

TOPP 1916

Fotos: frechverlag GmbH + Co. Druck KG, 70499 Stuttgart; Birgitt Gutermuth

Auflage: 5. 4. 3. 2. 1. | Letzte Zahlen
Jahr: 2000 1999 98 97 96 | maßgebend

frechverlag GmbH + Co. Druck KG, 70499 Stuttgart

ISBN 3-7724-2040-0 · Best.-Nr. 2040

Druck: frechverlag GmbH + Co. Druck KG, 70499 Stuttgart

Ein Schäfer und seine Herde – nur noch selten ist diese malerische Szene zu beobachten, denn es gibt kaum noch Männer und Frauen, die diesen anstrengenden Beruf ausüben wollen.
In jeder Jahreszeit, auch bei Regen und Kälte, brauchen die Tiere Futter, und wenn die Herde durch die Landschaft wandert, müssen der Schäfer und seine gut ausgebildeten Hunde sie ständig beaufsichtigen, damit die Vierbeiner ohne Schaden durch Feld und Wiesen ziehen können.

Wer dieses idyllische Bild schon lange vermißt, der kann sich den Schäfer und seine Herde mit diesem Buch ab jetzt ans Fenster holen, als naturgetreue Fensterbilder aus Tonkarton. Der Vorteil liegt auf der Hand: Beliebig miteinander variierbar, bilden die einzelnen Motive immer wieder neue Szenen – so wird's an Ihrem Fenster niemals langweilig!
Denn neben den Grundfiguren wie Schäfer, Schafe und Hunde finden Sie in diesem Buch auch liebevoll gestaltete Einzelteile wie Pflanzen, Schmetterlinge, Vögel, einen echten Schäferkarren oder auch die Esel Franz und Franziska, die die Szenen abrunden.

Und wenn es der Herde an Ihrem Fenster gefällt, dann wird sie sicher noch ständig weiterwachsen ...!

Schritt-für-Schritt-Anleitung

1. Übertragen Sie alle Motivteile ohne Überschneidungen mit Bleistift auf Transparentpapier.

2. Die abgepausten Motivteile werden mit einem Klebestift auf einen dünnen Karton geklebt.

3. Nun schneiden Sie die Teile mit einem Cutter bzw. einer Schere exakt aus.

4. Legen Sie diese Schablonen auf den Tonkarton der gewünschten Farbe, und ziehen Sie dann die Umrisse mit Bleistift nach.

5. Schneiden Sie die aufgezeichneten Teile aus.

1

2

3

4

5

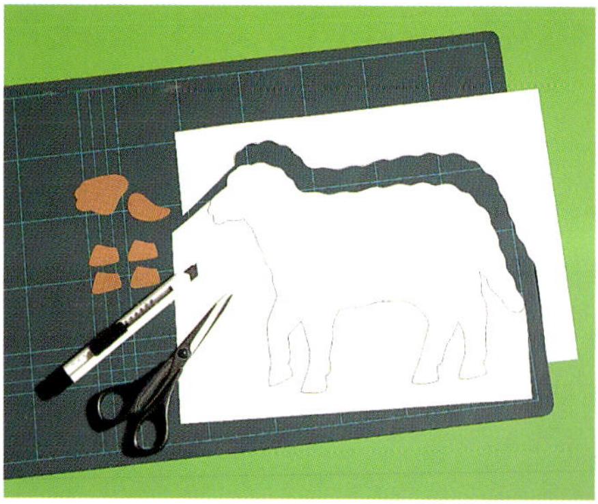

6. Zum Schluß werden die Teile zusammengeklebt.
Mit Tuschefüller und Filzstift können nun die Gesichter aufgemalt werden.

Wenn Sie die Konturen des Fells noch mit Pluster-Pen nachziehen und die Farbe fönen, quillt sie auf und unterstreicht den Wollcharakter des Fells.
Auf die Wiese, deren Größe Sie je nach Fenster angleichen, können Sie übrigens mit Lackstiften noch Blumen aufmalen.

Und noch ein wichtiger Hinweis:
Wenn Sie die Schablonen vor dem Übertragen auf Tonkarton umdrehen, werden Ihre Fensterbilder gekontert.

6

Das heißt zum Beispiel, daß Toni nicht nach links, sondern nach rechts läuft – eine ganz einfache Möglichkeit, die gezeigten Szenen noch weiter zu variieren!

Piktogramme

Schäfer

Schafe

Hunde

Esel

Pflanzen

Vögel

Sonstiges

Sonstiges

Über Feld und Wiesen

Schäfer:
Mantel
und Stiefel
Kopf Nr. 2
Ärmel Nr. 1
Hände Nr.
1, 2

Schafe:
Toni
Selma
Fritzchen

Pflanzen:
Wacholder
Nr. 3, 4
Wiese

Sonstiges

Sonstiges:
Schäferschippe

Hallo, kleiner Freund!

Schafe:
Toni
Fränzchen

Pflanzen:
Grasbüschel
Nr. 1, 2, 3
Wiese

Sonstiges:
Pferch
Schmetter-
linge
Nr. 1, 2

So läßt's sich leben!

Schafe:
Selma
Maria
Martha
Fritzchen
Lieschen

Pflanzen:
Wacholder
Nr. 3
Grasbüschel
Nr. 1, 2, 3
Pflanze
Nr. 1
Wiese

Sonstiges

Sonstiges:
Steine
Nr. 1, 3
Schmetter-
linge
Nr. 1, 2
Brunnen

Vögel:
Wachteln
Nr. 2, 5

Keine Angst – wir suchen Deine Mama!

Schäfer:
Mantel
und Stiefel
Kopf Nr. 2
Ärmel Nr. 2
Hand Nr. 3

Schaf:
Susi

Hund:
Max

Vogel:
Wachtel
Nr. 4

Pflanzen:
Grasbüschel
Nr. 1, 2, 3
Wiese

Lecker!

Esel:
Franz
Franziska

Vogel:
Krähe
Nr. 2

Pflanzen:
Grasbüschel
Nr. 1, 2, 3
Blüten-
pflanzen
Nr. 1, 2, 3,
4, 5
Wiese

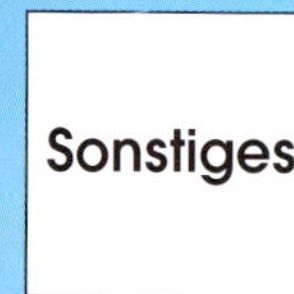

Sonstiges:
Schmetter-
ling Nr. 2
Steine
Nr. 1, 2

Hallo, Anton!

(Beschreibung Seite 12)

Hallo, Anton!

(Abbildung Seite 11)

Schafe:
Petra
Fritzchen

Hund:
Anton

Vögel:
Wachteln
Nr. 1, 2, 4
Krähe
Nr. 2

Sonstiges

Sonstiges:
Pferch
Schmetter-
ling
2 x Nr. 1

Pflanzen:
Wiese

Komm zu mir, Lieschen!

Schafe:
Martha
Lieschen

Vogel:
Krähe
Nr. 2

Pflanzen:
Wacholder
Nr. 2, 4
Grasbüschel
Nr. 1, 2, 3
Wiese

Sonstiges

Sonstiges:
Steine
Nr. 1, 3
Schmetter-
linge
2 x Nr. 1
1 x Nr. 2

Aus dem Weg!

Schafe:
Fritz
Petra

Sonstiges

Sonstiges:
Pferch
Schmetterling
Nr. 1

Pflanzen:
Wiese

Komm doch rüber zu uns!

(Beschreibung Seite 16)

Komm doch rüber zu uns!

(Abbildung Seite 15)

			Sonstiges
Schafe:	**Vögel:**	**Pflanzen:**	**Sonstiges:**
Anja Lieschen Fritzchen	Wachteln Nr. 1, 2, 3, 5	Grasbüschel Nr. 3 Wiese	Pferch

Ich habe einen Leckerbissen für Dich!

Schäfer:	**Schafe:**	**Pflanzen:**
Mantel mit Stiefeln Kopf Nr. 1 Ärmel Nr. 2 Hand Nr. 3	Fritz Petra Fritzchen	Wacholder Nr. 3, 4 Grasbüschel Nr. 2 Wiese

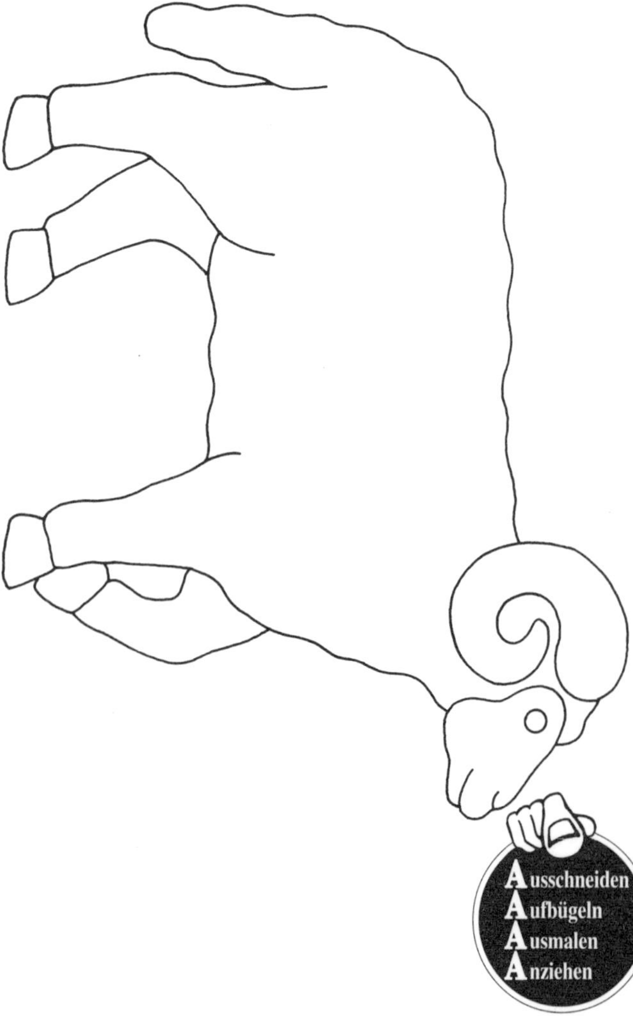

Ausschneiden
Aufbügeln
Ausmalen
Anziehen

Schöne Aussicht hier oben!

Schaf:
Mariechen

Pflanzen:
Grasbüschel
Nr. 1, 2, 3
Wiese

Sonstiges

Sonstiges:
Steine
Nr. 1, 3

Schmeckt's?

(Beschreibung Seite 20)

Toni!

Schaf:
Toni

Pflanzen:
Wiese

Bald geht's weiter...!

(Beschreibung Seite 24)

Geht's jetzt los?

(Beschreibung Seite 28)

Wir ziehen weiter!

(Beschreibung Seite 32)

Isabella Archan wurde 1965 in Graz (Österreich) geboren. Nach Abitur und Schauspieldiplom folgten viele Jahre Theaterengagements an Stadt- und Staatstheatern in Österreich, der Schweiz und Deutschland. Seit 2002 lebt Isabella Archan als Freiberuflerin in Köln, wo sie eine zweite Karriere als Autorin begann. Einige Theaterstücke, Kurzkrimis und vier Kriminalromane wurden bereits veröffentlicht. Neben dem Schreiben ist Isabella Archan immer wieder in Rollen in TV und Film zu sehen, unter anderem im Kölner »Tatort«, in der »Lindenstraße« und in »Diese Kaminskis«. Ihre eigenen Krimiabende erfreuen sich großer Beliebtheit.
www.isabella-archan.de

ISABELLA ARCHAN

AUCH KILLER HABEN KARIES

KRIMINALROMAN

emons:

Bibliografische Information der Deutschen Nationalbibliothek
Die Deutsche Nationalbibliothek verzeichnet diese Publikation in der Deutschen Nationalbibliografie; detaillierte bibliografische Daten sind im Internet über http://dnb.d-nb.de abrufbar.

MIX
Papier aus verantwortungsvollen Quellen
FSC® C083411
FSC
www.fsc.org

Umschlaggestaltung: Nina Schäfer
Gestaltung Innenteil: César Satz & Grafik GmbH, Köln
Lektorat: Hilla Czinczoll
Druck und Bindung: CPI – Clausen & Bosse, Leck
Printed in Germany 2017
ISBN 978-3-7408-0036-9
Originalausgabe

Dieser Roman wurde vermittelt durch die
Autoren- und Verlagsagentur Peter Molden, Köln.

Wenn man keine Zähne mehr hat,
kommen die besten Beefsteaks.

Auguste Renoir

TEIL 1

INDIVIDUELL VORANGEHEN

EINS

Ebbi liebte ihren Mörder.

In der leeren Wohnung hatte sie ihn schon hören können, obwohl er sich bemühte, leise auf dem Parkett aufzutreten.

Tanzen hätte man hier drinnen können, dachte sie, in diesem großen Raum, noch jungfräulich ohne Möbel, mit Blick auf den Rudolfplatz, das Getümmel da unten an der Haltestelle neben der Hahnentorburg und auf dem kleinen Trödelmarkt, der dieses Wochenende davor stattfand.

Dieses große Bedauern schlich sich ein, das sich schon in den letzten Wochen immer wieder zwischen ihren euphorischen Schüben gezeigt hatte. Bedauern darüber, alles erst so spät und mit solcher Vorsicht auszuleben, dass es schon mehr einem zarten Heben des Zeigefingers als einem schrillen Coming-out glich.

Sie zupfte an ihrem engen Rock, wechselte das Spiel- zum Standbein. Drehte sich nicht um.

Kein Blick zurück, das würde es leichter machen.

In der großen Fensterscheibe spiegelte sich im Licht der Vormittagssonne ihr halbes Gesicht. Die getuschten Wimpern am linken Auge, das Rouge unterhalb der Wangenknochen, der halbe rote Mund. Die andere Hälfte blieb im Glas verschwommen wie unter einer Wasseroberfläche, auf die ein Lichtstrahl trifft. Halb und halb. Ein Mensch und ein Engel, gepaart. Ein so hübscher Gedanke.

Ein bisschen irdisch böse und himmlisch gut. Ein wenig wie Two Face aus den Batman-Comics – der Vergleich hätte ihrem Sohn besser gefallen. Comics und PC-Spiele, der einzige Zugang zu ihm, eine Gemeinsamkeit in den schwierigen Jahren der späten Pubertät. Sie grüßten sich und lebten unter einem Dach, viel mehr oft nicht.

Sie schüttelte schnell den Kopf, die klare Hälfte in der Fensterspiegelung tat das Gleiche. Nur jetzt nicht daran denken.

Leises Klack, Klack, Klack und noch einmal, noch leiser, Klack, Klack, Klack.

Die Schritte hinter ihr kamen rhythmisch näher.

Walzer könnte es sein oder besser Bolero, der klassische erotische Balztanz. Das Wort Erotik ließ Ebbi kurz zittern. Was für Träume sie gehabt hatte. Was für Pläne. Wie viele Stunden verloren in einer inneren Phantasiewelt, die ihr im realen Leben jetzt fehlten. Nicht ausgelebte Sehnsüchte direkt in den Sarg gelegt statt der üblichen Blumen. Doch unfair, wenn sie es näher betrachtete. Unfair dem Rest des halben Lebens gegenüber, das ihr noch hätte bleiben können.

Nein, die Entscheidung war gefallen. Alea iacta est. Ihre Würfel wohl auch.

Straßenlärm drang von unten hoch, leise wogend wie die näher kommenden Schritte.

Da unten kauften die Leute ein, begannen ihr Wochenende mit einem Bummel durch die Mittelstraße Richtung Fußgängerzone, trödelten sich durch die Stände, holten sich noch ein Duschgel oder ihren Lieblingsaufstrich beim dm an der Ecke, der eine aß vielleicht schon seine erste Currywurst, der andere trank einen Milchkaffee, dazu ein frisches Brötchen. Banal, alltäglich, ohne Verstellung, ohne Panik vor einer finalen Geheimnislüftung, oder manch einer doch beseelt von dem Wunsch danach. Bummeln, plaudern, flirten, shoppen – oh, der Herbst ist da, Liebes, ich brauche noch einen neuen Mantel für den Winter …

Es wird mir doch fehlen, die Banalität meines Alltagslebens, so schwierig es auch in den letzten Jahren war, dachte sie.

Hinter ihr waren die Schritte zum Stillstand gekommen. Der Hauch eines Atems berührte sie am Nacken. Sie erwartete, ein zweites halbes Gesicht auf der Scheibe vor ihr auftauchen zu sehen, aber da war nur eine Bewegung im Schatten ihres Kopfes.

Umdrehen, wegrennen, schreien.

Der Überlebensinstinkt meldete sich, spontan, wuchtig. Ebbi schluckte – und schluckte ihn hinunter. Er blieb in ihrer Kehle stecken, und sie musste sich räuspern.

»Hey.«

»Auch ein Hey!«

Die Stimme hinter ihr war sanft. Fast liebevoll.

Im Gegenzug bohrte sich eine Faust in ihren Rücken, drückte

gegen ihre Wirbelsäule. Sie schwankte nach vorn, ihr halbes Gesicht in der Scheibe tauchte in die Verschwommenheit des Sonnenstrahls ab, wurde zu einem reinen Engel aus Licht. Der Lärm von unten schien zuzunehmen, oder war das Rauschen in ihren Ohren nur die Angst vor dem, was kommen würde?

Sie wusste es. Wusste es und war trotzdem gekommen. Das konnte nur Liebe sein.

Ihr Schwanken wurde durch eine zweite, viel weichere Berührung an ihrem Oberarm gestoppt. Sie sah einen Moment hin. Handschuhe, natürlich. Schwarz und elegant. Es passte.

»Knie dich hin, Kleines!«

Kleines?

Ein Lachen schoss spontan und schnell aus ihrem Mund, hallte in dem Raum, umrundete sie beide, hüllte sie ein.

Jetzt wurde ihr Bedürfnis, sich doch noch umzudrehen, übermächtig. Umdrehen, den anderen in die Arme nehmen und tanzen. Schwingen auf dem Parkett, geführt werden, sich gehen und drehen lassen. Und am Ende vielleicht ein Kuss. Ein Kuss, nur um mit solchem Geschmack zu gehen und Danke zu sagen. Oder konnte die Liebe alles noch stoppen, am Ende eine Begnadigung erwirken?

Als hätte der Hintermann ihre Gedanken gelesen, ließ der Druck in ihrem unteren Rücken nach. Stattdessen streichelten Finger mit Stoff verhüllt über ihren Nacken, leicht wie eine Herbstbrise, bevor die Stürme des Winters kommen. Stoff über der Haut, glatt, etwas kühl, kein Leder, vielleicht Seide?

Sie beugte den linken Fuß zuerst, schwankte wieder etwas in den ungewohnten Schuhen, musste sich mit der linken Hand abstützen am Boden, fühlte das Parkett an ihrer Handfläche, es war hart und glatt zugleich. Poliert. Sauber. Ihr rechtes Knie folgte, und der enge Rock rutschte nach oben, gab ihre Schenkel in den schwarzen Strümpfen frei.

Hinter ihr hörte sie das Atmen schneller werden.

Es ist doch ein Liebesakt, dachte sie wieder, es muss Liebe sein, denn nur Liebe ist fähig zu so einer Tat.

Das nächste Geräusch war ein Wischen, dann klatschte etwas weich auf den Boden. Der Tanz konnte beginnen.

Der Gedanke an das Sterben tat weh wie ein Stoß in den Rücken.

Ihr Herz pumpte schneller, für den Bruchteil einer Sekunde war der Überlebenswille zurück, bäumte sich wieder auf. Nach all den Jahren sollte es ihr doch gestattet sein, endlich ihre wahre Natur zu genießen. Eine Stunde noch, einen Tag, vielleicht, wenn sie alle Brücken hinter sich abbrechen würde, ein Jahr. Dann konnte ihr geliebter Mörder immer noch seinen finalen Liebesbeweis an ihr vollbringen.

Eins, zwei drei – eins, zwei, drei.

Walzer, nein, Bolero. Erotik und bitte, bitte, bitte Sex. Sex, den sie in Gedanken seit Jahrzehnten lebte, endlich, bitte endlich wirklich fühlen. Es war zu früh zum Sterben. Mörder. Hör mich an. Halt. Nicht hier, nicht heute, nicht dein »Kleines« töten.

Ebbi hob den Blick und sah jetzt doch eine neue Spiegelung in der Scheibe. Zwei Arme, die nach oben gingen, eine elegante Bewegung, hoch und wieder schnell nach unten.

Stopp! Schrie sie oder wollte sie schreien. Ihre Zehen verkrampften sich in den ungewohnt engen Schuhen, ihre Knie drückten sich gegen das Parkett, bereit, wieder zum Stehen zu kommen.

Doch der andere, der Schatten, der Mörder mit all seiner Liebe im Herzen, war schneller.

Vor ihren Augen huschte ein Streifen vorbei, eine Linie, ein braunes Stück Stoff oder Leder oder Schnur, um sich im nächsten Moment um ihren Hals, ihre Kehle zu legen und sich zusammenzuziehen.

Der Schmerz kam.

Ein Brennen, ein Stechen, ein heller Blitz an ihrem Kehlkopf.

Damit hatte sie nicht gerechnet.

Nicht mit dieser aufbrausenden körperlichen Qual, nicht mit solch einem irren Tanz.

Endlich stemmten sich ihre Knie vom Boden hoch. Sie war groß, sie war stark, sie würde sich zur Wehr setzen können. Ihr Becken hob sich, ihr Bauch kam nach vorn. Ihre Arme fuchtelten nach oben und nach hinten, versuchten, den Würgenden zu fangen, zu greifen, abzustoppen.

Im selben Augenblick zog der Mörder sie mit seinem Gewicht nach hinten, ihr gesamter Körper kam in eine schräge Lage, kippte, rutschte ab. Der Schmerz am Hals nahm zu, dimensionierte sich, war wie glühende Kohle auf nackter Haut.

Hilfe!

Das musste sie schreien. Hilfe und Polizei und rettet mich!

Sie riss den Mund auf, zwang die Lippen auseinander, doch statt eines Wortes oder Tones war da nur ein Gurgeln, ein Krächzen, ein seltsamer außerirdischer Laut, der sich wie der hochfrequente Ton einer Hundepfeife anhörte, den nur sie allein hören konnte und der sich in ihre Ohren fraß und von dort weiter in ihren Kopf.

Jetzt fiel sie.

Ihr Körper konnte die Schräglage nicht halten, er rutschte nach hinten und unten, und ihr Gesäß knallte auf den Boden. Auch das ein Schmerz, aber schon dunkel, wie von fern.

Irre Gier nach Luft erfasste sie.

Sie musste jetzt atmen. ATMEN.

Bitte, Hilfe und Luft und Atem und Rettung und Leben.

Jetzt, da es zu Ende ging, bitte, Leben, nur einen Tag, eine Stunde, eine Sekunde länger noch.

Ihre Finger hörten auf, nach dem Würgenden zu suchen, suchten stattdessen das Band, den Streifen, die Schnur um ihren Hals, wollten sich dazwischenquetschen, in eine Lücke zwischen Haut und Qual, doch sie fuchtelte nur wild in der Luft, schaffte es nicht, an die Stelle heranzukommen. Sie fühlte, wie sich ihr Kehlkopf nach innen drückte, ihr Hals wie in einem Mieder enger und enger geschnürt wurde.

Ihr Mund öffnete sich wie von selbst weiter, sie merkte, wie ihre Zunge nach vorn getrieben wurde, spürte den Druck hinter ihren Augäpfeln. In ihrem Kopf entstand das Bild, das ein Außenstehender von ihr haben musste, und Tränen, ob vom Würgen oder der erschreckenden Erkenntnis, schossen nur so aus ihren Augen, die immer noch das Fenster vor sich sahen, nichts spiegelte sich mehr darin. Kein Licht, kein Engel, nur blankes Glas. Da der Blick zur Hahnentorburg, ganz obenauf wehende Fahnen, die näher zu kommen schienen, eine Vergrößerung des sichtbaren

Ausschnittes. Näher bis zum Fenster herein, nur um im selben Moment wegzuspringen und ganz klein zu werden unter einem Stück blauen Himmel.

In ihrem Kopf tauchten Farben auf, Formen mit allen möglichen Winkeln, und wie im Rausch kamen mehr Bilder, innere jetzt, keine Rückschau auf ihr Leben, aber Bilder von ihrem letzten Blick in den Spiegel, bevor sie in diese leere Wohnung gekommen war, bereit für ihren letzten Tanz mit dem Tod.

Hübsch hatte sie sich gefühlt, fremd, aber hübsch. Grob, aber doch auch auf eine seltsame Weise anziehend, ganz neu und doch wie lange ersehnt, erwartet. Aus dem Ei geschlüpft. Sie hatte sich über die Taille gestrichen, da fehlte noch ein Mieder, das ihr Form geben würde, ihre Beine sahen besser aus als befürchtet im engen Rock und in den schwarzen Strümpfen, die hohen Schuhe machten sich bezahlt. Nur oben, da bei den Brüsten, hatte sie es nicht gewagt, hinzugreifen, hätte dort die Illusion zerstört, begnügte sich mit dem Schauen. Hatte die Verwandlung genossen. Sich die Lippen nachgezogen, das ungewohnt viele Haar geordnet. Ein scheues Lächeln probiert.

Sie merkte, dass der Schmerz verebbte. Verblasste wie ihr Wunsch, doch weiter am Leben zu bleiben.

Keine Zeit, keine Luft, kein Atem mehr.

Ihr Kopf ging nach hinten, und jetzt konnte sie über sich eine Kontur sehen, eine Manifestation ihres Mörders, nicht mehr klar, aber Form und Rundungen.

Tanz mit mir, sagte Ebbi. Oder dachte sie. Oder träumte sie, schon in die Arme von Schlafes Bruder gleitend.

Klack, klack, klack.

Eins, zwei, drei.

Walzer.

Oh nein.

Bolero.

ZWEI

»Wenn man bei der Polizei arbeitet, kennt man auch nicht wirklich Zeiten wie Wochenende oder Brückentage, nicht mal Feierabend, aber dafür bekommt man, vielleicht nicht jedes Mal, aber oft …«

Mein Magen knurrt. Oh du Schande, und das so laut, dass man es sicher noch bis an die Nachbartische hören kann.

Schön, wir sitzen draußen. Es ist vielleicht einer der letzten schönen Septembervormittage. Alles also wunderbar, es ist Samstag, und das Café Rico am Rudolfplatz ist knallvoll. Wir haben die letzten zwei freien Plätze an der Ecke ergattert.

Ich habe heute Morgen nur Wasser getrunken, damit mein Bauch nicht so über meine Jeans quillt, noch keinen Schluck Kaffee, und statt meinem Gegenüber zuzuhören, kann ich nur an Koffein und Kalorien denken.

Mein Magen knurrt lauter.

Die Bedienung nähert sich. Endlich. Gott sei Dank. Es ist unsere Bestellung. Her damit, aber flott.

»So, hier Ihr Frühstück. Sorry, ganz schön viel los heute … aber da bin ich. Alles in Ordnung. Ja?«

Ja, eigentlich alles mehr als in Ordnung.

Ja, ich sitze mit einem gut aussehenden Mann beim Brunch.

Ja, die Sonne scheint, und dieser gut aussehende und auch ganz gut gebaute Mann hat mich heute Morgen bei der Begrüßung auf den Mund geküsst.

Na ja, in Wahrheit konnte ich mich nicht entscheiden, welche Backe ich ihm hinhalten soll, und da sind seine Lippen auf meinen Lippen gelandet. Peinlicherweise hatte ich Lipgloss darauf und habe gesehen, wie er sich klammheimlich mit seinen Fingern die Lippen gerieben hat.

Leo, Leo, das hast du mal wieder verbockt.

Aber sonst alles, alles schön und wunderbar!

Es ist Samstag, es scheint die Sonne, und der Mann ist noch hier. Sieht mir in die Augen und –

»Oh mein Gott, das tut mir jetzt aber leid.«

Es wird plötzlich nass über mir.

Die Kellnerin hat auf ihrem Tablett ein Kännchen Milch umgestoßen, das für den Nachbartisch bestimmt ist. Klar, die Milch rinnt über das Tablett und auf meine Brust, klar, ich habe mich entschlossen, heute die schwarze Jacke anzuziehen, auf der die weiße Milch gut rüberkommt.

Ich könnte die Kellnerin spontan erwürgen.

Nein, besser nicht, mir gegenüber sitzt ja Hauptkommissar Jakob Zimmer von der Kölner Mordkommission. Da würden schnell mal die Handschellen klicken.

Ich sehe ihn vor mir, wie er mich mit seinen Handschellen an die Pfosten meines Bettes fesselt. Nackt.

Oh mein Gott, Leo!

Eine schnelle kleine Selbstohrfeige löst das Problem mit meiner erotischen Phantasie. Die Kellnerin sieht mich kurz an, als ob ich eine Außerirdische wäre. Jakob Zimmer grinst schief, er kennt das schon.

»Kein Problem, so eine Milchtaufe ist mal was Neues«, sagt er, und die Kellnerin lacht, gibt mir eine Serviette. Ich lache auch, etwas unecht zwar, aber noch in angemessener Lautstärke. Alles ist wieder »normal«.

Er hat mich gerettet.

Mein Held.

Gerettet hat mich Jakob tatsächlich. Nicht hier und jetzt vor dem skeptischen Blick der Kellnerin, sondern vor einem Mörder, der mir an den Kragen wollte.

Warum muss ich gerade jetzt wieder mal daran denken?

Hatte ich nicht eben das Gefühl, dass eigentlich alles in bester Butter ist? Ich meine, in bester Ordnung. Selbst in meinem eigenen Kopf muss ich mich korrigieren.

Bescheuert.

»... in den Herbstferien?«

So, jetzt hat mein Ameisenhaufen von Gedanken wieder so viele kleine Krabbeltierchen auf den Weg geschickt, dass ich keine Ahnung habe, wovon Jakob gerade redet.

»Was?«

Meinen fünfzehnjährigen Zwillingstöchtern predige ich immer, mit »Bitte?« nachzufragen, nur so viel dazu.

»Luise und Nathalie, deine Töchter, werden sie die Herbstferien bei ihrem Vater verbringen?«

Zwei Sachen schießen mir quasi gleichzeitig durch den Kopf.

Eins: Hat Jakob das jetzt gefragt, weil er vielleicht in unserem nun schon fast ein halbes Jahr dauernden Flirt weitergehen und mit mir ein paar Tage wegfahren möchte? (Handschellen … nackt … Doppelbett am Kamin … rein gedankliche Ohrfeige!)

Zwei: Ich würde jetzt für einen großen ersten Schluck Milchkaffee und einen Bissen in dieses frische Croissant vor mir auf dem Tisch tatsächlich töten. Selbst vor dem Mann von der Kripo. Ich muss was in den Bauch kriegen. Jetzt!

Ich entscheide mich für den Multitasking-Weg: Tasse anheben. Lächeln.

Er lächelt zurück. Gott, seine Grübchen sind allerliebst.

Allerliebst, was für ein Wort. Dafür würden mich jetzt meine Töchter killen.

Pscht! Schluss mit Mord und/oder Totschlag.

Nahtlos den ersten Schluck nehmen.

Göttertrank!

Herrlich.

Nahtlos antworten. Kurz und schnell. Während ich das Croissant anhebe.

»Ja, doch!«

Und: hineinbeißen.

Götterspeise!

Mehr davon.

»Die Zahnärztin mit dem Super-Biss!« Jakob hebt seinerseits seinen Latte macchiato an und zwinkert mir zu. Seine blonden Haare stehen ihm wie immer zu Berge, und in seinen Augen schimmert es etwas erotisch.

Gott, ich könnte ihn hier auf dem Tisch nehmen.

Pscht! Schluss mit Sex- und/oder Wann-werden-Jakob-Zimmer-und-ich-endlich-weiter-gehen-als-nur-küssen-Gestammel.

Ich verschlucke mich und muss husten. Heftig. Jakob klopft

mir auf den Rücken. Von Multitasking und erotisch zu peinlich und banal in nicht mal drei Sekunden.

»Wie läuft es in der Praxis?«

Ich könnte ihn für den Themenwechsel küssen. Ohne Lipgloss.

»Eigentlich super.«

»Eigentlich?«

»Nun ja, du weißt doch, wie oft mein Name und auch die Praxis in der Presse und im Internet in den letzten Monaten aufgetaucht sind.«

»Aber das ist doch längst Schnee von gestern.«

Im Netz bleibt alles für immer, würden meine Töchter ihm jetzt widersprechen. Obwohl das Interesse auch blitzschnell wieder abflauen kann. Fünfzehn Minuten Ruhm wären erträglich gewesen.

Jakob fährt sich durchs Haar. Süß. Allerliebst.

»Diese Nachrichten oder Posts kommen sicher nicht von der Polizei. Mein Team ist diskret.«

Sein Team.

Er spricht das immer so aus, als ob die drei seine Familie wären. Bei dem, was er zu tun hat, stimmt das sicher auch. In den Monaten, seit der Mörder der Pudding-Witwe Hedda Kernbach im Knast sitzt, habe ich es nur sieben Mal geschafft, mich wirklich mit dem Hauptkommissar meines Herzens zu verabreden. In der anderen Zeit hat er Fälle gelöst. Mit beachtlichem Erfolg, auch das ist in der Presse und im Internet nachzulesen.

Hauptkommissar meines Herzens. Sieben Dates. Nix passiert.

Meine Tochter Luise hat ihren ersten Freund schon nach vier Treffen geküsst. Und wer weiß, wie weit sie mit ihm bereits gegangen ist. Ich kann nicht fragen. Das würde sie ihrer Mutter ohnehin nie erzählen. Meine Nathalie ist viel mehr Kind als ihre Schwester, hat nur einen Schwarm in der Nachbarschaft, da läuft sicher noch überhaupt nichts. Wie unähnlich sich meine Zwillinge sind, nicht nur äußerlich.

»Erde an Leo. Hallo.«

Oh, wieder zu viel gedacht. Kann ich das denn nicht wenigstens für ein paar Minuten lassen?

»Entschuldige. Also, weißt du, die meisten neuen Patienten, die nur wegen des Medienrummels aufgetaucht sind, sind tatsächlich geblieben.«

»Is doch super!«

»Hier kommt mein eigentlich. Ich schaff das allein nicht mehr. Brauche zumindest einen neuen Zahnarzt, der mich unterstützt.«

»Und was ist dabei das Problem?«

Ich könnte Jakob jetzt sagen, dass ich es seit dem Ausscheiden von Dr. Frederic Lang nicht geschafft habe, einem anderen Zahnarzt zu vertrauen. Egal, ob männlich oder weiblich. Bei allen Bewerbungsgesprächen sehe ich eine Spritze in der Hand vor mir, die aus einem weißen Kittel hervorragt.

Spritze! Scheiße, das musste ja jetzt kommen. Dass ich an mein größtes Problem denke, meine Spritzenphobie.

Ich, als Zahnärztin.

Leocardia Huberta Kardiff, du bist einfach unrettbar verkorkst.

Fehlt nur noch, dass ich hier einen Schweißausbruch bekomme oder mir schwindlig wird.

»Ist das Gespräch mit mir so langweilig, dass du dich wegträumen musst?«

Ich schüttle schnell den Kopf. Meine blonden Locken fliegen von rechts nach links.

Jakob grinst mich an und hebt seine Tasse. »Auf uns! Leo!«

Ich mag es, wie er die Kurzform meines Namens ausspricht. Noch nie hat er mich Leocardia genannt, das ist wunderbar. Dr. Kardiff, ja, das schon, damals bei dem Verhör, nein, der Befragung, als ich mich in die Ermittlungen um den Mord an der netten alten Hedda Kernbach eingemischt habe. Brrr, da läuft mir jetzt noch eine Gänsehaut über den Rücken.

Jetzt ist aber Schluss, Leo. »Dir auch ein Prost, Jakob!«

Die Sonne scheint. Es ist Samstag.

Ich habe frei.

Ich bin frei.

Mein Gegenüber ist ein gut aussehender Singlemann. Ich selbst gerade noch vierundvierzig. Im besten Alter einer erwachsenen Frau. Bitte, lieber Gott oder liebes Universum, lass mich vor meinem Fünfundvierzigsten Sex haben.

Gleich heute.

Na ja.

Vielleicht heute.

Wir stoßen mit unseren großen Kaffeetassen an. Der Milchschaum darin schwappt hin und her. Wir lächeln uns an. Meine Töchter sind heute bei ihrem Vater. Mein Haus leer. Später könnten wir zu mir. Hört sich zu gut an.

»Oh mein Gott!«

Ja, an den habe ich auch eben gedacht.

Die Kellnerin ist zurück an unseren Tisch gekommen, ich habe sie gar nicht bemerkt. Sie hat zwei Gläser mit frisch gepresstem Orangensaft in der Hand, der hat bei unserem Frühstück für zwei noch gefehlt. Statt die Gläser an unserem Tisch abzustellen, steht sie da mit offenem Mund und erhobenem Kopf, sieht nach oben, über die Straße nach oben, zum Haus gegenüber vom Café Rico.

»Oh mein Gott!«

Noch einmal derselbe Satz, diesmal lauter. Fast ein Schrei.

Eine zweite Gänsehaut huscht über meinen Rücken.

In dem Moment fällt ein großer Brocken herunter.

Ein Sack oder eine Puppe fällt wie vom Himmel herunter und kracht auf das Dach eines der geparkten Autos.

Neben uns schreckt ein anderes Pärchen hoch. Synchron. Gegenüber bleiben die Passanten stehen. Eine Mutter mit einem kleinen Kind, keinen Meter von dem Auto und dem gefallenen Gegenstand entfernt, springt zurück, reißt das Kind mit nach hinten.

Jetzt fängt die Kellnerin neben mir zu schreien an. Die Gläser mit dem Orangensaft fallen ihr aus der Hand, und in genau diesem Moment beginnt in meinem Kopf alles in Zeitlupe abzulaufen.

Der Schrei dehnt sich.

Die Gläser fallen.

Das Pärchen neben mir springt hoch. Wieder in einer fließenden gemeinsamen Bewegung wie Synchronschwimmer.

Die Passanten gegenüber erstarren.

Die Mutter nimmt das Kind in ihren Arm, umschlingt es, hält ihre beiden Arme um seinen Kopf.

Neben mir stellt Jakob die Kaffeetasse achtlos auf den Tisch, der Schaum schwappt über. Auch er springt hoch, der Sessel kippt halb nach hinten, fällt aber nicht um. Jakob macht eine Drehung weg von mir, macht ein paar große Schritte über die schmale Straße, ist an dem Auto, auf das der Sack, der Gegenstand, die Puppe, gefallen ist.

Nur dass es weder das eine noch das andere noch das Dritte ist.

Es ist ein Mensch.

Ein Mensch ist aus einem der oberen Stockwerke gegenüber gesprungen. Oder gefallen. Ist auf das Auto gekracht.

Jetzt schreit nicht mehr nur die Kellnerin.

Die vielen Schreie lassen die Zeit wieder in ihrem normalen Tempo laufen, und um mich herum bricht Panik aus. Viele springen jetzt auf und hoch, ein paar laufen Jakob über die Straße hinterher. In dem Moment dreht sich Jakob um und winkt in meine Richtung. Er winkt nicht nur, er wedelt wild mit einer Hand, die andere ist an seinem Ohr, er hat sein Handy an seinem Ohr, er telefoniert. Hauptkommissar Jakob Zimmer telefoniert. Schlägt Alarm. Und hält Ausschau nach mir.

Klar, ich bin Ärztin.

Zahnärztin zwar, aber ich bin die, die jetzt gebraucht wird.

Die Erste Hilfe leisten kann und muss.

Schlagartig wird mir bewusst, dass ich es in den nächsten Sekunden vielleicht wieder mit einem Toten zu tun haben könnte.

Nein, mit einer Toten.

Ich kann langes Haar erkennen auf dem Kopf des Körpers, der seltsam verrenkt auf dem Dach des geparkten Autos gelandet ist. Einen Rock, hochhackige Schuhe an den Füßen, meinen eigenen High Heels nicht unähnlich. Komisch, dass die beim Fallen nicht von den Fersen gerutscht sind.

Dann wird mein Blick auf das Szenario von all den Leuten verdeckt, die sich schon um den Unfallort zu sammeln beginnen. Ich sehe einen vor mir, der sein Smartphone hebt und fotografiert oder filmt.

Ich stehe auf.

Es ist Samstag.

Mein siebentes Date mit Jakob.
Die Sonne scheint.
»Ich bin Ärztin, lassen Sie mich durch.«
Wie laut und kompetent meine Stimme klingt.

DREI

Der Streifenwagen hatte Hauptkommissarin Birgit von Zeh am Hohenzollernring abgesetzt, sie musste sich zuerst durch den Trödelmarkt, dann durch die Gaffer kämpfen. Als sie als Letzte vom Team zum Tatort in der Mittelstraße/Ecke Pfeilstraße kam, hatte sie schon große Probleme, über den Rudolfplatz zu kommen. Die Schaulustigen hatten sich wie Bienen an einer Wabe um den abgesperrten Tatort festgesetzt.

»Hey, hinten anstellen«, schnauzte ein bulliger Mann sie an, als sie sich an ihm vorbeiquetschte.

Für Sekunden war sie versucht, ihn in den Schwitzkasten zu nehmen, um ihm einmal zu zeigen, was das zartere Geschlecht bei Typen wie ihm so draufhatte, aber sie beherrschte sich, es ging hier nicht um ihr Ego. Schnell zückte sie ihren Polizeiausweis, und das jedenfalls reichte, um den Bulligen zurückzucken zu lassen.

Dann war sie am Absperrband, und einer der Streifenpolizisten, die zusätzlich den Tatort sicherten, warf dem Bulligen einen bitterbösen Blick zu und ließ sie sofort durch. Dort, wo die Mittelstraße auf den Rudolfplatz stieß, konnte sie schon die Kollegen von der Spurensicherung sehen, die sich um ein Auto, einen Mini mit völlig eingedelltem Dach und geborstener Frontscheibe, herumtummelten.

Von ihrem eigenen kleinen Team keine Spur. Ebenso kein abgedeckter Körper zu sehen. Auf der schmalen Querstraße stand ein Leichenwagen, dessen Rückfront komplett mit einer weißen Tuchplane umspannt war. Sie vermutete, dass sich dahinter das Opfer auf der Bahre befand, sicher war jemand aus der Rechtsmedizin bereits anwesend und an der Leiche zugange.

Sie machte drei weitere Schritte, da zupfte sie jemand am Ärmel. »Hallo!«

Wirre blonde Locken, riesige blaue Augen und ein verstörtes Lächeln auf den Lippen, das alles kam Birgit doch bekannt vor.

»Die Zahnärztin?«, kam es etwas unpassend aus ihrem Mund

gerutscht. Birgits Hirn schaltete schnell weiter. »Frau Dr. Kardiff? Leocardia Kardiff?« Und noch mal: »Die Zahnärztin?«

Sie hätte mit vielem gerechnet, aber nicht damit, dass die neugierige Frau Doktor, die vor ein paar Monaten in den spektakulären Fall mit der Pudding-Witwe Hedda Kernbach verwickelt gewesen war, hier mit ihrem Boss, dem Ersten Hauptkommissar Jakob Zimmer, und den Kollegen Per Kowalski und Luis Fahrenz auftauchte.

Apropos Neugierde. Luis hatte ihr am Handy schon erste Details über das Spektakel, das hier im Gange war, erzählt, es gab ein Opfer, ein Mensch war aus einem der Häuser in der Mittelstraße gesprungen oder gestoßen worden, eine genauere Angabe hatte ihr Kollege bei dem Anruf noch nicht machen können.

Jakob Zimmer hatte direkt am Tatort in einem Café gegenüber gesessen und war somit der Erste vor Ort gewesen. Gut für die weiteren Ermittlungen, denn so war die Wahrscheinlichkeit, dass der Tatort nicht von Dutzenden Neugierigen verunreinigt worden war, immerhin sehr groß.

Birgit hatte gerade mit ihrem Mann und ihren Söhnen einen Ausflug ins Dünnwalder Naturschutzgebiet Am Hornpottweg gemacht, endlich ein freier Tag und Zeit für die Familie. Luis' Anruf war zur ganz falschen Zeit gekommen, und ihr jüngerer Sohn Felix hatte Tränen in den Augen, als sie alle vier zurück zum Parkplatz gerannt waren, wo bereits ein Streifenwagen wartete, um Birgit mitzunehmen. Aber so war das Leben, ihr Beruf, die Kinder und ihr Mann wussten das.

Doch das war schon Schnee von vor einer Stunde.

»Was zum Teufel machen Sie denn hier?« Birgits Ton war schroffer als beabsichtigt.

Leo schluckte und deutete auf das inzwischen ebenfalls abgeriegelte und fast leere Café Rico hinter ihnen. Nur das Personal, ein Mann und zwei Frauen, standen vor der Kaffeebar am Fenster und lugten nach draußen.

»Wir saßen hier beim Brunch, als es passiert ist.« Ihre Stimme klang piepsig, und sie zog die Nase hoch.

Sie wird jetzt hoffentlich nicht heulen, dachte Birgit, eine Dentistin musste sich doch in ihrem Alltag auf dem Zahnarztstuhl in genug Unangenehmes verbeißen. Sie lächelte kurz über ihr gedankliches Bonmot. Im selben Moment rastete ein anderer Gedanke ein. »Sie waren also mit Jakob hier?«

Guck mal an, die beiden. So was hatte sie sich schon beim Fall mit der Pudding-Witwe gedacht, dass es zwischen den zweien knisterte. Optisch ein gutes Paar, aber bei der chaotischen Art der Zahnärztin wusste Birgit nicht, ob sie es ihrem Boss tatsächlich wünschen sollte.

»Jakob Zimmer und ich haben uns noch nicht oft getroffen.« Die Zahnärztin errötete.

»Sie brauchen sich mir gegenüber nicht zu rechtfertigen. Das geht mich nichts an. Sagen Sie mir lieber, was genau passiert ist.«

»Ich weiß es nicht. Ehrlich. Wir haben da gesessen, und plumps!, ist einer vom Himmel gefallen.«

»Vom Himmel?«

»Nicht direkt. Von dem Haus da drüben. Zweiter oder dritter Stock, ich glaube, das ermitteln Ihre Kollegen gerade.«

»Also ein männliches Opfer?«

»Nein … ähm … ja.«

»Was denn jetzt?«

Leo holte tief Luft. »Also, Jakob ist sofort dahin, hat die Leute abgehalten, näher zu kommen, hat sofort telefoniert, Alarm gegeben. Ich bin hinterher, ich bin ja Ärztin, na ja, Zahnärztin zwar, aber ich kann Erste Hilfe leisten, glauben Sie mir.«

Birgit nickte automatisch. Es gab keinen Grund, das zu bezweifeln.

Hinter ihnen hatte sich die Menge ganz nahe herangedrückt, und die erste Reihe der Gaffer schob das Absperrband nach vorn. Der Abstand hatte sich auf kaum einen Meter verringert. Sie sah fast in jeder zweiten Hand ein Smartphone und spürte, wie die Wut in ihr hochkochte.

»Könnten Sie alle bitte ein Stück weit nach hinten rücken!« Birgit von Zeh wurde laut. »Das ist ein Tatort.«

»Warum ist die denn gesprungen?« Ein Ruf von weiter hinten.

»Wat soll dann die blöde Froch?«, konterte ein anderer auf Kölsch.

Birgit hob ihre beiden Hände, als wollte sie den Verkehr regeln.

»Wir ermitteln das. Bitte gehen Sie einfach weiter. Und keine Fotos, ja? Ich könnte alle Ihre Handys beschlagnahmen.«

Der Streifenpolizist kam ihr zu Hilfe und breitete seinerseits die Arme aus, langsam und zäh bewegte sich die Menge rückwärts.

Leo redete weiter. »Also … zuerst dachten wir, es wäre eine Frau. Langes rotes Haar, kurzer Rock, hohe Schuhe. Ich bin hin und habe versucht …« Sie wischte sich eine Träne weg. »Wir haben versucht, sie wiederzubeleben. Jakob hat den Körper vom Dach des Wagens gehoben, ganz vorsichtig, einer der Passanten hat spontan seinen Mantel ausgebreitet, aber da war nichts mehr zu machen. Während all dieser Aktionen sind der Frau die Haare vom Kopf gerutscht, also eine Perücke, und da war mir … uns … auf einmal klar, dass das Opfer ein Mann in Frauenkleidern war … ist … also, gewesen ist … Mein Gott!« Dr. Leocardia Kardiff schlug sich mit der linken Hand auf die linke Backe. »Ich ziehe das Verbrechen an.« Jetzt liefen doch Tränen über ihr Gesicht.

Birgit von Zeh sah sich genötigt, die Frau in den Arm zu nehmen. »Na, na, na. Vielleicht ist es ja diesmal kein Mord.«

Im Trösten war sie selbst bei ihren Kindern schlecht.

»Birgit, verdammt, wir ächzen aus dem letzten Loch, und du kuschelst mit Jakobs Zahnärztin?«

Kommissar Luis Fahrenz war aufgetaucht. Er sah übernächtigt aus, vielleicht hatte er es am gestrigen Freitagabend krachen lassen.

Birgit löste sich von der blonden Frau Doktor, die in ihrer Handtasche nach einem Taschentuch zu graben begann. »Reg dich nicht künstlich auf und informier mich einfach, Luis.«

»Ein Opfer. Ist aus dem Fenster geworfen worden. Landete quasi vor den Füßen von unserem Boss. Jakob ist drinnen in dem Haus, in der Wohnung. Guck da schräg gegenüber nach oben, das offene Fenster im zweiten Stock.«

»Selbstmord?«

»Ausgeschlossen.«

»Dann ist immer noch ein blöder Unfall möglich.«

»Nein. Eindeutig.«

»Das heißt, der eigentliche Tatort ist oben?«

»Komm einfach mit mir. Harro deNärtens ist auch schon vor Ort.«

»Der nette Rechtsmediziner?« Leo schnäuzte sich und sah Birgit von Zeh und Luis Fahrenz an.

Luis kratzte sich am Kopf. »Frau Dr. Kardiff, Jakob Zimmer lässt Ihnen sagen, dass Sie gerne nach Hause gehen können. Er hat hier jetzt zu tun.«

»Hallo! Hallo!«

Einer rief aus der Menge hinter der Absperrung.

In Birgits Bauch brodelte es. Es war höchste Zeit, dass sie mit Luis endlich nach oben ging. Obwohl sie gern den demolierten Kleinwagen in Augenschein genommen hätte, doch das konnte warten.

Der Rufer war an die vorderste Front gekommen, beugte sich über das Absperrband. »Hallo! Ich bin vom ›Express‹. Können Sie schon ein erstes Statement abgeben?« Der junge Mann zückte einen Presseausweis. In der anderen hielt er sein Smartphone in Richtung des Wagens, auf den der Körper gefallen war.

Luis Fahrenz und Birgit von Zeh zogen zeitgleich die Hände nach oben, als ob sie so das Gesichtsfeld des Journalisten abdecken könnten.

Birgit winkte ihn zurück. »Es gibt sicher bald ein offizielles Pressestatement.«

»Aber Sie könnten mir –«

»Geh nach Hause, ming Jung!«

»Ist die erste Information richtig, dass es sich um einen Streit im Kölner Transvestitenmilieu gehandelt hat?«

Luis rollte mit den Augen. »Nein!«

»Ist es richtig, dass es eine Zeugin gibt, die den Täter identifizieren kann? Ist es die blonde Frau hinter Ihnen?«

»Nein, ich bin Zahnärztin und nur zufällig hier.« Leo hatte das Gefühl, sich verteidigen zu müssen.

Birgit sprang ihr sofort bei. »Kein Kommentar. Warten Sie auf die Pressekonferenz.«

Die Hauptkommissarin drehte sich schnell um und schob Leo ein paar Schritte nach hinten, Richtung Café. Es war nicht gut, wenn man sie am Ende noch wiedererkannte.

»Wollen Sie denn nicht diese Kellnerin vernehmen?« Leo schien Birgits Gedanken erraten zu haben und flüsterte jetzt.

»Wen?«

»Die junge Frau, die uns das Frühstück gebracht hat. Sie hat nach oben geschaut. Sie hat als Erste die Frau, nein, den Mann, ich meine, das Opfer fallen sehen. Sie ist noch im Café.«

Luis lächelte etwas säuerlich. Er war zu ihnen aufgerückt, und auch seine Lautstärke war gedämpft. »Das machen wir sicher noch, Frau Dr. Kardiff. Danke!«

»Sie hat ›Oh mein Gott‹ gesagt und direkt nach da oben geguckt. Vielleicht hat sie gesehen, wie der Körper aus dem Fenster gefallen hat. Oder wie der Mann gesprungen ist. Oder etwas anderes.«

Sie macht es schon wieder, dachte Birgit von Zeh. Mischt sich wieder ein. Wie kann man nur so naiv sein!

Allerdings: Ohne die Hilfe der Frau hätten sie damals Hedda Kernbachs Mörder wohl nicht geschnappt, bevor er sich ins Ausland abgesetzt hätte. Und vielleicht war die Neugierde der Zahnärztin ihrer eigenen nicht einmal so unähnlich.

»Weißt du, ob diese Zeugin schon vernommen wurde, Luis?«

»Per hat bereits alle Personalia aufgenommen, Birgit, wir haben die Sache im Griff.«

»Hat sich das Opfer denn beim Sturz das Genick gebrochen?«

Luis wurde noch leiser. »Das ist nicht die eigentliche Todesursache.«

»Sondern?«

»Komm endlich mit, Birgit. Jakob wird sonst schäumen.«

Leo räusperte sich. »Vielleicht könnte ich doch kurz mit nach oben?«

Birgit nahm jetzt bewusst die blonde Zahnärztin noch mal in den Arm. »Sie haben heute genug mitgemacht, oder? Passen Sie auf, Frau Doktor. Ich gebe einem der Streifenpolizisten hier die Anweisung, Sie nach Hause bringen zu lassen. Dann sind Sie auch vor der Presse sicher. Warten Sie am besten im Café, bis es so weit ist. Und ich verspreche Ihnen, wenn in all dem Tumult, den so ein Toter in der Kölner Innenstadt auslöst, unser Boss vergisst, Sie anzurufen, werde ich es tun und Sie auf dem Laufenden halten.«

VIER

Leo stand unschlüssig im Inneren des Café Rico. Sie fühlte sich nutzlos.

Die wenigen Informationen, die sie Birgit von Zeh gegeben hatte, kamen selbst ihr banal vor. Sie hatte sich bis zu dem Fall des Körpers nur auf Jakob Zimmer konzentriert, auf sich selbst, ihren Kaffee und ihr Frühstück.

Ob auch einer von den Passanten gerade zum richtigen Zeitpunkt nach oben geschaut hatte? Wenn ja, würde der sich freiwillig melden oder eher das Weite suchen und versuchen, dieses Trauma zu verkraften?

Hatte sie ihr Trauma von der ermordeten alten Dame überhaupt schon verarbeitet?

In den Stunden, die sie einmal in der Woche bei dem Hypnosetherapeuten Sharif El Benna verbrachte, hatte sich in den Wochen nach dem Mord alles um den Fall gedreht, um ihre Ängste und ihre Rolle in dem mörderischen Spiel. Statt sofort in die weiche Hypnose zu sinken, hatte sie alles immer wieder durchgekaut, hatte geredet, obwohl das bei den Behandlungen nicht üblich war. Erst seit drei oder vier Wochen waren sie auf die früheren Entspannungsübungen zurückgekommen, und Leo war auf dem weichen Stimmteppich des Therapeuten endlich wieder einer tiefen inneren Ruhe entgegengeflogen.

Das einzig Positive in der Zeit war gewesen, dass sich ihre Spritzenphobie zumindest den Patienten gegenüber eigenartig still verhalten hatte. Leo hoffte immer noch darauf, dass dieses Problem, das sie schon seit ihrer Kindheit quälte und für ihren Beruf als Zahnärztin, gelinde ausgedrückt, unfassbar ungünstig war, vielleicht durch den Schrecken, den sie erlebt hatte, in ihrer Psyche ein Stück weit überschrieben worden war.

»Haben Sie was erfahren können?« Neben Leo war die Kellnerin aufgetaucht. Sie knabberte an den Fingernägeln ihrer linken Hand und drehte mit der rechten ihre schwarzen langen Haare auf.

»Leider nein.« Leo griff die Gelegenheit automatisch beim Schopf. »Aber Sie haben doch als Erste nach oben gesehen. Konnten Sie da etwas beobachten?«

Die Kellnerin überlegte, knabberte weiter an ihren Nägeln. Es knackte, als sie sich einen Nagel abbiss und ihn ausspuckte. Leo dachte an den Zahnschmelz, der in Mitleidenschaft gezogen werden konnte, verbiss sich aber eine Ermahnung.

»Nur eines. Das hab ich bereits einem der Polizisten erzählt. Also: Ich hab da nach oben gesehen. Da hatte ich gerade Ihren Orangensaft in der Hand. Und zuerst nur gedacht, die lehnt sich aber weit raus. Und wow, so schöne rote Locken. Dann hab ich gedacht, ich könnt mir meine Haare auch mal wieder rot färben, und dann fiel die. Wie ein Stein.«

»Also sicher nicht gesprungen?«

Die Kellnerin überlegte und knabberte weiter. Der nächste Nagel war dran.

»Als die sich so vornübergebeugt hat, da hab ich noch gedacht, hoffentlich hält der sie fest.«

»Der?« Leo nahm vor Aufregung jetzt ihre eigene Hand hoch und steckte ihren Zeigefinger in den Mund.

»Der hinter ihr.«

»Wie sah der aus?«

Die Kellnerin schüttelte den Kopf, die schwarzen Haare flogen nach hinten. »Könnte jeder gewesen sein. Es war nur so ein kurzes Bild. Haben Sie ›Titanic‹ gesehen?«

»Ja.«

»So wie die zwei da am Bug. Jack und Rose, also Leonardo und Kate. Wie er da die Arme um ihre Mitte geschlungen hat, um sie zu halten. Nur dass die ihre Arme nach unten hat hängen lassen und …«

»Was und?«

»… da ist doch dieses weiße Gitter vor den Fenstern. Da, schauen Sie.«

Leo und die Kellnerin machten einen Schritt Richtung Auslagenscheibe, um zu dem Haus schräg gegenüber sehen zu können.

»Da, die Fenster gehen fast bis an den Boden, und da ist das Gitter unten angebracht.«

»Damit keiner hinausfällt, der drinnen am bodentiefen Fenster steht.«

»Genau. Und die mit den roten Locken hing vor dem Gitter, und der, der seine Hände um ihre Mitte hatte, dahinter. Das fällt mir jetzt erst ein.«

»War es ein Mann hinter dem Opfer?«

Die Kellnerin kaute, es knackte, sie spuckte. Leo biss sich selbst auf die Lippen, nur jetzt die junge Frau nicht unterbrechen.

»Ehrlich, das weiß ich nicht mehr. Es ging zu schnell. Gehören Sie denn auch zur Polizei?«

Die Frage ließ Leo zusammenzucken. Was machte sie denn hier? Natürlich gehörte sie nicht zur Polizei, sollte und durfte hier auch keine Zeugenbefragung durchführen. Vor ihrem inneren Auge tauchte das Gesicht von Jakob auf, wie er sie mal wieder verärgert ansah.

»Nein, ich bin Zahnärztin. Kardiff. Dr. Leo Kardiff.«

»Oh. Leo, ein ungewöhnlicher Vorname für ein Mädel. Ich heiße Mirjam. Mirjam Jansen. Ich wollte mal Zahnarzthelferin werden, weil mein Onkel auch Zahnarzt ist.«

»Freut mich. Ich habe eine Praxis am Nikolausplatz in Sülz.«

»Mein Onkel arbeitet in einer Praxis in Eschweiler, wollte aber schon immer nach Köln. Aber Ihr Freund, der vorhin da rübergesprintet ist, der ist doch von der Polizei?«

Leo überlegte, ob sie die Formulierung, Jakob sei ihr Freund, stehen lassen konnte. Vielleicht ein gutes Omen. »Ja, der ist Hauptkommissar.«

»Echt schrecklich, dass die Frau tot ist.«

»Das war eigentlich keine.«

Leo biss sich noch mal, noch fester auf die Lippen. In den Nachrichten würde die Kellnerin früh genug die Details erfahren. Wenn sie das Internet samt News auf ihrem Handy checken sollte, sogar schon sehr bald.

Ein sehr junger Streifenpolizist tauchte neben Leo auf. »Sind Sie Dr. Kardiff?«

»Ja, die bin ich.«

»Ich soll Sie nach Hause fahren.«

Leo atmete erleichtert auf. Hier hatte sie nichts mehr verloren.

Die Gelegenheit, Fragen zu stellen, war vorbei. Später konnte sie Jakob anrufen, oder Birgit von Zeh würde sich wie versprochen bei ihr melden.

Spontan drehte sie sich noch einmal zu Mirjam Jansen um und umarmte sie. Dann kramte sie in ihrer Handtasche, fischte ihre Börse heraus und gab der Kellnerin eine ihrer Visitenkarten.

»Wenn Ihr Onkel eine Stelle als Zahnarzt hier in Köln sucht, soll er sich bei mir melden. Ich bin auf der Suche nach einem neuen Mitarbeiter.«

»Hey, das ist klasse!« Die junge Frau drückte Leo ihrerseits. »Wenigstens etwas Gutes an diesem Scheiß-Samstagvormittag.«

»Und wenn Ihnen noch was einfällt, dann melden Sie sich.«

... bei der Polizei, das wäre jetzt der richtige Zusatz gewesen, dachte Leo, aber in dem Moment bat sie der Streifenpolizist, jetzt bitte mitzukommen, er müsse schnell wieder hierher zurück an den Tatort.

Kaum waren sie draußen, überfiel Leo der Lärm der Menge. Die Leute redeten, riefen, machten Fotos. Leo schien es, als wären in der kurzen Zeit noch wesentlich mehr Schaulustige dazugekommen.

Der Streifenpolizist schützte sie vor der Menge, hatte seine Arme ausgebreitet, sie bewegten sich träge und langsam voran. Sein jungenhaftes Gesicht war gerötet, er schwitzte. Er sah wie ein Schuljunge aus. Leo dachte, dass sie längst zu einer anderen Generation gehörte, zu den Mittelalterlichen, so wie der Mann, der aus dem Fenster gefallen war. Nein, geworfen worden war, wenn die Erinnerung von Mirjam, der Kellnerin, stimmte.

Leo versuchte, das Gesicht des Toten abzurufen. Wie hatte der Mann eigentlich ausgesehen? So genau hatte sie ihn gar nicht wahrgenommen. Ein Schutzmechanismus. Sie hatte am Hals nach seinem Puls gefühlt, nach seinem Herzschlag, noch Erste Hilfe zu leisten versucht, doch schon gewusst, dass es vergeblich war. Aber wie, verdammt, hatte der Mann ausgesehen? Hatte er nicht rote Bäckchen gehabt? Schwarzen Kajal? Aber die Augen, wie herausgedrückt. Riesige Froschaugen.

Ihr Herz begann auf einmal schneller zu klopfen.

Wie der Körper dagelegen hatte. Auf dem Autodach. Wie eine zerbrochene Puppe.

Dass der Mann ungefähr in ihrem Alter war, hatte sie jedoch registriert. In dem Moment, als ihm die Perücke vom Kopf gefallen war, da war ihr das bewusst geworden. Waren es die Krähenfüße neben diesen hervorquellenden Augäpfeln gewesen? Oder die vielen grauen Strähnen in seinem kurz geschnittenen dunklen Echthaar darunter?

Jetzt lief der Film in ihrem Kopf. Jetzt kamen neue Bilder hinzu. Die aus dem Mund gestreckte Zunge. Breit und unnatürlich blau. Fürchterlicher Anblick.

Leo fröstelte, schlang die Arme im Weitergehen um ihren Brustkorb. Sie waren am Absperrband angekommen, und der Streifenpolizist hob es hoch, um Leo durchzulassen. Sie liefen ganz dicht an der Häuserreihe entlang, zwängten sich an der Eisdiele und dem Blumenladen vorbei. An der Hahnenstraße angelangt, konnte sie zwei Streifenwagen mit blinkenden Lichtern halb auf dem Gehweg und an der Ampel stehen sehen.

»Wir müssen zu dem hinteren«, sagte ihr Begleiter.

Auch von dieser Seite kamen Gaffer heran. Ein großer Uniformierter, der eben das erste Fahrzeug verlassen hatte, versuchte ebenfalls, einen Weg zwischen den Leuten freizuschaufeln.

»Gehen Sie bitte zurück. Zurück.«

Als Leo beim ersten Streifenwagen ankam, öffnete sich die hintere Tür, und eine sehr füllige Frau mit einem Jungen, etwa im Alter von Leos Töchtern, stieg aus. Beide kamen ihr flüchtig bekannt vor. Gesichter, die sie schon einmal wahrgenommen haben musste, aber sie konnte keinen Zusammenhang herstellen. Ein weiterer Polizeibeamter war eng an deren Seite.

»Ist es ein Terroranschlag?«, schrie plötzlich ein älterer Mann mitten aus der Menge, und alle zuckten zusammen.

Leos Begleiter drehte sich zu dem Rufer hin. »Keine Panik. Nur ein Unfall. Bitte, beiseitegehen, weitergehen!«

So ein lautes Organ hätte sie ihm gar nicht zugetraut.

Der Polizist an der Seite der fülligen Frau und des Jungen rückte auf, um seinem Kollegen beizustehen und die Leute im Zaum zu halten.

In dem Moment schwankte die Frau und knickte mit einem Bein ein. Der Junge versuchte sie zu stützen, wurde aber von ihrem Übergewicht mit nach unten gezogen. Leo machte einen Schritt zu dem Wagen hin und griff automatisch zu, fasste die Frau unter der Achsel. Auch Leo verlor fast das Gleichgewicht, knickte mit den hohen Schuhen leicht um, gewann aber wieder festen Stand.

»Geht's?«

Das Gesicht der fülligen Frau war hochrot. Sie strahlte eine Hitze aus, als hätte sie bis eben direkt an einem Backofen gestanden.

»Mein Mann ist das.« Ihre linke Hand umfasste Leos rechte. »Mein Mann war das.«

Die beiden Beamten waren zurück, flankierten die drei. Leos junger Streifenpolizist wirkte nervös und flattrig. »Frau Dr. Kardiff. Unser Wagen steht dahinten, bitte kommen Sie endlich.« Seine Stimme war wieder dünn geworden.

Leo blieb noch, hielt die übergewichtige Frau unter der Achsel aufrecht. In dem Moment erst wurde ihr bewusst, dass der Mann, der gerade mal vor einer Stunde, als sie mit Jakob Zimmer an diesem Samstagvormittag einen gemütlichen Brunch halten wollte, vom Himmel gefallen oder aus dem Fenster gestürzt war, tatsächlich tot war.

Kein Frühstück mehr mit der Familie, kein Einkaufsbummel, später Kuchen und Kaffee oder abends die Sportschau oder ein Gute-Nacht-Kuss für seine Frau.

Zugleich schoben sich die Frauenkleidung und die Perücke in Leos Gedanken. Hatte seine Familie gewusst, dass der Mann und Vater heute als Dame in der Kölner Innenstadt unterwegs war? War es Coming-out und Mord zur selben Zeit?

Leo schluckte. »Es tut mir so unendlich leid. Ich hätte nichts mehr für ihn tun können.«

»Sie waren dabei?« Ehefrau und Sohn starrten Leo an.

»Ich habe Erste Hilfe geleistet, aber es war zu spät.«

Die füllige Frau nickte wie in Trance. Ihr rotes Gesicht schien zu glühen. »Ja, dann, danke.«

Der Junge senkte seinen Blick, blieb stumm.

Danke? Wofür?, dachte Leo.

Jetzt erst ließ die Ehefrau Leos Hand los. Nach der Hitze der fremden Haut fühlte Leo das Frösteln wiederkommen, es wurde zu einer großen inneren Kälte.

Die übergewichtige Frau atmete schwer ein und aus. »Kann ich ihn sehen?«

Sie machte einen Schritt, dann noch einen, jetzt fester, sicherer. Leo ließ los. Der Junge sah einfach weiter zu Boden, schwieg und folgte seiner Mutter. Der große Beamte setzte sich Richtung Tatort in Bewegung.

Leo rief der Gruppe spontan hinterher: »Wenn ich irgendetwas für Sie tun kann, dann bitte melden Sie sich. Leocardia Kardiff. Ich bin Zahnärztin in Sülz.« Wozu diese letzten Informationen dabei gut sein sollten, wusste sie nicht. Es würde nichts an den Tatsachen ändern.

Der junge Streifenbeamte berührte Leo an der Schulter. Er strahlte weder Hitze noch Kälte, nur steigende Nervosität aus. »Wir müssen jetzt wirklich fahren, Frau Doktor.«

Ach ja, das Frau Doktor hatte sie bei ihrer hilflosen Vorstellung vergessen. Aber auch das konnte keinen mehr zum Leben erwecken.

FÜNF

»Verdammt, Birgit, was hat das denn so lange gedauert?« Der Erste Hauptkommissar Jakob Zimmer hatte sichtlich schlechte Laune.

Erstens waren alle seine Pläne für dieses Wochenende dahin. Nicht nur sein Brunch mit der hübschen Zahnärztin war so brutal unterbrochen worden, er befürchtete auch, dass dieses Ereignis die etwas neurotische Leo wahrscheinlich vollends verschreckt haben könnte.

Zweitens hasste er solche extrem dramatischen Fälle. Es genügte doch, dass ein Mord geschah. Für dessen Aufklärung waren er und sein Team da, das war sein Job. Aber dieser Flug aus dem Fenster an einem Samstagvormittag mitten in die belebte Innenstadtstraße würde pressetechnisch wieder für einen Aufruhr sorgen, davor graute ihm jetzt schon.

So gesehen konnte man das einzige winzige Positive an der Sache darin sehen, dass er tatsächlich direkt vor Ort gewesen war und mit seinem schnellen Eingreifen nicht nur eine grobe Verunreinigung des Tatortes, sondern auch eine größere Massenpanik verhindert hatte.

Im Nachhinein tat es ihm leid, dass er Leo zu sich gewunken hatte.

Auf den ersten Blick hatte er erkannt, dass das Opfer auf dem Autodach nicht mehr zu retten war. Doch er hatte sichergehen wollen, und, verdammt, Leo war eben auch der erste Doktor vor Ort, er hatte sich ihrer Fachkenntnis bedienen müssen.

Wobei er sie, nachdem sie ihm die Bestätigung gegeben hatte, dass das Opfer tot war und Wiederbelebungsversuche nutzlos seien, schnell wieder zurück über die Straße zum Café geschickt hatte, dort sollte sie bleiben, auch um ihretwillen. Damit die Presse oder einer der Schaulustigen sie nicht wiedererkennen würde aus dem früheren Mordfall.

Es wäre eine Katastrophe für sie und auch für ihn geworden, denn schnell hätten irgendwelche Möchtegerndetektive einen Zusammenhang zwischen ihnen beiden hergestellt, und Vermutungen wären aufgekommen. Sicher auch die eine oder andere Twitter-Meldung in der Art von: »Die Todeszahnärztin wieder vor Ort« oder »Was hat die Todeszahnärztin mit unserem Mann von der Kripo zu tun?« Das hätte noch gefehlt.

»Deine erste Vermutung wird stimmen, Jakob.«

Harro deNärtens, der beleibte Rechtsmediziner und Leiter des Rechtsmedizinischen Instituts am Melatengürtel, war hinter Birgit von Zeh und Luis Fahrenz von unten in die leere Wohnung gekommen.

Sie gruppierten sich an der Tür zum nicht mehr ganz so leeren Wohnzimmer. Auf dem Parkettboden waren schon jede Menge kleine Tafeln mit Nummern aufgestellt worden. Jede Zahl eine mögliche Entdeckung. Die Leute von der Spurensicherung waren bei der Arbeit.

»Der Mann war auch meiner ersten Einschätzung nach bereits tot, als sein Körper nach unten stürzte.«

Also hatte sich Jakobs schneller Blick als richtig erwiesen. Nicht nur, dass er sofort gesehen hatte, dass das Opfer nicht mehr zu retten war, auch das breite, blutunterlaufene Würgemal am Hals war unübersehbar gewesen, eine tiefrote, in einer Linie quer über die Kehle verlaufende Einkerbung. Dazu die hervorquellenden Augen und die angeschwollene Zunge, die sich zwischen den geöffneten Lippen zeigte.

Harro deNärtens hatte eben seine erste Untersuchung des Opfers am Leichenwagen unten beendet, hinter einem vorgespannten Tuch, damit die Schaulustigen nichts zu schauen bekamen.

Wie gern hätte Jakob Zimmer die Straße, die Ecke, das Café und den halben Rudolfplatz komplett verhüllt. Ein großes Zelt hätte man aufbauen sollen, nur so könnten sie alle in völliger Ruhe ihrer Arbeit nachgehen.

»Bitte, Harro, wir sind ganz Ohr.«

»Das Opfer ist definitiv stranguliert worden.«

»Also erwürgt?« Zu Birgit, Luis und Jakob kam Per Kowalski dazu, der bis dahin die Arbeit der Spurensicherung am Fenster beobachtet hatte. Per streifte sich die Handschuhe von den Händen.

Das bodentiefe Fenster stand immer noch weit auf und ließ die warme Septemberluft herein. Der Herbst zeigte sich von seiner schönsten Seite, und das würzige Lüftchen wollte nicht zu dem Mord passen, der hier drinnen geschehen war. Der eigentliche Mord. Noch vor dem Fenstersturz, wie es aussah.

Harro schüttelte den Kopf. »Keine Würgemale von Händen. Die gut abgezirkelte Strangulationsfurche am Hals deutet auf ein sehr festes Material hin, es ist nichts verrutscht während des Vorgangs. Kehlkopf und Zungenbein sind gebrochen, was auf einen hohen Kraftaufwand hindeutet. Dafür sprechen auch der Blutaustritt aus Nase und Mund sowie die starke Dunsung des Gesichts und die petechiale Blutung der Gesichtshaut. Strangulation eben.«

»Also wurde quasi eine Leiche aus diesem Fenster geworfen? Unmittelbar nach dem eigentlichen Mord?«

»Die Bestätigung und das genaue Zeitfenster gebe ich euch nach der Autopsie im Institut.«

Luis tippte in sein iPad. »Der Besitzer des Minis, auf den der Körper geknallt ist, hat sich bereits bei der Polizei gemeldet. Er hat den Tatort und sein Auto auf den ersten Bildern erkannt, die im Netz gepostet wurden. Er muss jeden Moment hier sein.«

»Wir reden von einem männlichen Opfer.« Birgit von Zeh mischte sich ein. Sie nahm Jakob seine schlechte Laune vorhin bei ihrem Eintreffen nicht übel. Sie alle hatten heute andere Pläne gehabt. »Aber ich habe eben mit Leocardia Kardiff geredet, sie hat mir erzählt, dass ihr zuerst an eine Frau gedacht habt.«

Jakob zuckte bei der Erwähnung der Zahnärztin unmerklich zusammen.

»Im ersten Moment, ja, Birgit. Wegen der Aufmachung des Opfers, du wirst das unten gleich zu sehen bekommen. Lange Haare, kurzer Rock, hohe Schuhe. Erst als ich den Körper vom Autodach heruntergehoben habe, fiel die Perücke vom Kopf.«

»Auch Frauen tragen Perücken.«

»Ja, aber es war ebenso an dem Körperbau zu erkennen, eindeutig männlich.«

»Karnevalsverkleidung?«

»Zu früh, Birgit, bis zum 11.11. ist noch Zeit. Außerdem war die Kleidung elegant. Teuer.«

»Mit Handtasche?«

»Handtasche?«

»Zu jeder eleganten Frau gehört eine Handtasche.«

»Die gab es nicht. Könnte der Täter mitgenommen haben. Den Ausweis des Mannes habe ich allerdings in seiner Brieftasche in einer Seitentasche des Minirocks gefunden, da beulte der Stoff aus. Auf der anderen Seite sein Mobiltelefon. Es sah aus, als hätte er sich zwar verkleidet, aber keine Ahnung gehabt, wo er ohne Männerhose Portemonnaie und Smartphone hinstecken sollte. Das spricht gegen eine Handtasche. Eberhard Dallinger, einundfünfzig, wohnhaft hier in Köln. In Sürth.« Jakob warf einen Blick auf sein eigenes Handy.

»Seine Familie wurde schon verständigt, seine Frau abgeholt, ist auf dem Weg hierher, müsste jeden Moment eintreffen. Sie wird uns letzte Gewissheit über seine Identität geben. Wobei auch das Bild auf dem Ausweis es klar darlegt. Das ist er, auch wenn seine Lippen rot geschminkt waren.«

»Ein Transvestit? In Köln nicht ungewöhnlich.«

»Würde ich noch nicht unterschreiben. Vielleicht hat ihn sein Mörder vor der Strangulation gezwungen, Frauenkleider anzuziehen und sich zu schminken.«

»Dann hätten wir hier drinnen andere Kleidung gefunden.«

»Der Mörder könnte sie mitgenommen haben. Wie vielleicht auch die Handtasche.«

»Vielleicht hat ihn der Mörder nach seinem Tod verkleidet, auch das ist schon vorgekommen.«

»Apropos.« Per Kowalski deutete Richtung Fenster. »Einen ausgewachsenen Kerl hochzustemmen und aus dem Fenster zu werfen, das erfordert ziemliche Kraft, das würde eine Frau oder ein schmächtiger Mann niemals schaffen.«

»Das Fenster geht tief bis zum Boden.«

»Trotzdem. Die untere Hälfte ist außen mit einem Gitter gesichert.«

Jakob dreht sich zu dem Rechtsmediziner um. »Was meinst du, Harro?«

»Nach Eintreten des Todes war der Körper wie ein schwerer Sack. Der Mörder könnte zuerst das Fenster geöffnet, sich dann den Toten über die Schulter gelegt haben. Direkt raus und runter damit.«

Luis sah von seinem iPad hoch. »Ich möchte als Nächstes den Aufprallwinkel messen. Das könnte uns Aufschluss darüber geben, mit welchem Schwung der Körper auf die Straße geworfen worden ist.«

»Mach das bitte, Luis.«

In dem Moment gab das iPad, mit dem Luis wie verwachsen schien, ein helles Ping von sich.

»Und ich habe eine Rückmeldung vom Immobilienbüro Köster, das diese leer stehende Wohnung angeboten hat. Der Name des Besitzers kommt rein. Schwalb. Heinrich Schwalb.«

»Birgit, du könntest ihn direkt kontaktieren. Wenn er zu sprechen ist, bestell ihn her oder fahr zu ihm.«

»Mach ich, Jakob. Luis, gibst du mir die Daten?«

»Sind schon auf deinem Handy, Liebelein.«

Jakob Zimmer fasste seine Kollegin am Oberarm, schob sie einen Schritt zur Seite. »Vorher möchte ich aber mit dir gemeinsam die Kellnerin nochmals befragen, die den Körper hat fallen sehen. Sie stand eben noch ziemlich unter Schock, ich halte es für besser, wenn eine Frau bei dem Gespräch mit dabei ist. Die Personalia der anderen Gäste, soweit sie uns nicht weggelaufen sind, hat sich Per bereits notiert und ihre ersten Aussagen aufgenommen. Keiner hat wirklich etwas mitbekommen. Nur die junge Frau hat nach oben gesehen.«

»Klar.«

Jakob beugte sich noch näher zu seiner Kollegin, dämpfte seine Stimme. »Und Dr. Kardiff?«

»Keine Sorge, Jakob. Ich habe sie in die Obhut eines der Kollegen von der Streife gegeben. Sie wird nach Hause gefahren. Wird sie uns denn noch etwas Nützliches sagen können?«

»Ich denke, im Moment nicht, danke dir, Birgit.«

Jakob Zimmers Handy begann zu vibrieren, unterbrach die beiden.

»Das ist Theo Prunk. Die Oberstaatsanwaltschaft klinkt sich ein.« Jakob steckte sein Handy in seine Jeans zurück.

»Du gehst nicht ran?« Luis war zu den beiden aufgerückt.

»Ich rufe ihn zurück, wenn wir hier fertig sind. Prunk ist sicher auf dem Weg hierher. Macht sich Sorgen wegen der Presse. Will heute noch eine Pressekonferenz ansetzen. Ist besorgt wegen des Rummels hier. Erwartet unseren vollen Einsatz. Und so weiter.«

Luis' iPad meldete sich ebenfalls wieder. Ping!

»Der Wohnungsbesitzer hat sich eben unten bei einem der Streifenpolizisten vorgestellt. Das heißt, Heinrich Schwalb ist vor Ort, Birgit. Wir können ihn direkt befragen. Und die Frau und der Sohn des Toten sind ebenfalls angekommen. Sollen sie alle hochgebracht werden?«

»Nein, wir gehen runter«, legte Jakob fest. »Ich möchte zuallererst mit der Familie reden, die Frau muss Eberhard Dallinger identifizieren, bevor sein Körper in die Rechtsmedizin gefahren wird. Birgit, du nimmst den Wohnungsbesitzer in Empfang. Geh mit ihm ins Café. Hier oben soll die Spurensicherung in Ruhe ihre Arbeit weitermachen.«

Birgit nickte. »Und die Kellnerin –«

»... befragen wir direkt danach. Sie wartet ohnehin im Café. Zuerst will ich Näheres über den Tatort wissen«, unterbrach Jakob sie.

»Sobald ich in der Pathologie mit dem Opfer fertig bin, melde ich mich.« Harro deNärtens rieb sich den mächtigen Bauch.

»Noch nichts gefrühstückt, Harro?«

»Selbst wenn, liebe Birgit, ich falle so schnell nicht vom Fleisch. Es ist ein Jammer.«

Früher war der Rechtsmediziner eher der Typ Bär von einem Mann gewesen und gut bei Frauen angekommen, weil er durch seine Größe und seinen Körperbau Schutz versprach, aber heute, das wusste er, machten sich die Damen um ihn herum eher Sorgen um sein ungesundes Übergewicht.

»Du siehst immer noch wie ein flotter Kerl aus.« Birgit klopfte ihm auf die Schulter.

»Danke, du bist eine charmante Lügnerin.«

»Nein, im Ernst. Ich würde dich nehmen, wenn Volker nichts dagegen hätte.«

»Bitte, Leute! Plaudereien erst, wenn der Fall gelöst ist.« Jakob Zimmer trat von einem Bein auf das andere.

»Jedem von uns ist das Wochenende flöten gegangen, Boss.« Per Kowalski zog einen Mundwinkel und eine Augenbraue nach oben. Das ließ ihn wie einen dünnen, sehr hochgewachsenen Schuljungen wirken. »Lass uns wenigstens ein bisschen Galgenhumor. Wobei schon das Wort im Angesicht dieses Falles etwas makaber ist, zugegeben. Aber ich mag spektakuläre Fälle.«

»Komm du mal in mein Alter, dann bist du froh, wenn du deinen Milchkaffee ohne einen weiteren Toten ausschlürfen kannst.«

»Ja, Opi Jakob!«

Eine Frau von der Spurensicherung trat zwischen sie. Es war die mollige Else Fröhlich, seit einem Monat offiziell die Freundin von Per Kowalski. Doch hier drinnen bei der Arbeit würdigte sie ihn keines privaten Blickes. »Hauptkommissar Zimmer?«

»Ja.«

»Ich habe eben am Fensterrahmen ein grünes Stückchen Stoff entdeckt.«

Die Kommissare wandten sich alle der jungen Frau zu. Else Fröhlich wirkte aufgeregt und hielt das Beweisstück mit einer Pinzette in ihren behandschuhten Fingern.

»Es gibt am Rahmen eine Stelle, wo das Holz eine Kerbe hat und gesplittert ist. Dort hing der Fetzen.«

»Es könnte vom Täter sein.« Per hob etwas unpassend seinen Daumen Richtung Else. Sie ignorierte diese Geste.

Luis dämpfte den Optimismus seines Kollegen. »Oder auch vom Opfer.«

»Der Tote selbst trug kein einziges grünes Kleidungsstück.« Pers Daumen in Richtung seiner Freundin blieb oben. »Damit steigt die Wahrscheinlichkeit, dass es vom Mörder stammt. Sehr gut, Else.«

»Oder auch von einem derjenigen, die die Wohnung bisher besichtigt haben. Eine Wohnung in der Kölner Innenstadt ist heiß begehrt. Da könnten eine Menge potenzielle Mieter hier ein und aus gegangen sein.«

»Ich wette darauf, dass es vom Täter stammt. Wer sonst würde sich am Fensterrahmen vorbeiquetschen?«, wandte Per ein.

»Ich wette dagegen, wer ist der Schiedsrichter? Else?«

Per begann auf seiner Zunge zu kauen, ein Tick, wenn er sich nervös fühlte. Luis tippte in sein iPad. Else stand etwas hilflos zwischen den beiden.

Jakob unterbrach das Spiel. »Das können wir im Moment nicht klären, meine Herren. Lasst Frau Fröhlich ihre Arbeit machen. Und holt mir die Liste der Interessenten aus dem Immobilienbüro. Der Täter könnte sich die Wohnung bereits vorher angesehen haben.«

Else nickte dankbar, entfernte sich zwei Schritte von den beiden Kommissaren und tütete den kleinen Fetzen mit geübten Fingern ein.

»Sonst noch etwas gefunden, Else?«

»Ein paar Haare am Parkettboden. Ebenso Abdrücke von Schuhen darauf. Man merkt, dass hier viele Leute drübergelaufen sind. Einen ziemlich sauber wirkenden breiten Streifen zum Fenster hin sehen wir uns gerade an. An der Türklinke jede Menge Fingerabdrücke. Meine Kollegen sind mitten in der Arbeit. Ich gehe davon aus, dass wir noch einiges an verwertbarer DNA finden werden.«

Die Spurenermittlerin schloss sich wieder ihren Kollegen an, die mit ihren weißen Schutzanzügen wie Astronauten aussahen. Per und Luis sahen ihr versonnen hinterher.

Harro deNärtens meldete sich wieder zu Wort. »Sobald die Identifizierung erledigt ist, gebe ich die Leiche frei für die Überstellung in die Rechtsmedizin. Wenn ihr mich später sucht, bin ich nicht schwer zu finden.«

Luis hob sein iPad hoch, hielt es in Richtung des Rechtsmediziners, als wollte er ein Foto von ihm machen. »Und wenn doch, scanne ich dich ein und lass dich über die Datenbänke suchen. In irgendeiner Verbrecherkartei tauchst du garantiert auf.«

Luis grinste. Per auch. Die beiden waren wieder auf einer Wellenlänge.

Jakob atmete einmal tief durch. Per hatte vorhin recht gehabt. Kleine Scherze lockerten auf, taten gut. Kleine Scherze brauchten sie bei ihrer täglichen Arbeit.

Er dachte an Leo und ihren verschreckten Blick. Mit welchem Scherz würde er sie nach diesem versauten Brunch wohl aufheitern können?

»Kommt, lasst uns die Identifizierung durch die Ehefrau hinter uns bringen.« Jakob Zimmer klatschte einmal in die Hände. »So was geht mir immer wieder nahe.«

SECHS

Stau am Rudolfplatz. Schon vor der ersten Kreuzung stehen die Autos, nichts bewegt sich.

Ich sitze im Streifenwagen.

Erinnerungen kommen hoch.

Nicht schon wieder. Nicht noch einmal. Damit kann ich jetzt überhaupt nichts anfangen. Nach all den Wochen und Monaten ist mein Leben gerade an einem Punkt angekommen, an dem ich wieder ein wenig inneren Frieden und Heiterkeit empfinden kann.

Ich bin vierundvierzig, nicht mehr lange, aber gerade noch. Ich bin Single und alleinerziehende Mutter von zwei fünfzehnjährigen Töchtern, fünfzehneinhalb, wenn man genau sein möchte. Noch habe ich eine Galgenfrist, bis ich fünfundvierzig werde.

Galgenfrist. Im Angesicht des Toten da vorhin ein unangebrachtes Wort, Leo.

Allerdings, wer soll mir denn beim Denken zuhören?

Ich – mir.

Zurück zum inneren Frieden.

Oder besser zum Doch-nicht-so-ganz-Frieden-in-meinem-Chaos. Denn wenn ich inneren Frieden hätte, dann würde es mich nicht so beschäftigen, dass mein Geburtstag vor der Tür steht. Ich werde dann ja nicht schlagartig zur alten Frau.

Tatsächlich erschreckt es mich in der Sekunde mehr, dass ich älter werde, als dass ich es eben mit einem Toten zu tun hatte.

Verdrängung. Ganz sicher.

Mein Ex-Mann fällt mir ein, der immer noch brotlose Künstler Johannes Belmont. Wie er vor noch nicht mal drei Wochen Nathi und Lulu zu einem gemeinsamen Wochenende abgeholt hat – das ich übrigens gesponsert habe, weil ich ihn immer noch finanziere, da er sich in einem seiner berühmten Engpässe vor dem Durchbruch befindet – und er tatsächlich zum ersten Mal seit unserer Trennung wieder in unser früher gemeinsames Haus hereingekommen ist, sich an den Küchentisch gesetzt hat.

Wie er sich da platziert hat an den Tisch in der Wohnküche und sich umgesehen hat, was ich denn wohl so verändert habe seit seinem Auszug, mit gerümpfter Nase und seinem ebenfalls berühmten skeptischen Blick, der mir immer das Gefühl gegeben hat, nicht gut genug zu sein. Nicht genug für die Beziehung und die Liebe geopfert oder getan zu haben. Auch heute noch bewirkt sein Blick diese Verunsicherung bei mir wie auf Knopfdruck.

Mein altes Thema.

»Ein Kaffee für dich, Johannes?« Habe ich gefragt, und da kam es dann heraus, nicht nur aus ihm, sondern überhaupt.

»Ich habe eine Neue, Alicia, sie ist erst vierundzwanzig, und sie könnte schwanger sein, Leo.«

»Ah ja. Schwarz der Kaffee, nur mit Zucker, wie immer?«

Ist mein Herz stehen geblieben für eine Sekunde? Ja. Hat meine Stimme unbeteiligt geklungen, cool, wie Nathi sagen würde? Ja.

»Mehr bedeutet es dir nicht?« Er wieder, mit einem Unterton, als ob es mir etwas bedeuten müsste, und das tut es auch, aber das hätte ich ihm niemals gezeigt.

»Nun ja, Johannes, wenn aus dem ›könnte schwanger sein‹ ein ›ist schwanger‹ wird, dann Glückwunsch. Ein Baby ist immer was Schönes.«

»Wir werden sehen. Sag es nicht den Mädels, bitte, das übernehme ich selbst.«

Dann haben wir nicht mehr darüber geredet, nur mehr über Belangloses geschwatzt, den Kaffee getrunken in unserer früher gemeinsamen, jetzt meiner Küche. Auch an diesem Tag gab es draußen Sonnenschein wie heute.

Habe ich später geweint? Ja, habe ich.

Weil ich mir alt vorgekommen bin mit meinen gerade noch vierundvierzig, zwanzig Jahre über der Neuen, und bei mir wird es wohl kein Baby mehr geben. Das ist gut so, aber trotzdem.

Allerdings hat er unseren Töchtern davon an dem Wochenende nichts erzählt, die haben die Neue bis jetzt noch nicht mal kennengelernt. Also, warten wir es ab.

Warum fällt mir das ein, während wir immer noch an der

ersten Ampel stehen, den jungen Streifenpolizisten neben mir im Wagen, der auch so aussieht, als sei er Anfang zwanzig oder sogar jünger?

Vielleicht wegen der Frau vorhin.

Dieser Frau, der ich eben begegnet bin. Mit dem grauen verwaschenen Blick, als ob sie es schon längst gewusst hat, dass es so enden würde mit ihrem Mann. Schon Jahrzehnte geahnt und gewusst hat und den Tag, die Stunde kommen gesehen. Als hätte sie darauf gewartet.

Oder irre ich mich?

Wie wird es sein, wenn sie ihn identifiziert, nicht nur tot, sondern auch so verwandelt, in Frauenkleidern, geschminkt und mit Perücke? Und was wird sie ihrem Sohn sagen? Der Junge könnte im Alter von Nathalie und Luise sein, vielleicht etwas älter, höchstens siebzehn. Wie er neben seiner Mutter stand. Wie wird es für ihn?

Wie viele Fotos konnten Passanten machen vom toten Mann in seiner Verkleidung? Wann werden die Bilder im Netz auftauchen, und wann werden seine Mitschüler und Freunde es »checken«, dass es sein Vater ist, der da mit gebrochenen Knochen auf dem Autodach gelegen hat?

Wenn es mich schon schockt, dass mein Ex eine junge Neue hat, die von ihm geschwängert wurde, was ist dann erst in dieser Familie los?

Nein! Schluss, Leo!

Nicht deine Baustelle.

Nicht dein Kummerkasten.

Ah, vorne bewegen sich endlich die Autos, wir schaffen es über die grüne Ampel. Auf der Aachener Straße geht es etwas zügiger voran. Überall sitzen die Leute heute im Freien, die Sonne lockt.

So wie ich vorhin mit Jakob. Brunchen. Mehr wollte ich doch gar nicht.

Mein Smartphone singt »Ebony and Ivory« von Paul McCartney, eine meiner Töchter ruft an. Sie finden den Klingelton für ihre Nummern auf meinem Handy ätzend und antik, aber ich liebe dieses Lied.

»Hey, ich bin's!«

Aha, es ist Luise. Mich wundert das, sie sind doch mit ihrem Vater unterwegs. »Schätzchen?«

»Hey, Leo.«

Gott, wie ich die Zeit vermisse, in der sie mich nur Mama genannt haben. Das tun sie immer noch, aber immer seltener.

»Leo, kann ich schon heute Abend nach Hause kommen?«

»Ist was passiert? Hattest du Streit mit deinem Vater?«

Luise schweigt einen Moment, das heißt, sie überlegt, wie viel sie mir erzählen möchte. »Nein, nichts davon. Aber der Nils und ich wollen heute ins Kino und so. Und ich wollte Papa noch nichts von meinem Freund erzählen.«

So wie er euch anscheinend noch nichts von seiner Freundin erzählen will. Liegt in der Familie.

»Und die Nathi?«

»Nathi bleibt. Der Paps und sie gehen Billard spielen.«

Der Papa, der Paps, meinen Ex nennen die Mädels nicht beim Vornamen. Billard spielen würde ich auch gerne wieder.

Gott, jetzt geht das Gejammer wieder los. Reiß dich zusammen, Leo. Immerhin lebst du noch. Im Gegensatz zu dem Mann, der vom Himmel fiel.

Der Mann, der vom Himmel fiel. Guter Titel, schrecklicher Anblick.

Wieder so ein Bild, das ich nicht aus meinem Kopf kriege. Wahrscheinlich werde ich mich nicht mehr mit Jakob treffen können, ohne an den Fenstersturz zu denken. Wenn es denn ein Fenstersturz war, vielleicht ist es wieder ein Mord, und ich bin wieder in der ersten Reihe mit dabei.

»Leo, bist du noch dran?«

»Ja, Luise. Du kannst kommen, wann du willst.«

»Hey, super, Leo.«

»Aber um elf seid ihr zu Hause. Du und Nils.«

»Darüber reden wir noch, bis später.« Sie legt auf.

Wann bitte hat Luise von »Bitte, Mama, BITTE!« zu einem »Darüber reden wir noch« gewechselt?

Sie werden erwachsen.

Ich alt.

Mein Ex wieder Vater. Vielleicht.

Ich bin immer noch Single.

Nein. Nicht ganz. Nur mehr Halbsingle, das klingt besser.

Jakob Zimmer. Sieben Treffen sind es seit unserem Zusammentreffen während der Ermittlungen damals geworden. Wobei das eine Mal, als er zu mir in die Praxis gekommen ist, nicht wirklich als Date zu werten ist.

Gott, die Praxis.

Nächste Baustelle.

Seit mein Partner weg ist, brummt der Laden noch mehr. Paradox, aber wahr.

Ich schaffe es allein nicht mehr. Ich brauche einen zweiten Zahnarzt. Oder eine Zahnärztin. Oder beides. Nicht als Partner, das nie mehr, aber einen Angestellten, der mir etwas Luft verschafft und mir ein paar der Notdienste abnimmt. Ich muss mich dazu zwingen, wieder Bewerbungsgespräche zu führen, ohne jeden Vorbehalt.

Also, ab Montag die nächsten Kandidaten.

Heute Abend habe ich nun doch unerwartet viel Zeit und werde mir die Bewerbungen ansehen, vielleicht schon ein oder zwei Gesprächstermine vereinbaren.

Meine Zahnarzthelferinnen beschweren sich schon länger, allen voran Britti Poster, die mir diese Woche gesagt hat, wie sehr sie unsere Gespräche vermisst. Das hat mich aufhorchen lassen.

Ich düse von Patient zu Patient und habe tatsächlich nicht mal mehr die Zeit, ein paar Worte mit meinen Angestellten zu wechseln oder einen Kaffee mit ihnen zu trinken. Wie geht es zum Beispiel Britti überhaupt?

Gut, dazu müsste ich nur ins Internet und ihren Blog lesen.

Oh Gott, nächste Baustelle.

In meinem Leben geht es zu wie auf den Autobahnen rund um Köln. Wenn Britti erfährt, dass ich es schon wieder mit einer Leiche zu tun habe, wird sie mich löchern ohne Ende. Wird alles mit den anderen Helferinnen bequatschen.

Kein Wort darüber.

Mit etwas Glück werde ich diesmal völlig aus den Schlagzeilen herausgehalten, ich habe nichts, absolut nichts mit dem Opfer und nichts mit seinem Sturz zu tun.

Oder war es ein Mord?
Ein Aus-dem-Fenster-gestürzt-worden-Sein?
Leo, Hirnfürze sind das. Halt den inneren Schnabel.
Es war ein Unglücksfall.
Ein Unglück.
Ein Fall.
Kein Fall.
Ich werde Jakob auch nicht mehr danach fragen. Werde es in der Zeitung nachlesen. Auf Papier. Das Netz ignorieren. Mir keine Gedanken mehr über den Mann, seine Verkleidung, seine Frau, seinen Sohn oder seinen Tod machen.
Ein Sonnenstrahl bricht durch die Frontscheibe und trifft direkt auf meine Nase.
Hatschi!
»Gesundheit!«, sagt der junge Streifenpolizist neben mir.
»Danke!«
Wir überqueren den Gürtel.
Das sind tatsächlich die ersten Worte, die ich mit dem jungen Mann gewechselt habe. Dabei fühlt sich mein Mund trocken an, als hätte ich all das Zeug in meinem Kopf die ganze Zeit laut vor mich hin geredet.

SIEBEN

Vielleicht hatte es damit zu tun, dass automatisch eine Schmerzerinnerung im Gehirn freigesetzt wird, wenn man eine Begegnung hat, die auch nur einen winzigen kleinen Teil des früheren schmerzhaften Erlebens beinhaltet. So kann nach einem Raubüberfall auf einem nächtlichen Bahnhof beispielsweise schon das Geräusch eines fahrenden Zuges die alte Angst und Hilflosigkeit wieder hervorrufen, und auch ohne aktuelle Bedrohung schlägt das Herz schneller, der Schweiß bricht aus, oder es saust in den Ohren.

Er hatte vor gerade mal einer Stunde mit stoischer Ruhe einen Gürtel um einen Hals gelegt und einen Körper zwei Etagen abwärts befördert, doch bereits seit seinem fünften Lebensjahr fürchtete er sich vor allem, was mit der Silbe »Zahn-« begann. Panisch.

In seiner Kindheit hatte er die meiste Zeit bei der Großmutter gelebt, eine Frau mit festen abendlichen Trinkgewohnheiten, die sie zum Glück nie aggressiv gemacht hatten, aber sehr locker, was die Erziehung ihres einzigen Enkels betraf.

Lange aufbleiben, immer gern, dann fühlte Omi sich nicht so allein. Malen auf allem, was herumlag, auch auf Tapeten und Schränken, Oma hatte schon seine Strichmännchen als hohe Kunst bezeichnet. Überhaupt Kinderchaos in der Wohnung anrichten, lustig, dann konnte man so tun, als wäre ein Hurrikan durch die Zimmer gerast. Fernsehen gucken, egal, was lief, Omi schnarchte sowieso nach der zweiten Flasche.

Und die Süßigkeiten, jede Menge Süßigkeiten, Unmengen an Schokolade, Gummibärchen, Zuckerstangen, Keksen und weißen Gummimäusen. Ohne das lästige Zähneputzen hinterher. Die Milchzähne waren dadurch kariös geworden. Die Besuche beim Zahnarzt der blanke Horror.

In seinem Kopf hatten sich die Geräusche, Bilder und Schmerzen zu einem Klumpen verdichtet. Die schlimmste Erinnerung war die an eine Vollnarkose, die von dem Zahnarzt damals gemacht werden musste, um das Kind wegen der totalen Verweigerung, die Lippen auch nur einen Millimeter zu öffnen, überhaupt behandeln zu können.

Damals als kleiner Junge hatte er da in der Zahnklinik auf einer Liege gelegen, das wusste er noch so genau, als wäre es erst vor ein paar Tagen geschehen. Eine junge Frau in einem weißen Kittel und die Oma hatten am Ende der Liege gestanden, beide hatten gelächelt, aber so falsch und übertrieben, dass er hätte schreien können, wenn ihm nicht in dem Moment eine Maske auf Mund und Nase gedrückt worden wäre. Er hatte das Gefühl gehabt zu ersticken, hatte sich wehren wollen, hatte schreien wollen, was aber zur Folge hatte, dass die Maske noch fester auf sein Gesicht gepresst wurde und ihm die Luft völlig nahm.

Jahre später, als er als Erwachsener in dem ersten Alien-Film im Kino saß, wusste er ganz genau, wie sich Kane gefühlt haben musste, als ihm das außerirdische Ding aus dem eiförmigen Gebilde ins Gesicht gesprungen war und sich dort festgekrallt hatte.

Den ersten Stich an den unteren Vorderzähnen hatte er vorhin bei der Frage »Die Zahnärztin?« gespürt. Ausgesprochen von einer Polizistin in Zivil, die sich an ihm vorbei durch die Menge gekämpft hatte, ihren Ausweis in die Höhe haltend. Sie wirkte sportlich und streng, gefiel ihm, und schnell hatte sich seine Phantasie eine Begegnung ausgedacht, in der die Ermittlerin den Pferdeschwanz löste und ihr Haar über die Schultern fiel. Nichts mochte er mehr als Begegnungen, die mit Liebe zu tun hatten, Liebe in Kombination mit dem Tod, das war unschlagbar.

Nach der nächsten Fragenfolge – »Frau Dr. Kardiff?«, »Leocardia Kardiff?« und noch einmal »Die Zahnärztin?« – war die hübsche innere Gedankenszene zerplatzt wie eine Seifenblase, und sein ganzes Augenmerk hatte der Blonden gegolten, die vorhin versucht hatte, Ebbi wiederzubeleben. Das war auch eine hübsche Szene gewesen. Und lustig anzuschauen.

Die Blondine war also Zahnärztin.

Der Auftritt dieser Frau vor einer Stunde war vom Fenster aus gesehen richtig komisch gewesen, wie sie auf ihren hohen Schuhen und mit wehenden Locken über die Straße gerannt war. Da hatte er an ein verschrecktes Huhn gedacht, nicht an eine Ärztin. Die Blondine war jedenfalls dem blonden Mann hinterhergestöckelt, der sich, nachdem er den Körper vom Autodach gehoben hatte, lautstark als Hauptkommissar von der Kölner Kripo geoutet und die erschreckten Leute auf Abstand gehalten hatte.

Dann war der Kopf des Kommissars nach oben geschossen zu den Fenstern. Er hatte sich schnellstens zurückgezogen, sich weggeduckt in den Schatten, mit einem Ermittler direkt vor Ort war nicht zu rechnen gewesen. Aufruhr unten, ja, hysterische Leute auch, gern sogar, auch deshalb hatte er den Körper in einem Anflug von Übermut recht spektakulär nach unten befördert. Aber so schnell jemand von der Polizei an Ort und Stelle, das war ein dummer Zufall gewesen.

Er hatte in wilder Eile die Wohnung verlassen müssen. Auf dem Weg die Treppen nach unten hatte er sich über seine dumme, sinnlose Aktion mit dem Fensterwurf dann doch geärgert, die ihn der Gefahr einer Entdeckung, sogar Verhaftung, ein klein wenig näher gebracht hatte.

Er war zügig aus dem Haus getreten, fast vor der Tür mit einem alten Mann zusammengestoßen, das hätte ebenso ins Auge gehen können, der Mann hätte sich zu einem potenziellen Zeugen entwickeln können. Doch in letzter Sekunde war er dem Alten geschmeidig ausgewichen und auf die Straße gesprungen.

Er hatte sich in den Strom der Passanten eingereiht, war über den Trödelmarkt gelaufen, wo sich die Menschen auf das Ereignis zubewegten. Am Drogeriemarkt an der Ecke angekommen, hatte sein Herzschlag sich wieder beruhigt, und er war stehen geblieben. Er wollte das weitere Geschehen nicht ganz verpassen, dazu war die Geschichte doch zu gut.

Immer mehr Passanten strömten zum Ort des Geschehens, und da hatte auch er umgedreht, die Idee, es aus der Menschenmenge heraus noch einmal nachzuerleben, war prickelnd.

Er hatte sich schnell und unauffällig Ebbis Handtasche mit dem Schlüssel für die Wohnung entledigt, die er mitgenommen hatte. Am Mülleimer neben der Rolltreppe, die zur U-Bahn führte. Selbst wenn die Polizei die Clutch finden würde, gäbe es nur Abdrücke vom Opfer darauf. Er trug immer noch die

Handschuhe. Oben in der Wohnung hatte er es noch als gute Idee empfunden, die schicke Handtasche zu behalten, vielleicht zum Weiterverschenken, er hatte da jemanden im Auge. Doch jetzt war es eine Erleichterung, die Clutch loszuwerden.

Mit dem Pulk von Schaulustigen war er zurück zum Tatort gespült worden, und als mit Sirenengeheul die Einsatzfahrzeuge, die Rettung und später der Leichenwagen auftauchten, hatte er sich einen Platz ganz vorn am Absperrband ergattert, das iPhone wie Dutzende andere in der einen Hand.

»Sie brauchen sich mir gegenüber nicht zu rechtfertigen. Das geht mich nichts an. Sagen Sie mir lieber, was genau passiert ist.« Sagte in dem Moment die sportliche Ermittlerin mit dem Pferdeschwanz zur blonden Zahnärztin, und er versuchte, sich in dem Gedränge und Geschubse auf dieses Gespräch zwischen den Frauen zu konzentrieren.

»Ich weiß es nicht. Ehrlich. Wir haben da gesessen, und plumps!, ist einer vom Himmel gefallen.«

»Vom Himmel?«

»Nicht direkt. Von dem Haus da drüben. Zweiter oder dritter Stock, ich glaube, das ermitteln Ihre Kollegen gerade.«

»Also ein männliches Opfer?«

»Nein … ähm … ja.«

»Was denn jetzt?«

Das brachte ihn zum Schmunzeln.

Ja, Ebbi würde sicher großartige Schlagzeilen machen. Falsche Spuren und falsche Vermutungen. Es war mehr als brillant, eine bessere Geschichte dazu hätte das Leben kaum schreiben können. So gesehen war der spontane Entschluss, Ebbi aus dem Fenster zu werfen, doch gut gewesen. Geradezu famos.

»Also, Jakob ist sofort dahin, hat die Leute abgehalten, näher zu kommen, hat sofort telefoniert, Alarm gegeben. Ich bin hinterher, ich bin ja Ärztin, na ja, Zahnärztin zwar, aber ich kann Erste Hilfe leisten, glauben Sie mir.«

Ein weiterer Schmerz bei dem Wort Zahnärztin, jetzt im Bereich seiner hinteren Backenzähne, riss ihn aus seiner Konzentration. Eine weiße Gummimaus tauchte als Bild in seinem Kopf auf wie ein böser Hohn. Die gesamte linke Zahnreihe begann zu pochen, rhythmisch. Wie lange war es her, dass er es gewagt hatte, eine Zahnarztpraxis zu betreten?

»Könnten Sie alle bitte ein Stück weit nach hinten rücken! Das ist ein Tatort.« Die Frau von der Kripo hob ihre beiden Hände, kam direkt auf ihn zu.

»Warum ist die denn gesprungen?« Ein Ruf von weiter hinten.

»Wat soll dann die blöde Froch?«, konterte ein anderer auf Kölsch.

»Bitte gehen Sie einfach weiter.«

Einer der Streifenpolizisten kam an die Seite der Ermittlerin und breitete seinerseits die Arme aus, langsam und zäh bewegte sich die Menge rückwärts. Er mit. Der Schmerz ließ seine Augen tränen, alles war nur mehr verschwommen zu erkennen. Er drückte schnell ein paarmal auf den Auslöser seiner Handykamera.

»Und keine Fotos, ja? Ich könnte alle Ihre Handys beschlagnahmen.«

Er senkte das iPhone, steckte es in die Jackentasche. Im Mund sprangen die Stiche hin und her, das gesamte Gebiss schien sich verschworen zu haben. Welcher Schmerz war real, welcher eingebildet?

Er zwängte sich nach hinten durch, ließ den Gaffern den Vortritt, hatte genug gesehen und auch gehört. Die Freude an diesem sonnigen Herbstvormittag war durch die Zahnschmerzen fast verdorben worden. Erst als er es geschafft hatte, wieder zwischen den Buden des Trödelmarkts zu landen, ließ das Stechen, Pulsieren und Pochen nach.

Er fuhr sich mit der Zunge über die Zähne, versuchte mit der Zungenspitze zu erfühlen, ob dem eingebildeten Phantomschmerz vielleicht eine reale Entzündung oder sogar ein kariöses Loch zugrunde lag. Der letzte Zahnarztbesuch musste wohl mindestens ein Jahrzehnt zurückliegen, wenn er ehrlich war, und ein neuer Termin stand dringend an. Schon allein, wenn eine weitere Krone nötig wäre, bräuchte er einen neuen Zahnarzt. Oder eben eine Ärztin.

Ein Schwindel erfasste ihn bei dem Gedanken an den Zahnarztstuhl. Dabei sollte er sich gerade jetzt, nach getaner Arbeit, gut fühlen, besser fühlen, nicht taumelig und so erschreckend ängstlich in Gedanken an Bohrer, Scaler, Spritze, Zange.

Als er den Rudolfplatz verließ und den Ring überquerte, traten seine Arbeit und die ganze Begegnung mit Ebbi wegen der Zahnschmerzen und der Angst in den Hintergrund. Was ziemlich schade war. Ebbi war zu gut gewesen, um nur mit einem hübschen Foto archiviert zu werden.

Er blieb auf der Aachener Straße noch einmal stehen und holte das iPhone heraus. Scrollte durch die Bilder, die ein Gesicht zeigten, das in seinem Todeskampf bei den meisten Menschen Übelkeit und Schrecken verursacht hätte. Ihm aber zauberte es schließlich doch noch ein Lächeln auf die Lippen.

Gute Arbeit, Zeit, sich mal wieder selber auf die Schulter zu klopfen.

Nach den Porträts kam ein Video von den Schaulustigen, ein Pulk von Leuten mit gierigen Blicken, dann Schwenk zum Haus, zum Tatort, dann das Auto, eine Sequenz, in der die Polizei den Körper zudeckte, und eine, in der der Leichnam hinten um die Ecke außer Sichtweite der Masse getragen wurde. Auf einem weiteren Foto machte einer der Beamten selbst Bilder von der Menge, man fotografierte sich also gegenseitig, das wirkte sehr skurril. Danach die Aufnahmen der taffen Polizistin in Zivil, dreimal verschwommen mit erhobenen Händen auf die Menge zukommend, einmal scharf mit der blonden Zahnärztin im Hintergrund.

Er ging ins Internet, übertrug alles in eine Cloud. Googelte nach Zahnärzten in Köln, gab Kardiff ein, erhielt sofort jede Menge Treffer. Eine Praxis in Sülz, am Nikolausplatz. Etwas weit weg von seinem Zuhause, aber mit der Bahn gut zu erreichen. Dazu jede Menge Artikel und Einträge in einem Blog über einen Mordfall, in den die Blondine anscheinend verwickelt gewesen war. Auch spaßig. Vor allem, wenn man es in Verbindung mit heute sah.

Er atmete einmal durch, er würde später zu Hause noch alles Weitere und Wissenswerte im Internet recherchieren, gut vorbereitet zu sein war immer von Vorteil.

Es wurde wirklich Zeit, dem Schrecken in die Augen zu sehen.

Er war kein fünfjähriger Junge mehr. Auch wenn er immer noch eine große Schwäche für Süßes hatte. Eine sehr große.

Apropos. Er blieb vor dem ersten Büdchen an der Aachener Straße stehen. Einen Moment noch zögerlich, wog er ab, doch der Schmerz von vorhin hatte sich verzogen wie dunkle Gewitterwolken.

Die Süßigkeitensonne schien also wieder.

»Ja?«

Der Mann hinter der Glasscheibe wirkte schlecht gelaunt. Seine Mundwinkel hingen nach unten. Seine Nase lief.

»Drei von den weißen Gummimäusen, bitte.«

Der Mann griff nach einer langen silbernen Zange und einer kleinen Tüte.

»Lieber gleich das Zweifache, machen Sie sechs Mäuschen draus.«

Der Büdchenmann seufzte, obwohl die Bestellung sich ja verdoppelt hatte.

»Was ist dahinten los?«, fragte er.

»Ich glaub, da ist einer aus dem Fenster gesprungen.«

»Dort, wo ich herkomme, da springen die Menschen auch aus dem Fenster, aus purer Not, das können Sie mir glauben. Ich bin Grieche und –«

Das interessierte ihn nun überhaupt nicht. Er winkte ab. Mit Politik hatte er noch nie was am Hut gehabt, obwohl auf diesem Terrain sicher auch eine gute Auftragslage herrschte.

»Ja, da haben Sie wohl recht, guter Mann. Das tut mir leid, ist aber nicht zu ändern. Und wissen Sie was? Geben Sie zu den weißen Mäusen noch zwei Lakritzstangen dazu. Heute beginnt schließlich das Wochenende.«

Wieder seufzte der Büdchenmann, wischte sich mit dem Ärmel über die Nase, sagte aber nichts mehr.

Er zahlte und machte sich weiter auf den Weg, schnappte sich im Gehen schon mal die erste Gummimaus. Als er die Süßigkeit zwischen seinen Zähnen zerriss, spürte er einen leichten Anflug des Stechens von vorhin. Anscheinend waren es doch nicht nur Phantomschmerzen gewesen.

In der Straßenbahn, auf dem Weg nach Hause, konnte er die

ersten Berichte über den Mord und den Fenstersturz im Internet lesen. Noch stand da nichts Eindeutiges über die Hintergründe. Das würde sicher noch eine ganze Weile so bleiben. Er lächelte und sah aus dem Fenster.

Weiße Gummimäuse und ein erwürgter Mann in Frauenkleidern.

Ein wirklich sonniger Vormittag.

Später, zu Hause beim Umziehen, ärgerte er sich allerdings doch. Ein Loch in einem seiner Kleidungsstücke, aus seinem Hemd war ein Fetzen Stoff herausgerissen. Er dachte eine Weile angestrengt nach, ob das ein Problem werden konnte, entschied sich aber dagegen.

Am Nachmittag kamen die Zahnschmerzen zurück, wieder heftig, lang anhaltend. Dieser Zustand war unerträglich und bedurfte einer schnellen Lösung.

Angst hin oder her. Dafür gab es Zahnärzte. Die Blondine am Tatort fiel ihm ein, und er schmunzelte über den Schmerz hinweg.

ACHT

Die Zahnarzthelferin Britti Poster hatte nicht nur den Anrufbeantworter der Praxis von Dr. Leocardia Kardiff besprochen …

Guten Tag! Sie sind verbunden mit der Zahnarztpraxis von Dr. Kardiff. Leider rufen Sie außerhalb unsere Praxiszeiten an. Wenn Sie eine Nachricht nach dem folgenden Signalton hinterlassen möchten, bitte vergessen Sie nicht, Ihren Namen und Ihre Telefonnummer anzugeben. Danke!
(Piepton)
»Ja, äh … guten Tag. Oder guten Abend … äh … ich wollte mich anmelden … ich habe starke Zahnschmerzen … Aber klar, Wochenende … und Zahnklinik, Notdienst, also, das wollte ich nicht … deshalb … äh … ja, hoffe ich, dass ich schon Montagfrüh vorbeikommen darf … Ja … ähm … mein Name ist übrigens Probst. Hannes Probst. Mit P/b … äh … ja, ich komm dann Montag … Wiederhören!«
(Tuten)

… Britti Poster hatte auch die neue Webseite mitgestaltet. Der Webdesigner hatte es später seinen Freunden gegenüber als enorm schwierig beschrieben, zu arbeiten, wenn man das linke Ohr ohne Punkt und Komma vollgequasselt bekäme. Zwar fand er Britti hübsch, entschied sich aber doch für ein Date mit einer stillen Rothaarigen …

www.praxis-drkardiff.de
Werte PatientInnen: Wenn Sie sich einen Termin über unsere Webseite geben lassen möchten, können Sie gern das folgende Kontaktformular ausfüllen. Wir würden uns freuen, Sie als PatientIn hier in unserer freundlichen Praxis am Nikolausplatz willkommen zu heißen.
Kontaktformular
Name: Gernot Murbach
E-Mail-Adresse: murbge_schlad@au.com
Wunschtermin: Montag
Sonstige Angaben (falls gewünscht): Hab starke Schmerzen im Oberkie-

fer. Bitt um Einschub. Komm so oder so am Montag in der Früh. Dank schön. Mit schmerzlichen Grüßen – GM
Anti-Spam. Bitte geben Sie die Zeichenfolge ein: 387G9
Absenden erfolgreich.
Wir bemühen uns, Sie schnellstmöglich zu informieren.

... Und da Britti Poster ein Fan der modernen Kommunikation war, hatte sie auch einen Facebook-Account für die Praxis eingerichtet mit der Möglichkeit, sich über FB anzumelden. Dr. Kardiff fand das übertrieben, aber Britti meinte, dass eine Zahnarztpraxis nicht nur bei der Ausstattung modern sein sollte. Das gehöre heute einfach dazu ...

FB
Praxis Dr. Kardiff.
Neue Nachricht:
Serafin Spilotta. Das erste Mal bei Fr. Dr. Kardiff. Bitte um einen schnellen Termin Montagvormittag. Akute Schmerzen. ☹☹☹

Dazu gab es immer noch Patient/-innen, die die analoge Art der Kommunikation mit einem Arzt bevorzugten und einfach persönlich vorbeikamen, in akuten Fällen auch ohne vorherige Anmeldung. Das war nach dem Wochenende ab Montagmorgen neun Uhr möglich. Längere Wartezeit allerdings inbegriffen.

TEIL 2

EINZIGARTIG STRAHLEN

Viertel nach neun, ich bin unruhig und aufgeregt.

Kaum habe ich das Haus am Nikolausplatz 8 betreten, macht mir meine nervöse Blase wieder zu schaffen.

Werden meine Mitarbeiter und Patienten schon alles über den Toten wissen?

Blöde Frage.

Hast du nicht die Menschenmenge gesehen mit all den gezückten Handykameras? Und welcher von denen hat von dir ein Bild geschossen, das schon längst im Netz kursiert und das Britti Poster kopiert und auf ihrem Blog eingefügt hat?

Stopp. Zurück. Sei nicht paranoid, Leo.

Selbstohrfeige.

Nein.

Wollte ich mir abgewöhnen.

Na gut, eine kleine.

Gott, es ist doof genug, dass ich ängstlich im Hausflur stehe und mit mir selbst Zwiegespräche führe, während oben Zahnschmerzgeplagte darauf warten, endlich behandelt zu werden. Da brauche ich nicht noch Dramen dazuzuphantasieren. Vielleicht wissen sie alles über das Geschehen, ohne dass ich im Bericht vorkomme. Positiv denken.

Ich muss. Meine Blase. Gott, oh Gott!

Jetzt aber. Rein in die Praxis.

Ups! Mir fällt auf, dass auf dem Schild über der Klingel immer noch Dr. Lang/Dr. Kardiff steht. Unten habe ich immerhin eine neue Tafel anbringen lassen. Auch das Logo ist geändert worden. Die neue Gestaltung der Webseite hat Britti zusammen mit einem befreundeten Programmierer in die Hand genommen. Die Visitenkarten sind neu gedruckt. Mit Dr. Langs Anwälten habe ich die geschäftliche Seite geregelt. Er hat die Papiere unterschrieben, die ihn aus unserem Partnervertrag herausnehmen und mich als alleinige Mieterin angeben. Ich habe ihn also nicht mehr wiedergesehen.

Jetzt aber zu der brennenden Frage: Wer hat den Mann am Samstag gekillt?

Killen klingt so reißerisch. Wer also hat den Mann im Frauenoutfit ermordet? Wer ihn erdrosselt und aus dem Fenster geworfen?

Ich habe mir alles einverleibt, die Zeitungen, das Fernsehen, das Internet gibt die meisten Infos her. Nur Jakob habe ich mich nicht getraut zu fragen, als er sich Samstagnacht und dann noch mal gestern Abend gemeldet hat, um sich nach mir und meinem Befinden zu erkundigen.

Fand ich echt süß. Wollte die Stimmung zwischen uns nicht durch meine Neugierde verderben. Er würde nur sauer werden, wenn ich nachbohre.

Nervös bin ich ja, doch abgesehen davon geht es mir ganz gut. Erstaunlich gut habe ich den Samstag weggesteckt. Ob es damit zu tun hat, dass es meine zweite Leiche ist? Kann man sich daran gewöhnen?

Beim ersten Mal tat's noch weh, beim zweiten Mal nicht mehr so sehr – wer hat das gesungen? Ah ja, Waggershausen, genau – und heut weiß ich, daran stirbt man nicht mehr.

Na ja, vielleicht nicht ich, aber die anderen schon.

Leo!

Eigentlich ist es meine achte oder neunte Leiche, mit der ich je zu tun hatte. Damals während des Studiums haben wir auch an Leichen geübt. Zwar keine Verbrechensopfer, aber tot ist tot. Oder?

Mir läuft es kalt über den Rücken. Ich erinnere mich.

Zuallererst anatomische Köpfe mit Gebiss und allem, was dazugehört, Zahnarztdummys, könnte man sagen. Sogar bei einem dieser Plastikköpfe bin ich beim Üben des Einspritzens fast in Ohnmacht gefallen. Meine Spritzenphobie ist immer noch weit davon entfernt, völlig ausgeheilt zu sein. Obwohl es mit der Hypnosetherapie besser läuft als je zuvor.

Also, frisch ans Werk.

Gott, das Wartezimmer ist schon morgens so voll.

Leo, du musst dir einen neuen Partner suchen! Bewerbungen gibt es genug, nur schaffe ich es nicht, mich mit ihnen auseinanderzusetzen. Kaum durchforste ich die Liste, packt mich eine kurze Panik, dann werde ich bleiern müde. Aber ich mache es. Später. Oder auf jeden Fall morgen.

Ich versuche, an der Rezeption vorbeizuhuschen, aber meine High Heels klacken auf dem Marmorboden zu laut. Gerda Horst hebt den Kopf, ja, ich weiß, ich bin eine Viertelstunde zu spät. Bulldogge Horst gibt mir das mit einem strengen Kopfnicken zu verstehen.

Falsche Richtung, ich muss zuallererst auf die Toilette. Gut, dass es ein extra Angestelltenklo gibt. Ich platze gleich.

Rein ins WC.

»Guten Morgen, Frau Doktor.«

Natürlich, Britti Poster, die sich vor dem Spiegel ihre Haare richtet. Ihr Pagenkopf ist immer so akkurat geschnitten, und niemals steht auch nur ein Haar ab, im Gegensatz zu meinen ungebändigten blonden Locken.

»Wie geht es Ihnen denn, Frau Doktor?«

Sie weiß es, Scheiße!

»Was soll denn diese Frage? Wie soll es mir schon gehen? Gut! Ja, gut, natürlich!«

Britti sieht mich mit ihren großen braunen Augen an, ein Bambi-Blick. »Ich hab nur gefragt, sorry, Chefin.«

Chefin nennt sie mich nur, wenn sie eingeschnappt ist. Ich glaube, ich habe mich geirrt, sie weiß es nicht.

Sorry, Britti.

Tür zu, Schloss verriegelt! Gibt es etwas Befreienderes?

So, jetzt kann mein Tag beginnen.

»Wir haben heute bereits jetzt drei neue Patienten, Chefin.« Britti ruft durch die abgesperrte Tür; selbst wenn sie beleidigt ist, hält sie nicht den Mund.

»Oh, Britti, ich hatte doch für diesen Monat einen Aufnahmestopp für Neuanmeldungen angesagt. Das schaffe ich nicht mehr.«

»Kriegen Sie hin, Dr. Leo. Und wir Mädels und der Bube helfen Ihnen doch.«

Britti Posters Stimmung hat sich blitzschnell wieder gedreht. Ich bin wieder Dr. Leo. Mit dem Buben meint sie unseren Zahnarzttechniker, der seit dem Abgang von Dr. Lang tatsächlich der einzige Mann in der Praxistruppe ist.

Es wird Zeit, dass ich einen Zahnarzt anstelle.

Leo, du Hamster im Rad. Und schon wieder Selbstgespräche.

Jetzt ist der Waschraum leer, Britti ist weg.

Ich wasche meine Hände und sehe im Spiegel die Blässe auf meinem Gesicht. Ich nehme meinen Gedanken von vorhin zurück, ich habe mich nicht daran gewöhnt, einen Toten zu finden.

Was hat der Mann wohl als Letztes gesehen?

Ich stöckle zurück, wieder an der Rezeption vorbei, eine große Frau mit tollen langen schwarzen Haaren steht Gerda Horst gegenüber und kramt in ihrer Handtasche. Sicher sucht sie ihre Versichertenkarte, ja, auch ich finde so gut wie nichts in meiner Tasche, gerade weil ich alles Mögliche mit mir herumschleppe. Die Frau ist mir unbekannt, sie muss wohl eine der drei Neuen sein, von denen Britti erzählt hat.

Bevor ich in mein Büro verschwinde, um mich umzuziehen, werfe ich einen Blick auf die Tür neben meiner. Das große Zimmer meines Ex-Kollegen steht immer noch völlig leer. Alles habe ich ausräumen und den Raum neu streichen lassen. Eigentlich wollte ich selbst da hinüberwechseln, aber den Plan werde ich nie durchziehen.

Vielleicht mache ich daraus einen Ruheraum für meine Helferinnen. Mal sehen.

Mein ständiges Hühnerauge am Zeh sticht, während ich in meine Arbeitsschuhe schlüpfe, ein Termin bei einer Podologin wäre auch mal gut, aber bitte wann denn? Ich sollte eine Zeit lang auf meine hohen Schuhe verzichten.

Niemals, die lassen mich schlanker aussehen.

Der Mann, der aus dem Fenster fiel, hatte auch High Heels an. Und einen kurzen Rock. Und Strümpfe. Und eine Langhaarperücke auf. Also könnte man sagen, der Mann, der aus dem Fenster fiel, wollte eigentlich eine Frau sein. Vielleicht im Alltag schwer zu verwirklichen. Aber nichts völlig Ungewöhnliches.

Und doch sehe ich seine Frau und den Sohn vor mir. Ich erinnere mich, dass ich am Samstag bei dieser Begegnung gedacht habe, was für ein Schock es für die beiden sein müsse, den

Ehemann und Vater so zu sehen. Tot und ermordet. Dazu noch feminin verkleidet. Transvestiert. Oder travestiert?

Diese Wörter gibt es gar nicht.

Ich sehe Jakob vor mir, wie er die Ehefrau nach dieser Verkleidung, diesem Ausflug ins andere Geschlecht befragt, vielleicht auch den Sohn. Halbwüchsig wie meine Töchter. Der Junge kommt mir immer noch bekannt vor.

Vielleicht sollte ich mich nach den beiden erkundigen? Wie es ihnen geht und so?

Stopp!

Keine Einmischung! Kein Nachfragen! Keine Schnüffeleien!

Raus aus dem Büro und ran an die ersten Patienten.

Vor mir taucht ein Mann mit teigigem Gesicht auf. »Guten Morgen! Frau Dr. Kardiff, das sind Sie, nicht wahr? Mein Name ist Hannes Probst. Hanni. Ja, tatsächlich nennen mich meine Freunde Hanni. Ich bin neu. Das erste Mal bei Ihnen. Ich habe mich am Wochenende angemeldet. Unfassbare Zahnschmerzen. Hölle. Habe gewartet bis heute, die Ärzte im Notdienst sind bekanntlich so was wie Metzger, dazu viel zu unerfahren. Also, dann lieber zu Ihnen, dem Profi. Ich muss jetzt zwar noch warten, aber wenn Sie mir schon so über den Weg laufen, da dachte ich, ich kann mich auch gleich vorstellen. Probst, Hannes Probst. Sagte ich schon.«

Oh weh, ein klassischer Angstpatient, der gegen die Panik anredet. Ich schüttle seine Hand. »Herr Probst, freut mich. Ich kann Sie jetzt nur bitten, im Wartebereich Platz zu nehmen. Da Sie eingeschoben werden, wird es dauern. Danke.«

Ich versuche, an ihm vorbeizukommen.

»Ja, klar. Kein Problem. Die Schmerzen sind, seit ich hier hereingekommen bin, wie weggeblasen. Sie wirken schon aus der Ferne Wunder, Frau Doktor.«

Ich will an ihm vorbei. Er macht nicht Platz, ich muss wohl energischer werden. »Herr Probst, in den Wartebereich, bitte.«

»Also übrigens, ich bin tatsächlich mit dem Eberhard Dallinger bekannt.«

Wer soll das denn sein?

Herr Probst redet schon weiter. »Der Arme. Dieser schreckliche Tod. Dieser Sturz aus dem Fenster. Ich war, ich bin geschockt. Der Eberhard, der ist, der war mein Mitarbeiter, müssen Sie wissen. Und ob er von da oben runtergesprungen ist oder gestoßen wurde, das weiß man noch gar nicht so genau.«

Oh mein Gott.

Mir wird etwas schwindlig. Der neue Patient redet von dem Toten vom Samstag. Ich will ihn stoppen, aber es ist unmöglich.

»Und wo ich Sie da reden gehört habe, Frau Dr. Kardiff, mit dieser Frau von der Polizei, direkt am Tatort, vor dem Café, da habe ich mich danach gleich erkundigt, wo Ihre Praxis ist. Diese Zahnschmerzen sind die Hölle. Ich habe bis heute Morgen mit Schmerzmitteln durchgehalten.«

In dem Moment passieren zwei Dinge gleichzeitig.

Eins: Britti Poster kommt wie ein schlechter Scherzartikel aus der Dose vor mich gesprungen.

»Sie waren am Samstag da, Frau Doktor? Am Rudolfplatz? Das Ereignis war in den Nachrichten. Beim WDR. Auch bei RTL. Sie waren schon wieder am Ort eines grausamen Verbrechens?«

Ereignis, was für eine Bezeichnung. Ihre Augen leuchten, und ja, jetzt werden es bald alle wissen.

Zwei: In meinem Hirn schiebt sich eine Frage vor all die anderen Sachen, die anstehen: Was bitte hatte der neue Patient am Samstag am Rudolfplatz zu suchen, genau zu dem Zeitpunkt, als der andere quasi vom Himmel fiel?

ZWEI

»Heinrich Schwalb, der Wohnungsbesitzer, hat sich schon wieder gemeldet. Er will unbedingt, dass wir den Tatort bald freigeben, weil er seine Wohnung so nicht vermieten kann. Er hat Verbindungen zu Oberstaatsanwalt Theo Prunk, sagt er.« Per Kowalski kaute auf seiner Zunge.

»Es ist mir scheißegal, wer da wann einzieht und ob der Mann den Polizeipräsidenten persönlich kennt.« Jakob Zimmer war an diesem frühen Montagmorgen immer noch mieser Stimmung. Er schien das brutale Ende seines Dates mit der Zahnärztin persönlich zu nehmen.

Er hatte sie am Wochenende zweimal angerufen, immer mit dem Gefühl, sich entschuldigen zu müssen. Fast so, als hätte er das Café Rico ausgesucht, weil er ahnte, dass dort gegenüber ein Mensch getötet werden würde. Jakob wischte diese unrealistischen Gedanken weg. Der Fall war zu lösen.

Nicht wegwischen konnte er den heftigen Schnupfen, der ihn seit gestern zu quälen begonnen hatte. Er nieste dreimal hintereinander und nahm sich sein inzwischen letztes Taschentuch.

»Gesundheit, Boss! Also, die Wohnung war laut Schwalb eigentlich schon vermietet gewesen, das hat er am Samstag ausgesagt. Er hatte sich von Eberhard Dallinger breitschlagen lassen, die Räume noch einmal zur Besichtigung freizugeben, noch war der Vertrag nicht unterschrieben, und der andere, laut Immobilienbüro ein Herr Janosh Jerulaski, hat sich nicht mehr gemeldet. Da Schwalb am Samstagvormittag selbst unterwegs war, hatte er die Schlüssel am Vorabend Dallinger übergeben. Der war bei ihm vorbeigekommen, um sie sich abzuholen. Die Sache lief am Immobilienbüro vorbei, Schwalb kannte unser Opfer aus der Nachbarschaft, beide Familien wohnen in Sürth. Nichts wäre ihm an dem Mann je aufgefallen, gekleidet wie ein Kerl sei er immer gewesen.«

»Habt ihr die Mitarbeiter dieses Immobilienbüros Köster überprüft?«

»Kleines Büro auf der Dürener Straße, zwei Mitarbeiter. Beide im Dienst und samstags ab neun dort den ganzen Vormittag anwesend.«

»Diesen anderen Interessenten, Jerulaski, schon aufgetrieben?«

»Wir sind dran, Boss. Wir haben die Adresse vom Immobilienbüro, aber er ist nicht erreichbar.«

»Und der Schwalb, hat der ein Alibi für Samstagvormittag?«

Per nickte. »Er war mit zwei Besuchern aus Ingolstadt und mit seiner Frau Gerlinde auf Besichtigungstour in der Stadt unterwegs. Also, Alibi wasserdicht.«

»Ich möchte wissen, warum sich Dallinger so für diese Wohnung interessiert hat. Brauchte er einen geheimen Zweitwohnsitz für sein Doppelleben? War er dort mit jemandem verabredet? Habt ihr Schwalb danach gefragt? So ein Objekt zu mieten ist teuer, vielleicht hätte es jemand mitfinanziert. Und was ist mit denen, die sich die Wohnung vorher angesehen haben? Haben wir die Liste?«

»Haben wir, Jakob. Gehen Birgit und ich in den nächsten Tagen alle durch.«

Wie aufs Stichwort kam Birgit von Zeh in das große Büro, das sie sich mit Luis Fahrenz und Per Kowalski teilte. »Die Ehefrau unseres Opfers ist jetzt da. Sie wartet.«

Jakob Zimmer stand auf, streckte sich, nieste wieder. Er kramte in seinen Hosentaschen und förderte von dort ein altes, schon zerknülltes Taschentuch zutage. »Was ist mit der Arbeitsstelle?«

»Eberhard Dallinger hat ein neues Schönheitsprodukt vertreten. Er mit seinem Chef Hannes Probst.« Birgit ging zu ihrem Schreibtisch, hob einen Block hoch, blätterte. Sie hatte im Gegensatz zu Luis kein iPad, mochte die analoge Polizeiarbeit mehr, handschriftliche Notizen fand sie greifbarer.

»Diesen Probst hatten wir bereits kurz im Visier, er stand auf der Anruferliste des Opfers vom Samstagmorgen. Er hat angegeben, dass er zwar mit Handy, aber von zu Hause aus telefoniert hat, er wollte sich nach dem Wohnungsobjekt erkundigen.«

»Also hat Dallingers Chef von der Wohnung gewusst. Damit könnten ihm auch die Vorlieben seines Angestellten bekannt gewesen sein. Finde heraus, was genau er wusste. Wir brauchen ein paar Zusammenhänge.«

Birgit blätterte weiter. »Er hat angegeben, dass seine Frau sein

Alibi bestätigen kann. Das übernehme ich. Diese Kosmetiklinie heißt ›Polite Beauty‹ – Cremes gegen Falten und so was. Klingt wie ein Cocktail, den ich nie bestellen würde.«

»Höfliche Schönheit? Bescheuerter Name.«

»Die meisten Beautyprodukte haben seltsame Namen. Das Büro ist in der Glockengasse 6.«

In der offenen Tür erschien Luis Fahrenz. »Morgen, Leute! Da klingen bei mir die Glocken. Das ist beim 4711-Haus.«

Er kam heute als Letzter zum Team dazu, spähte direkt in Birgits Notizen, ohne auch nur ein einziges Wort davon entziffern zu können. Die Hauptkommissarin hatte eine Klaue, die ausschließlich von ihr selbst entschlüsselt werden konnte, was ihre Aufzeichnungen wie eine Geheimschrift wirken ließen. Besser als jede Computerverschlüsselung.

»Gibt es da denn mit 4711 eine Verbindung?«

Birgit verneinte. »Hannes Probst hat es am Telefon einfach als gutes Omen bezeichnet hat, sich neben so einer Weltmarke niederzulassen.«

Jakob nieste, zog die Nase hoch, räusperte sich. »›Polite Beauty‹ klingt einfach echt schwachsinnig.«

Birgit sah von ihren Notizen auf. »Immer noch schlecht drauf?«

Luis schloss sich ihr an. »Wir haben dir dein Date nicht versaut, Boss. Der Mörder war's.«

Auch Per nickte zustimmend. Jakobs Miesepetrigkeit hatte das Team schon am Wochenende ertragen müssen.

»Zumal jeder von uns alles stehen und liegen lassen musste, weil ein Irrer sich mal wieder unsere arbeitsfreien Tage ausgesucht hat, um zu meucheln.« Birgit brachte es auf den Punkt.

Jakob zog eine Augenbraue hoch, nieste ein weiteres Mal. »Also, erstens: Es war kein Date.«

Die drei aus Jakob Zimmers Team grinsten synchron. Immerhin musste auch er darüber schmunzeln.

»Wie auch immer, Leute. Ihr habt recht. Aber das versaute Wochenende und der Schnupfen machen mir zu schaffen.«

»Zweitens?«

»Zweitens nerven mich wie immer die Presse und unser prunkvoller Theo.«

Draußen vor dem Präsidium war auch Birgit heute Morgen schon einigen Journalisten in die Arme gelaufen. Ein so spektakulärer Mord in der Kölner Innenstadt geschah nicht alle Tage.

Die erste Pressekonferenz am Samstagabend hatte niemanden zufriedenstellen können, zumal die ersten Ermittlungen noch überhaupt keine Ansätze ergeben hatten. Trotzdem hatte man bereits in der »Bild am Sonntag« nachlesen können, dass es sich um einen Mord im Transvestitenmilieu handele. Der Kölner Kriminalpolizei waren Schneckentempo und Unvermögen attestiert worden. Der »prunkvolle Theo«, Oberstaatsanwalt Theo Prunk, war Jakob deswegen auf die Pelle gerückt, er wollte schnelle Ergebnisse. Die nächste Einladung an die Presse war gegen Jakobs Willen bereits ergangen, er hatte noch zuwarten wollen.

Vor der Pressekonferenz in zwei Stunden wollte Jakob mit Luis zu Harro fahren. Mit Glück würde er von diesem Besuch ein oder zwei Ergebnisse für die Presse mitbringen. Der Tag war extrem getaktet. Der Hauptkommissar streckte sich und nieste gleich mehrfach hintereinander. Seine Augen tränten.

»Gesundheit.« Birgit hielt ihm ein sauberes Taschentuch mit Piraten und einem Segelboot darauf vor die Nase.

Er sah sie konsterniert an. »Piratentaschentücher?«

»Sind von meinem Jüngsten. Behalt die Packung.«

»Danke, gefällt mir.«

»Dann bist du bereit für meine erste schlechte Nachricht am Montagmorgen?«

Jakob stöhnte und schnäuzte sich. Birgit zuckte nur mit den Schultern. »Die Fotos von den Schaulustigen am Rudolfplatz sind alle überbelichtet.«

»Warum denn so eine Scheiße?«

»Der Streifenpolizist, der sie gemacht hat, hat gegen die Sonne geknipst oder aus dem Schatten ins Helle, was weiß ich. Man kann kaum mehr als Konturen erkennen, es ist wie auf einem Bild mit Scherenschnitten.«

Sofort mischte sich Luis ein. »Aber auf jeden Fall kann man digital Verbesserungen machen.«

»Luis, das läuft bereits, danke. Auch das wollte ich dir sagen, Jakob, bevor du uns wieder anblökst und mit deinem Schnupfen demonstrierst, dass du die Schnauze voll hast. Die Bilder sind schon im Labor, es wird nur etwas dauern, bis wir sie zurückbekommen. Mit etwas Glück so bearbeitet, dass wir damit etwas anfangen können.«

»Ich blöke nicht und habe die Schnauze auch nicht voll, mich ärgern nur die verstopfte Nase und ebendieser mediale Aufschrei. Es gibt auch schon Spekulationen zu rechten Gruppierungen, die Jagd auf Homosexuelle machen. Apropos. Was macht die Recherche zu den Frauenkleidern, Luis?«

»Soweit ich es bis jetzt überblicke, hatte Eberhard Dallinger keinen Kontakt zum Milieu. Ich habe mit mehreren Gruppen übers Netz Kontakt aufgenommen, Transsexuelle, Transvestiten oder Gendergruppierungen. Keiner hat das Foto unseres Opfers mit und auch ohne Perücke wiedererkannt. Aber das kann sich noch ändern. Ich bleibe dran.«

»Die Frauenkleidung an sich?«

»Teuer, kein billiger Ramsch oder eine Kostümverkleidung. Kann man in einigen feinen Boutiquen hier in der Stadt kaufen. Die Kollegen machen seit heute Morgen ihre Fragerunden.«

»Zurück zum Arbeitgeber von Eberhard Dallinger. Der mit dieser Kosmetikserie. Wann reden wir mit ihm persönlich?«

»Da sind wir heute Nachmittag. Der Mann ist zur Stunde noch beim Zahnarzt.«

Leocardia Kardiff tauchte wie auf Knopfdruck vor Jakobs innerem Auge auf, und ein schnelles Seufzen kam aus seiner Brust. Er öffnete den Mund, um Luis die nächste Frage zu stellen, doch Birgit unterbrach die beiden.

»Frau Dallinger wartet immer noch, Jungs. Die Frau hat genug mitgemacht, bringen wir es hinter uns.«

Jakob schnäuzte sich laut, zerknüllte das Taschentuch und steckte es sich in die Hosentasche, zum ersten bereits zerknautschten dazu. Birgit und Per warfen sich einen Blick zu.

»Ich werde hierbleiben und mit meinem viereckigen Kumpel weitere Recherchen anstellen.« Luis drückte das iPad an sich. Birgit hatte sich öfter gefragt, ob er das Ding auch mit ins Bett nahm. Klar doch, würde die Antwort wahrscheinlich lauten.

Frida Dallinger hatte ihrerseits ein zerknülltes Taschentuch in den Fingern und knetete darauf herum. Sie hatte sich das aschblonde Haar hochgesteckt, und man konnte die weißen Ansätze an Schläfen und Stirn erkennen. Das ließ die rote Farbe ihres Teints noch intensiver erscheinen, und Birgit von Zeh fragte sich, wann die Frau das letzte Mal ihren Blutdruck gemessen hatte.

»Ich leide unter Bluthochdruck, beginnender Diabetes.« Als hätte Frida Dallinger Birgits Gedanken gelesen. »Und ich schwitze. In einem fort. Es ist das Übergewicht. Es ist eine Tragödie. Alles.«

Jakob saß der Frau gegenüber, Birgit hatte neben ihr Platz genommen. Per bediente das Aufnahmegerät und war stehen geblieben. In dem Raum gab es ein Fenster, das gekippt war, die Temperaturen waren auch heute sehr lau. Straßenlärm drang leise herein.

»Alles liegt an meinem Übergewicht, ich weiß. Alles hängt mit allem zusammen. Aber deshalb fällt mir das Abnehmen auch nicht leichter. Jede Diät, jede verdammte Diät hab ich ausprobiert.«

Birgit wollte schon einhaken und der Frau raten, einfach gesünder zu essen und sich mehr zu bewegen, das würde genügen, aber sie waren alle nicht wegen einer Ernährungsberatung hier.

»Frau Dallinger.« Jakob eröffnete mit einem sanften Ton. »Sie haben uns am Samstag gesagt, dass Sie bis zum Anruf der Polizei mit Ihrem Sohn in Sürth am Rhein spazieren waren.«

Frida Dallinger sah sich in dem Raum um. Ihr Blick blieb an einem Bild mit Rosen haften, das an der Wand gegenüber hing. Es hing dort etwas einsam, machte aber den sonst sehr nüchternen und kargen Raum zumindest etwas sympathischer.

»Wir sind von zu Hause aus los und wollten ein Eis essen gehen. Später dann noch in die Buchhandlung Falderstraße und nach dem neuen ›Gregs Tagebuch‹ gucken. Roman hat alle Bände gelesen. Er ist für seine siebzehn noch sehr anhänglich. Ein Guter.«

Sie seufzte, dicke Schweißtropfen liefen über ihre Stirn und glänzten auf der geröteten Gesichtshaut. Sie pustete nach oben, benutzte aber das Taschentuch nicht, knetete es nur weiter zwischen ihren dicken Fingern. Ihr Alibi und somit das ihres Sohnes war bereits von mehreren Leuten bestätigt und überprüft worden.

»Mein Mann hatte noch zu tun. Das kommt oft vor. Samstags gibt es oft eine Präsentation im Büro.«

»Diesen Samstag aber nicht.«

»Er musste weg, ich wusste nicht, dass er da am Rudolfplatz war, bis die Polizei sich gemeldet hat.«

»Das heißt, Sie wussten nichts von der Wohnungsbesichtigung?«

Frida Dallinger stöhnte jetzt, als würde ihr diese Frage besonders wehtun. »Eberhard sagt mir nicht immer alles im Detail, mich interessiert es auch oft nicht. Die Schönheitslinie schon, ja, aber nicht der Vertrieb. Ich habe mein eigenes Leben, meine Hobbys. Ich koche gern, wie man sieht. Meinem Gatten und meinem Sohn schmeckt es.«

»Können Sie uns vielleicht trotzdem etwas über die Arbeit Ihres Mannes erzählen?«

Birgit merkte, dass Jakob wie auch Frida Dallinger immer noch in der Gegenwartsform über den Verstorbenen sprachen.

»›Polite Beauty‹ hat einen kleinen, aber arbeitsintensiven Vertrieb. Übers Internet. Da bestellen die Leute auf der Webseite, und alles wird versendet. Dazu machen Hannes Probst und mein Mann aber auch regelmäßig Vorführungen. Direktverkäufe. Beratungen von Verkäufer zu Kundin, der persönliche Kontakt kommt einfach besser an, sagt Eberhard oft. Hanni natürlich auch.«

»Hanni?«

»Ebender Hannes Probst. Das ist quasi der Chef vom Eberhard. Der hat sich vor zwei Jahren selbstständig gemacht und meinen Mann, da er seine Stelle bei Bayer verloren hat, bei sich eingestellt. Auf Provisionsbasis. Das läuft gut.«

»Was hat Ihr Mann bei Bayer gemacht?«

»Auch da war er im Vertrieb.«

»Warum kam es zu der Kündigung?«

»Er ist selbst gegangen, um ehrlich zu sein. Hat sich nicht mit den Kollegen verstanden, war unglücklich.«

»War das nicht finanziell schwierig für Ihre Familie?«

Frida Dallinger verneinte. »Das Haus in Sürth gehörte meinen Eltern, somit hatten wir das als Sicherheit. Es war in Ordnung, dass er gewechselt hat.«

»Und bei ›Polite Beauty‹?«

»Das war besser. Auf jeden Fall.«

»Hat es mit einer der Kundinnen einmal Streit gegeben?«

»Oh nein. Die Frauen mögen die Düfte und die Cremes. Ich auch. Obwohl eine wie ich sicher nicht als Empfehlung gelten würde.« Sie lachte trocken, und ihre Backen bewegten sich mit. »Glauben Sie mir, früher, da war ich mal echt schlank. Nicht dünn, aber gut proportioniert. Und sogar schön.«

»Schönheit hat doch nichts mit ein paar Kilos mehr zu tun, Frau Dallinger.« Birgit konnte sich nicht zurückhalten.

Frida Dallinger sah sie an, als wäre sie von einem anderen Stern. »Sie können leicht reden, Frau Kommissarin. Keiner, der schon schlank ist, kann sich in die Dicken hineinversetzen. Ich sage immer, dass es okay ist, dass mir die Kilos nichts ausmachen, aber die Hälfte meiner Kleider im Schrank sind noch von früher, Größe 38. Ich warte immer noch darauf, dass sie mir eines Tages wieder passen.«

»Frau Dallinger, kommen wir zu Ihrem Mann zurück.« Jakob beugte sich vor, faltete seine Hände und wirkte ein wenig wie ein Seelsorger. »Hatte er Feinde?«

»Nein. Eberhard ist ein Sanfter. Ein guter Vater. Ein netter Kollege, Nachbar, Kumpel.«

Dass er ein guter Ehemann gewesen sei, erwähnte sie nicht, fiel Birgit auf.

»Wer könnte denn an seinem Tod Interesse haben?«

»Hören Sie!« Der Schweiß rann jetzt über Frida Dallingers gesamtes Gesicht, als säße sie in der Sauna. »Ich weiß doch, worauf Sie hinauswollen. Der Eberhard ist nicht schwul. Auch wenn man das bei einer Frau wie mir gerne glauben würde.«

»Frau Dallinger, niemand würde das behaupten.«

Frida Dallinger winkte ab, begann das Taschentuch in ihren Fingern in Streifen zu reißen. Birgit legte spontan ihren Arm um die Schultern der Frau, doch die schüttelte sich wie ein nasser Hund, ein paar der Schweißtropfen landeten auf der Tischplatte.

»Er hat es nur gemocht, sich ein wenig hübsch zu machen. Er mochte die Kleider von uns Frauen. Die fand er leichter, bunter und duftender als diese ewigen Hosen und Hemden. Das hat er immer schon gerne gemacht. Schon als wir uns kennengelernt haben und ich noch schlank und jung war, da ist er immer gern mit meiner Unterwäsche herumgelaufen. Nur zu Hause natürlich. So war das mit dem Eberhard.«

Sie war in der Vergangenheitsform gelandet. Mit dem Schweiß begannen auch die Tränen zu fließen.

»Waren es Ihre Kleider, die er am Samstag getragen hat?«

»Ich weiß es nicht. Ich konnte doch bei der Identifizierung gar nicht richtig hingucken. Wenn, dann von früher. Jetzt würde ich in keinen Minirock mehr hineinpassen. Aber es könnte sein, dass er sich was aus meinem Schrank geholt hat. Ich konnte noch nicht nachsehen.«

»Und die Perücke?«

Sie sah auf. Erschreckend große helle Augen im roten Gesicht.

»Das kannte ich nicht von ihm. Auch das Make-up und die hohen Schuhe. Die können gar nicht von mir sein. Warum hat er denn eine Perücke getragen? Das war doch immer nur ein nettes Spiel von ihm, das mit dem Verkleiden. Nur zwischen uns beiden. Auch der Roman hätte das doch nie erfahren dürfen. So was zeigt man nicht vor seinem Kind. Warum ist er denn jetzt damit raus auf die Straße gegangen? Jetzt wissen es doch alle.«

»Wie kommt Ihr Sohn mit dem Verlust klar?« Birgit dachte an den jungen blassen Mann, der am Tatort keine zwei Wörter geredet hatte und seiner Mutter nicht von der Seite gewichen war.

»Er ist verschlossen, sitzt die meiste Zeit an seinem Computer. Aber das tun ja die meisten Jugendlichen heutzutage.«

Birgit erinnerte sich auch, dass Luis bei der routinemäßigen Durchforstung von Romans PCs jede Menge Videospiele auf der Festplatte gefunden hatte.

»Hat Roman die psychologische Hilfe in Anspruch angenommen?«

Statt der Ermittlerin zu antworten, verdrehte Frida Dallinger mit einem Mal ihre Augen. Ihr Oberkörper kippte vornüber und landete mit einem leichten Knall auf der Tischplatte. Bevor ihr Kopf aufschlagen konnte, hatte Jakob geistesgegenwärtig seine Hände ausgestreckt, und Frida Dallingers Kinn wurde von ihm aufgefangen. Er spürte die Nässe von Schweiß und Tränen auf seinen Handflächen. Birgit war aufgesprungen, fasste die Frau an beiden Schultern.

»Ich hole schnell ein Wasser.« Per stoppte die Aufnahme und sauste aus dem Zimmer hinaus.

»Es ist gut, alles gut.« Jakob drehte den Kopf der Frau in seinen Händen und legte ihre linke Backe auf der Tischplatte ab. Dann stand auch er auf und kam um den Tisch herum. Er beugte sich zu Frida Dallinger hin, während er sein Handy aus der Hosentasche zog. »Wir rufen gleich einen Arzt.«

Ihr Kopf hob sich wieder, auch ihr Oberkörper kam nach oben wie eine Puppe, die man an Fäden hochzieht. Sie sah aus wie eine Figur aus einem Comic, verzweifelt und skurril zugleich.

»Nein, nein. Das geht schon wieder. Kein Arzt, bitte. Es geht wirklich wieder.«

Per kam zurück und stellte ihr eine kleine Flasche Sprudel hin. Birgit schraubte sie auf, und Frida Dallinger nahm einen tiefen Schluck daraus.

»Ich habe Ihnen auch ein Stück Schokolade mitgebracht.« Per legte eine halbe Tafel vor die Frau auf den Tisch. »Ist meine eigene aus der Büroschublade. Das hilft mir immer.«

Frida Dallinger nickte dankbar, griff nach dem Süßen.

Eine Weile sagte keiner etwas, nur das Knistern des Cellophans war zu hören. Frida Dallinger kaute und schluckte und weinte gleichzeitig.

»Ebbi war gut.«

»Ebbi?«

»So hat er sich genannt, wenn er sich zu Hause verkleidet hat. Er war die Ebbi. Und ich mochte es.« Sie überlegte, nahm sich ein weiteres Stück Schokolade. »Ich mochte die Ebbi. Manchmal mehr als den Eberhard.«

DREI

Hauptkommissar Jakob Zimmer und Kommissar Luis Fahrenz standen etwas unschlüssig am Kopfende der Stahlliege. Obwohl Eberhard Dallingers Körper bereits wieder in einem der Fächer lag und die Liege samt Blutpfanne und Instrumenten blank geputzt war, erzählte der Platz immer noch von dem Toten und seinem Schicksal.

Luis sah sich nach der Heerschar Putzfrauen um, die hier drinnen alles zum Glänzen brachten, entdeckte aber weiter hinten nur einen Mann in einem grünen Overall, der den Boden wischte. Er spürte eine kalte Welle über seinen Rücken streifen, zückte schnell sein iPad und machte sich für den Vortrag des Rechtsmediziners bereit.

Harro deNärtens' Stimme erzeugte einen leichten Hall in dem Raum. »Unsere Vermutung hat sich bestätigt. Das Opfer ist definitiv stranguliert worden. Die bekannten Befunde: petechiale Blutungen in den Bindehäuten, der Mundschleimhaut und Hinterohrregion. Eine Lungenblähung, flüssiges Leichenblut und eine Blutarmut der Milz.«

Der Leiter des Rechtsmedizinischen Instituts verschränkte seine Finger über seinem Bauch. Es wölbte sich gewaltig unter dem Kittel. In den elf Jahren, seit er hier am Melatengürtel die Leitung übernommen hatte, hatten der Stress und das Frustessen ihm ein neues Kilo nach dem anderen beschert.

»Wäre er nicht stranguliert worden, hätte er den Sturz überlebt?« Jakobs Blick wanderte langsam einmal über die Stahlliege, so als würde der Körper noch dort liegen.

»Möglich. Der Aufprall des Körpers auf dem Fahrzeug hätte dann wohl mit einigen schweren Knochenbrüchen geendet, auch eine Querschnittslähmung hätte die Folge sein können. Auf jeden Fall kann ich aber bestätigen, dass die Verletzungen durch den Sturz post mortem eingetreten sind. Er wurde direkt nach der Strangulation nach unten befördert.«

Luis tippte in sein iPad. »Ist es denkbar, dass er sich selbst stranguliert und ein anderer dann seinen Körper aus dem Fenster geworfen hat?«

»Selbststrangulation?«

»Ja, warum nicht? Irgendein seltsames Erregungsspiel, das zu weit gegangen ist. Die weibliche Verkleidung war ihm vielleicht nicht aufregend genug.«

»Nein, soweit ich es beurteilen kann, ist der Mann durch äußere Gewalteinwirkung gestorben. Jemand hat ihm die Kehle so lange zugeschnürt, bis er erstickt ist.«

»Tatwaffe?« Jakob kratzte sich am Hals. Das Gerede über Erwürgen und Strangulation bescherte ihm ein trockenes Gefühl im Rachen. Oder es war die Erkältung. Er wäre lieber zu Hause im Bett gewesen, heißen Tee trinkend, ein Buch lesend. Keine Chance, das in den nächsten Tagen wahr zu machen. Wenigstens hatte er kein Fieber.

»Nach der Strangulationsfurche zu urteilen, war es mit hoher Wahrscheinlichkeit ein Gürtel oder ein festes Band.«

Luis kratzte sich ebenfalls unterm Kinn, während er tippte, zur selben Zeit wie sein Boss, als hätte auch er diese Empfindung.

»Und wenn jemand doch von einem Selbstmord ablenken wollte?« Er schien sich in seine Theorie der Selbststrangulation verbissen zu haben. »Nachgearbeitet hat, dass es so aussieht, als ob es jemand Fremder war. Ich spekuliere: Der Wohnungsbesitzer Heinrich Schwalb findet den Körper von Eberhard Dallinger in der leeren Wohnung, schiebt Panik, weil er das Objekt nach einem solchen Eklat nicht mehr so teuer unter die Leute bekommt. Rast danach zu seiner Frau und seinem Besuch in die City zum Sightseeing.«

»Luis, der Mann hat den gesamten Zeitraum über ein Alibi. Außerdem ist es durch den Fenstersturz ein viel größerer Eklat geworden. Deine Idee hinkt gewaltig.« Mit Wucht schnäuzte sich Jakob in das Piratentaschentuch, auch das klang im Sezierraum nach.

Luis ließ nicht locker. »Oder es war ein sexuelles Spielchen in gegenseitigem Einverständnis? Dafür würden wieder die Frauenkleider sprechen.«

»Deine Gedankenszenarien in allen Ehren, Luis, aber dafür haben wir hinterher Zeit, wenn wir zu Dallingers Chef in die Glockengasse fahren. Harro, bitte weiter im Text. Ich muss gleich wieder los, die beschissene Pressekonferenz steht an. Hast du noch was für uns?«

Der Rechtsmediziner holte ein kleines digitales Diktiergerät heraus und reichte es über die Liege Luis Fahrenz. »Du kannst meine ersten Aufzeichnungen und meine Gedankenspiele auf dein iPad überspielen. Hört es euch im Auto noch mal an, falls ich jetzt etwas vergesse zu erwähnen.«

Luis kramte in seiner Hosentasche, brachte ein USB-Kabel zum Vorschein. Jakob Zimmer und Harro deNärtens grinsten gleichzeitig.

»Was denn? Während Harro noch redet, kann ich das schon nebenbei erledigen. Moderne Effizienz. So ein Kabel in der Hosentasche kann man immer brauchen.«

»Nichts dagegen zu sagen, Luis. Aber wäre es ohne Kabel nicht noch leichter? Über Bluetooth?«

Luis sah Harro an, machte den Mund auf und wieder zu. Harro begann zu glucksen, denn Luis konnte man äußerst selten mit einer Technikfrage aus dem Konzept bringen. Doch schnell wurde der Rechtsmediziner wieder ernst und begann auf und ab zu gehen, als würde er vor Studenten sprechen.

»Der Mann starb an einer Halskompression durch Muskelkraft mittels eines Strangwerkzeugs. Eine kräftige Einblutung der Halsmuskulatur unter der Drosselmarke. Frakturen am Zungenbein und an den oberen Schildknorpelhörnern, Blutungen der Kehlkopfschleimhaut und Zungengrundmuskulatur.«

Jakob rieb seine rote Nase. »Der Bluterguss am Hals außen. Ich tippe eher auf einen Gürtel. Kein Band.«

»Die Breite des Strangwerkzeuges beträgt fünfundvierzig Millimeter. Ist an den Enden verstärkt und von der Struktur her glatt. Spricht für einen Gürtel, ja.«

»Leder?«

»Ich habe Teile der Haut am Hals des Opfers extrahiert. Mal sehen, ob ich darauf Fasern vom Fremdmaterial finde. Aber es könnte auch ein breiter Gurt gewesen sein oder eine Leine.«

»Womit wir wieder bei den Sexspielchen wären.« Luis löste das USB-Kabel und gab Harro das Diktiergerät zurück.

Ein kräftiges Niesen und ein erneutes Schnäuzen von Jakob ließen Harro kurz innehalten.

»Tut mir leid, mein Schnupfen ist ekelhaft, ich weiß.« Jakob holte sich ein neues Piratentaschentuch aus der Packung. »Dallinger wurde also von hinten erwürgt?«

»Das Strangwerkzeug ist hinten im Nacken zugezogen worden.«

»Eberhard Dallinger war ein großer Kerl, da muss sein Mörder ebenfalls groß gewachsen sein.«

»Vielleicht hatte Dallinger sich hingekniet oder nach vorne gebeugt.« Luis brachte sich erneut ein.

»Ich habe keine Druckstellen auf seinen Kniescheiben entdeckt. Muss aber auch nicht sein, wenn seine Knie eventuell nur ganz kurz den Boden berührt haben.« Der Rechtsmediziner hob seinen Zeigefinger, begann sich wieder zu bewegen. »Gefunden habe ich aber blaue Flecken am unteren Rücken und auf dem Gesäß, die post mortem zutage getreten sind. Sein Körper wurde während des Strangulationsvorganges nach hinten gezogen. Während oder direkt nach dem Eintreten des Todes ist er mit seiner Rückseite hart auf den Boden aufgeschlagen.«

»Der Mörder hat also dem Opfer von hinten den Gürtel oder was auch immer übergelegt, dann kräftig angezogen und den Körper nach unten gezwungen. Er muss dann mindestens auf gleicher Höhe wie Dallinger gewesen sein.«

»Wenn unser Opfer vorher doch in die Knie gegangen ist, nicht unbedingt.«

»Harro, hast du Abwehrspuren entdeckt?«

»Keine.«

»Keine? Er hat sich nicht gewehrt?«

Zwischen den dreien entstand eine kurze Pause. Harro deNärtens blieb stehen, im Hintergrund unterbrach der Mann im grünen Overall sein Wischen und sah zu ihnen herüber.

»Zumindest nicht sichtbar. Es gibt an der Haut keine Kratzspuren, die darauf hindeuten würden, dass er versucht hat, sich das Strangwerkzeug vom Hals zu reißen.«

»Ich lande immer wieder bei den Spielchen, Boss.«

»Luis, ich sage ja nicht, dass du nicht recht damit haben könntest. Vielleicht hat Dallinger sich aber auch nicht zur Wehr gesetzt, weil ihm dazu bereits die Luft und die Kraft fehlten.«

Harro beugte sich vornüber. Sein Oberkörper spiegelte sich in dem blank geputzten Stahl der Liege. Die Verzerrung ließ ihn dünner aussehen. »Es gibt keinen Hinweis auf sexuelle Betätigung kurz vor seinem Tod.«

Luis zog seinen Mundwinkel hoch. »Wenn er auf Würgespielchen stand, dann brauchte er vielleicht das Rein-und-raus-Spiel nicht dazu.«

»Bei Würgespielen hätten wir mehrere Ansätze des Strangwerkzeuges. Und keine solchen tiefen Einkerbungen auf der Haut. Es soll ja dabei normalerweise nicht zum Tod kommen. Hier gab es eindeutig einen einzigen Ansatz, und dann wurde die Strangulation bis zum Ende durchgezogen.«

Harros Auf und Ab begann erneut. Seine Kollegen folgten ihm mit ihren Augen wie einem Tennisspiel.

»Im linken Daumenballen konnte ich einen winzigen Span entdecken. Der passt zu dem Material des Parkettbodens. Der Körper wurde also auf dem Boden in Richtung Fenster geschleift.«

Luis nickte. »Die Spurensicherung hat dazu einen Streifen abgesteckt, auf dem keine Fußabdrücke oder sonstigen Spuren zu finden waren. Die Maße des Streifens stimmen mit Dallingers Schulterbreite überein. Der Boden wurde quasi mit der Leiche abgewischt.«

»Parkett ist rutschig. Darüber könnte ihn auch eine leichtere oder kleinere Person bewegt haben.«

»Vergesst aber nicht, dass außen am Fenster ein Gitter angebracht ist, damit keiner hinunterstürzt, der einfach nur lüften will. Bei dem Gewicht des Opfers von fünfundachtzig Kilogramm bedarf es eines enormen Kraftaufwands, den leblosen Körper hochzustemmen.«

Jetzt mischte sich auch Jakob wieder ein. »Die Kellnerin Mirjam Jansen hat ausgesagt, sie hätte oben zwei Personen gesehen, wobei die eine die andere wie in einer Umarmung von hinten gehalten hätte. Und dann ging alles ganz schnell. Aus der Position heraus genügte ein kräftiger Stoß.«

»Dafür würde auch der Aufprallwinkel sprechen«, ergänzte Luis. »Trotzdem muss der leblose Körper zuerst über das Geländer gehievt worden sein.«

»Also scheiden Frauen aus?«

Luis schmunzelte. »Wrestlerinnen? Gewichtheberinnen? Kugelstoßerinnen?«

Jakob gab ihm einen leichten Stoß in den Rücken. Im Moment war er überhaupt nicht zu Scherzen aufgelegt. »Auf jeden Fall ist unser Täter oder unsere Täterin gut durchtrainiert und in der Lage, schwere Dinge hochzustemmen. Also weder alt noch gebrechlich noch schwächlich. Ich frage mich auch, ob der Wurf des Toten aus dem Fenster eine Art Inszenierung sein könnte.«

»Wozu?«

»Vielleicht, um ein Spektakel genau dieser Art zu bekommen oder von etwas anderem abzulenken. Darüber rede ich noch mit unserem Psychologen.«

»Da bin ich gerne dabei, Boss.«

»Habt ihr keine weiteren fremden Spuren an der Kleidung oder Haut des Opfers entdeckt?« Jakob wandte sich wieder Harro zu.

»Am Körper direkt nicht. Für das Schleifen und Hochheben reichten dem Täter lange Ärmel und Handschuhe als Schutz.«

»Aber wir haben dieses grüne Stück Stoff vom Fensterrahmen.«

Der Rechtsmediziner nickte. »Das ist ein Treffer, ja. Baumwolle. Könnte von einem Hemd stammen.«

»Sonst noch was auf der Kleidung des Toten, Harro?«

»Nichts. Das Material von Bluse und Rock war ziemlich edel. Seide und Velours, da bleibt nicht so leicht etwas haften. Die genauen Auswertungen vom Stofffetzen stehen noch aus, du weißt, das kann dauern, bei der Überlastung der Labors.«

»Dann werde ich ihnen Feuer unterm Hintern machen. Was ist mit der rothaarigen Perücke?«

»Ebenfalls teuer. Echthaar. Ist bereits im Labor. Ich denke, das gesamte Outfit hat eine Stange Geld gekostet.«

»Wir arbeiten schon daran, herauszufinden, wo die Teile gekauft worden sind«, erklärte Jakob. »Eberhard Dallingers Frau

Frida hat uns zwar bestätigt, dass ihr Mann auch gerne mal ihre Klamotten angezogen hat, aber derart edle Fummel hat sie sich nicht geleistet.«

»Eberhard Dallinger hatte vielleicht einen Liebhaber und Mäzen. Ich plädiere schon wieder für die Spielchen.«

»Du lässt aber auch nicht locker, was, Luis?«

»Boss, das magst du doch so an mir.«

Jetzt musste Jakob doch grinsen. Gefolgt von einer heftigen Niesattacke, vor der sich Harro und Luis schleunigst in Sicherheit brachten.

VIER

Die neue Patientin war so hübsch, dass Leo schlucken musste.

Schon an der Anmeldung war ihr die Frau mit den langen schwarzen Haaren aufgefallen, jetzt im Behandlungsraum 4 schwang sie sich so elegant auf den Stuhl, dass sich Leo selbst äußerst plump vorkam.

»Serafina Spilotta.«

Serafina Spilotta, was für ein Name, eine Südländerin, wie sie im Buche stand.

Britti zupfte Leo in dem Moment am Ärmel und flüsterte sehr leise, aber bestimmt: »In der Mittagspause wäre es toll, wenn Sie vom Samstag erzählen würden, Frau Doktor.«

Leo sah ihre Zahnarzthelferin an, als wäre sie von einem anderen Stern. Dachten denn hier alle, einen Mord zu erleben wäre etwas Aufregendes oder sogar Erfreuliches?

Leo beschloss, auf keinen Fall etwas dazu zu sagen, und setzte sich erst mal auf den Drehhocker.

Die neue Patientin mit den dunklen Augen, der leicht gebräunten Haut, den vollen Lippen und den glänzenden Haaren hatte ihre Hände zu Fäusten geballt, ein Zeichen von großer Anspannung.

»Nun, liebe Frau Spilotta, welcher Zahn schmerzt denn?«

»Et es d'r Backenzahn, Frau Doktor, schräch unge.«

»Bitte was?« Leo und Britti sprachen gleichzeitig, so groß war die Überraschung, aus dem Mund der rassigen Schönheit ein astreines Kölsch zu hören.

»Exküs, aber wenn ich aufgeregt bin, dann sprech ich immer richtig toll Kölsch, esu us'm Buch erus.«

Leo musste lachen. So war das mit den Erwartungen und Vorurteilen. »Sie sind hier in Köln geboren?«

»Jebore un aufjewachse. Meine Großeltern sind aus Pisa eingewandert, und unserer Familie gehört das gleichnamige Ristorante am Hansaring. Dort arbeite ich samstags und sonntags. Die beste Pizza der Stadt. Dat künnt ehr mir jläuve.«

»Und wie sind Sie vom Hansaring aus auf mich und meine Praxis hier in Sülz gekommen?«

»Oh, ich wor doch dobei, am Rudolfplatz, als et do am Samstag dä Dude joov.«

»Bitte, erzählen Sie doch von dem Toten.« Britti meldete sich lautstark neben Leo. Sie schien sich an den Geschichten redelustiger Patienten kaum satthören zu können. Manche davon schrieb sie in ihrem Blog nieder.

»Britti! Bitte keine Fragen.« Leos Stimme klang streng. Einmal hatten Leos Töchter im Netz eine kurze Story über den Patienten Wolf Gruber entdeckt, der seine Zahnbrücke im Bus verloren und später im Fundbüro der KVB wiederbekommen hatte. Dazu hatte es sogar ein Selfie von Britti und ihm gegeben. Unfassbar. Immerhin fragte Britti immer höflich um die Einwilligung der Leute, und den meisten schmeichelte es sogar, in ihrem Blog erwähnt zu werden.

Doch jetzt musste Leo selbst eine Frage an die Frau richten. »Aber wie sind Sie auf die Idee gekommen, dass ich Zahnärztin bin?« Ihr wurde leicht übel bei dem Gedanken, dass man sie am Tatort tatsächlich wiedererkannt haben könnte.

Serafina Spilottas Fäuste entspannten sich, sie lächelte sogar kurz. »Ich ben keine Hellseherin, falls Se so wat denken, Frau Doktor.«

Auch der kölsche Dialekt ließ etwas nach, worüber Leo sehr froh war, denn auch wenn sie selbst hier aufgewachsen war, war in Leos Familie nie Kölsch gesprochen worden.

»Da standen Sie hinter der Polizeiabsperrung und haben mit der Frau von der Kripo geredet, Frau Doktor. Die hat Sie doch beim Namen genannt. Da hab ich Sie gegoogelt und jelesen, dat Sie schon einmal bei einem Mord dabei waren. Dat fand ich rappelich. Zu der gehste, han ich mir jedaach.«

Leo war erleichtert, dass sie nicht direkt vom letzten Mordfall her erkannt worden war, stöhnte aber innerlich auf. Zuerst dieser Mann an der Anmeldung draußen, jetzt die kölsche Südländerin. Wie viele der Schaulustigen hatten das wohl noch gehört und sie dann gegoogelt? Wie viele würden es gut finden, zu ihr in die Praxis zu kommen, weil sie die Zahnärztin war, die die Polizei alt aussehen ließ?

Schrecklich. Leo konnte sich gut an die reißerischen und dummdreisten Artikel in den Medien erinnern. Am besten, sie ging darauf gar nicht ein.

»Britti, bitte! Wir fangen jetzt an.«

Leos Ton wurde schärfer, und Britti verstand. Kein Small Talk mehr. Sie legte der Patientin das Dentallätzchen um, kam auf die andere Seite des Zahnarztstuhls und bereitete den Sauger vor. Leo nickte ihr zu.

»Gut, Frau Spilotta, jetzt bitte den Mund auf und den Kopf zu mir drehen, ich schau mir mal Ihre Zähne an.« Leo hatte zu einem professionellen Ton gewechselt, streifte sich ihre rosa Latexhandschuhe über und schob sich den Mundschutz über die Lippen. Sie nahm Sonde und Spiegel in die Hand. »Wir machen zuerst einen Zahnstatus.«

Serafina Spilotta wurde unter ihrem dunklen Teint blasser, sie verschränkte ihre Finger jetzt wie zu einem Gebet. Während Leo jeden Zahn auf seinen Zustand hin überprüfte, konnte sie spüren, wie der Körper der neuen Patientin tiefer in den Stuhl hineinrutschte und immer angespannter wurde.

»... Nummer vier – acht, Weisheitszahn. Vier – sieben, Füllung, sechs ... da haben wir den Störenfried.«

»Wat es do?« Serafina Spilottas Stimme war nur mehr ein heiseres Röcheln.

»Nun, soweit ich das sehen kann, haben Sie am unteren linken Mularen eine ziemliche Entzündung. Daher auch die starken Schmerzen.«

»Die Schmerzen waren im Wartezimmer weg, Frau Doktor. Vollkommen. Ich glaube, do is jar nix mieh.«

Leo seufzte. Wenn sie für jeden solcher Sätze einen Euro bekommen hätte, würde sie mit ihren Töchtern auf Barbados oder den Malediven in einem Luxusressort leben. Obwohl sie sich so was eigentlich gar nicht wünschte. Köln war ihr Zuhause.

»Ich gehe davon aus, dass Sie bereits seit einiger Zeit Beschwerden hatten. Ist die Karies nah am Nerv, kommen in der Regel ausgeprägte Schmerzen. Nach einer gewissen Zeit, wenn der Zahnnerv möglicherweise abgestorben ist, verschwinden die Schmerzen mitunter. Das heißt aber nicht, dass die Entzündung damit verschwunden wäre, sie ist in einen chronischen Zustand übergegangen, der jederzeit akut werden kann. Dann geht's erst richtig los.«

Serafina Spilotta hatte sich auf dem Stuhl wieder aufgerichtet. Sie strich sich ihr langes Haar nach hinten, ihre schönen dunklen Augen wurden riesengroß. Sie schluckte. Leo fiel der ausgeprägte Adamsapfel auf, der nicht ganz zu dem ebenmäßigen Gesicht passen wollte.

»Muss dä Zahn gezogen wäde?«

»Zuerst überprüfe ich mit einem Kältespray, ob der Nerv bereits abgestorben oder noch vital ist. Wenn der Zahn schon tot ist, werde ich trotzdem versuchen, ihn zu erhalten. So schnell gebe ich nicht auf. Wenn Sie sich bitte wieder zurücklehnen würden. Britti, das Kältespray, bitte.«

Ein schnelles Seufzen huschte über Serafina Spilottas volle Lippen. Sie holte tief Luft. »Maache Se, maache Se.«

Sie rutschte wieder zurück nach unten, bekreuzigte sich. »Ävver wenn Sie mir wehtun, hol ich meine Kumpels aus Pisa, und die werden Ihnen dann wehtun.«

Die Italienerin hatte diesen Satz so todernst ausgesprochen, dass Leo spontan ihre Augenbrauen hochzog. Das konnte die Frau nicht ernst meinen.

»Auch wenn meine Familie schon zig Generationen hier in Colonia lebt, haben wir immer noch jute Verbindungen zu jewissen Gruppen dort.«

Wieder ohne ein Lächeln oder Augenzwinkern. Selbst die Stimme war dabei tiefer und dunkler geworden. Fast männlich. Leo überlegte. Das konnte nur ein schlechter Scherz sein. Sie sah zu Britti hinüber, die eine Seite ihres Mundes und eine Schulter hochgezogen hatte.

Leo nahm ihr das Kältespray aus der Hand. »Das wird jetzt tatsächlich wehtun, wenn Ihr Zahn noch lebt, liebe Frau Spilotta.«

Sofort nach dem Sprayen war klar, dass Serafina Spilottas unterer Backenzahn so tot war wie der Mann, der am Samstag während Leos Brunch mit Jakob Zimmer aus dem Fenster geworfen worden war. Sie hatte nichts gespürt, war nur prophylaktisch zusammengezuckt, als das Kältespray ihr Zahnfleisch berührt hatte.

Während Leo der Patientin eine Wurzelkanalbehandlung vorschlug, um den toten Zahn trotzdem zu erhalten, entschloss sie sich, doch bei Jakob Zimmer nachzuhaken. Wenn schon jeder sie auf den schrecklichen Zwischenfall ansprach, wollte Leo wenigstens direkt auf dem Laufenden gehalten werden.

Vielleicht sollte sie Jakob gegenüber im Gegenzug die neue italienische Patientin erwähnen mit ihren familiären Verbindungen zu »jewissen Gruppen«. Falls Leo aus unerfindlichen Gründen plötzlich verschwinden sollte.

»Wir sind hier erst mal fertig, Frau Spilotta. Ich möchte Sie zum Röntgen schicken.«

Britti trat neben Leo, hielt ihr mit einem seltsamen Blick die Patientenkarte hin. Leo nahm sie, las und stutzte.

»Entschuldigen Sie, Frau Spilotta, aber hier steht Serafin auf der Karte. Muss ein Irrtum sein.«

Die hübsche Italienerin schien ihre Angst für den Moment vergessen zu haben und begann auf dem Stuhl herzlich zu lachen, bis ihr die Tränen kamen. Dieses Lachen war viel tiefer, als es ihre anfängliche Sprechstimme hatte vermuten lassen.

»Haben Se et wirklich nit bemerkt, Frau Doktor?«

Britti und Leo verneinten beide zugleich. Serafina Spilotta wischte sich mit einer schnellen Geste die Tränen unter ihren Augen weg, damit der Kajal nicht verschmierte.

»Ich ben ne Kääl. Ein richtiger Kerl. Jeboren als Mann. Ich lebe he als kölsches Mädche. Es leichter he als in Pisa, dat können Se mir jläuve. Gibt es ein Problem damit?« Den letzten Satz sprach Serafin Spilotta in reinem Hochdeutsch, ganz ohne Schnickschnack.

Leos Hirn schlug eine Kapriole. Gab es einen Zusammenhang zwischen dem Transvestiten, der hier vor ihr saß, und dem Mord vom Samstag? Hatte der hübsche Mann in Frauenkleidern mit dem Verstorbenen am Rudolfplatz eine Verabredung gehabt? So von Frau zu Frau? Was war mit seinen Kumpels aus Pisa?

Nach außen hin setzte Leo sofort ihr professionelles Arztlächeln auf und schüttelte den Kopf. »Natürlich nicht, liebe Frau

Spilotta. Nach dem Röntgen reden wir weiter. Der Zahnstein sollte allerdings jetzt sofort entfernt werden.«

Serafin Spilotta lehnte seinen Kopf mit einem Seufzen zurück an die Stuhllehne. Jetzt wieder durch und durch weiblich, sah er Leo mit großen, wunderschönen Augen an. Die Angst vor der Zahnärztin und der Behandlung war zurück.

»Wed dat ärch wehtun?«

Leo konnte sich ein inneres Grinsen nicht verkneifen. »Meine Assistentin macht das. Frau Poster wird sanft vorgehen. Nicht wahr, Britti? Sie wollen es doch nicht mit den Kumpels von Frau Spilotta zu tun bekommen?«

Hinter dem Stuhl sah Britti sie völlig konsterniert an. Es schien einer der seltenen Momente zu sein, in dem es der Zahnarzthelferin die Sprache verschlagen hatte.

Im Gegensatz zu Serafin/Serafina Spilotta hatte der ebenfalls neue Patient im nächsten Behandlungszimmer überhaupt keine Angst. Leo war noch nicht mal durch die Tür, als er sie schon näher heranwinkte.

»Keine Spritze, keine Betäubung. Machen Sie, Frau Doktor, ich habe ein Loch rechts oben im dritten Zahn. Es sticht seit Samstag.«

Der Mann schien sich pudelwohl zu fühlen. Freute er sich über den Schmerz?

Leo seufzte innerlich. Selten, aber von Zeit zu Zeit gab es diese Sorte von Menschen. Sie liebten den Schmerz, standen auf die Bohrgeräusche und vernachlässigten ihre Zahnpflege, nur um endlich wieder einmal eine Behandlung zu erzwingen. Solche Leute waren ihr unheimlich. Hatte sie nicht ausdrücklich einen Aufnahmestopp herausgegeben?

Sie wechselte die Latexhandschuhe, sah den gierigen Blick des Mannes.

Greta Lutzinger kam hinzu, eine kleine drahtige Person, die sich als Zahnarzthelferin fast so gut machte wie Britti. Sie hatte die Karteikarte in der Hand.

»Barney Barlost«, konstatierte Greta mit stoischem Blick. Im Gegensatz zu Britti redete sie relativ wenig.

»Der böse Barney.« Sagte der Mann, und sein Blick nahm einen verzückten Ausdruck an. »Ich weiß auch ganz genau, wo. Rechts, der dritte. Schmerzen! Böse Schmerzen!« Er klatschte tatsächlich in die Hände.

Leo erwog, die Behandlung abzubrechen. Ausgerechnet heute hatte sie überhaupt keine Lust auf einen Psychopathen. Sie sah zu Greta hin, die kurz die Augen verdrehte und dann auf die andere Seite des Stuhles trat.

Der böse Barney hatte den Mund schon weit geöffnet, noch bevor Leo ein Wort sagte. Sie nahm die Sonde und den Scaler und begann mit ihrem Check.

»'n grßs schwrzs Lch!« Der Mann versuchte weiterzureden.

Leo reichte es. Sie hatte genug gesehen. Sie holte die Instrumente aus dem Mund des eigenartigen Patienten und tief Luft. »Herr Barlost.«

»Barney. Der böse –«

»Herr Barlost. Sie verschwenden Ihren Atem und meine Zeit. Haben Sie wirklich geglaubt, Sie könnten sich einen schwarzen Fleck auf den Zahn malen und ich wäre so blöde und würde es nicht merken?«

Mit einem Mal verschwand die gute Laune des Patienten. »Das kann nicht sein, da muss ein Loch sein. Die Schmerzen habe ich mir übers Wochenende doch nicht eingebildet.« Er wurde schnell ungehalten.

Leo sah, dass Greta sich vom Stuhl wegbewegte.

»Ich bestehe auf einer Kariesbehandlung mit Bohrer und allem, was dazugehört.«

»Jetzt halten Sie mal den Mund und hören mir zu!« Leo war so genervt, dass Sie den Mann am liebsten angeschrien hätte, aber das wäre zu weit gegangen. »Sie stehen jetzt auf, verlassen das Behandlungszimmer und meine Praxis. Ich möchte auch nicht, dass Sie wiederkommen. Wenn ich oder meine Helferinnen Sie hier noch einmal sehen, kann ich gerne allen meinen Kollegen einen internen Tipp geben, sodass Sie überall nur noch Behandlungen mit Betäubung bekommen werden.«

Eine solche Order wäre bei ihren Kollegen nie durchgegangen, das war Leo klar. Doch Barney Barlost schien das Gott sei Dank nicht zu wissen. Er riss sich förmlich das Dentallätzchen vom Kinn und verließ ohne Gruß das Behandlungszimmer.

Draußen auf dem Flur begann er laut zu schimpfen. »Sauerei! Und da heißt es immer, ein Arzt ist dem Patienten verpflichtet. Scheiße aber auch! Ich werde die Praxis hier bei Jameda mit meiner Kritik vernichten. Jawoll!«

Greta und Leo hörten ihn noch eine Weile auf dem Gang schimpfen, dann kehrte Ruhe ein.

»Was für ein Irrer«, sagte Greta und begann, alles für den nächsten Patienten vorzubereiten.

»Was für ein Montag.« Meinte Leo dazu.

In dem Moment tauchte der böse Barney wie ein Springteufel wieder im Türrahmen auf. Greta stieß einen kleinen Schrei aus. Leo griff unwillkürlich nach einer Zange, aber zu ihrem großen Erstaunen hatte sich die Laune des seltsamen Mannes wieder völlig gedreht.

»'tschuldigung, Frau Doktor.«

Er machte große Augen, ein Gesicht, das Leo von ihren Töchtern kannte, früher, wenn sie dachten, die Mutter überlisten zu können. Sie blieb vorsichtig. »Keine Ursache, Herr Barlost. Wir verlieren alle schon mal die Nerven. Können wir noch irgendetwas für Sie tun?«

»Ich darf doch wiederkommen, wenn ich wirklich Schmerzen habe?«

Leo sah zu Greta, die sich abwandte und gleich noch einmal die Augäpfel nach oben drehte, bis nur das Weiße zu sehen war. Auch das wirkte unheimlich.

»Herr Barlost. Das hier ist eine Zahnarztpraxis. Eine medizinische Einrichtung, die Menschen bei dentalen Problemen hilft. Wenn ein Befund vorliegt, werde ich Sie natürlich behandeln. Aber mit Betäubung.«

Mit einem heftigen Nicken und einem schnellen »Danke und tschüs« machte der Mann die Tür wieder zu und war verschwunden.

»Ich hätte den nicht mehr genommen.« Greta legte das Besteck für die nächste Behandlung bereit.

»Eigentlich wäre er der ideale Patient für mich«, meinte Leo.

Greta unterbrach ihre Arbeit, sah ihre Chefin verwundert an.

Jetzt musste Leo glucksen. »Er wollte keine Spritze. Das heißt kein Psychostress für mich. Wann gibt es das schon mal?«

Der böse Barney war heute tatsächlich der Erste, der Leo von dem Toten am Rudolfplatz abgelenkt hatte.

FÜNF

In einer der Zahnarztzeitschriften hatte Leo gelesen, dass sich laut einer Studie tatsächlich neunundachtzig Prozent aller Patienten vor dem Besuch beim Zahnarzt fürchten. An zweiter Stelle lagen gleichauf der Gynäkologe und der Urologe. Ein minimaler Prozentsatz der vielen Ängstlichen war sogar auf dem Behandlungsstuhl schon in Ohnmacht gefallen oder bestand darauf, nur unter Vollnarkose behandelt zu werden.

Ein wenig hatte Leo diese Tatsache geholfen, mit ihrer eigenen Spritzenphobie fertigzuwerden. Auch im Umgang mit den Angstpatienten legte sie aufgrund ihrer persönlichen Störung mehr Empathie an den Tag als so mancher Kollege, der die Nöte seiner Klientel nicht nachvollziehen konnte. Ein Pluspunkt im Minus ihrer chaotischen Seelenbilanz.

Ihr nächster Angstpatient saß schon im Zahnarztstuhl.

»Und so ist es gekommen, dass ich in der Schönheitsindustrie arbeite. Verrückte Geschichte, was, Frau Doktor?« Hannes Probst redete, seit Leo in der Tür aufgetaucht war, in einem fort, ohne Punkt und Komma. Da konnte selbst Britti nicht mithalten.

Die Schweißtropfen liefen über seine Stirn, und in schnellen, lauten Abständen holte er Atem. Der Mann, der im Behandlungsraum 3 jetzt so ängstlich auf dem Stuhl wartete, hatte Leo am Tatort gesehen, war selbst vor Ort gewesen. Der Tote war sein Mitarbeiter gewesen, hatte er vorhin im Wartebereich gesagt. Im Laufe der Behandlung musste Leo die Gelegenheit ergreifen und mehr darüber erfahren.

Hannes Probst redete ohnehin wie ein Wasserfall.

»Liebe Frau Doktor, ich vertrete eine neue Linie für die Schönheit der Frauen: ›Polite Beauty‹. PB. Klingt toll, oder? Für eine Frau wie Sie wie geschaffen. Gut, so neu ist das Produkt auch nicht, in England gibt es PB schon seit neun Jahren, seine Schöpferin hört auf den klingenden Namen Claire Cinnamon, was übersetzt Zimt heißt. Unsere Nachtcreme übrigens enthält einen Hauch davon, das regt die Durchblutung an. Und seit zwei

Jahren gibt es eine ständige Vertretung dieser Linie hier in Köln. In meiner Person, wenn ich das in aller Bescheidenheit sagen darf. Wir residieren in der Glockengasse, quasi neben 4711. Wenn das nicht allein eine Referenz ist. Als ich unser Büro gemietet habe, da wusste ich, es ist ein Omen. Und alles läuft prächtig. Lief prächtig, natürlich, Vergangenheitsform. Lief phantastisch, bis die Sache mit dem armen Eberhard geschehen ist. So gut ist es gelaufen, dass wir sogar –«

»Herr Probst! Ich muss Sie unterbrechen. Sie haben mir immer noch nicht genau gesagt, in welchem Zahn Sie Ihre großen Schmerzen vermuten.«

Leo setzte sich auf den Drehstuhl, zog sich ihr nächstes Paar rosa Latexhandschuhe über und schenkte dem Mann ein schnelles Lächeln, bevor sie sich den Mundschutz überstreifte. Britti Poster lächelte ebenfalls und nutzte die kurze Redepause des Patienten für sich.

»Ich glaube auch an Omen, Herr Probst. Es sind die zufälligen Zeichen, die einen manchmal staunen lassen.«

Leo warf Britti einen strengen Blick zu. Eine der typischen Unterhaltungen der Zahnarzthelferin, die darauf hinausliefen, dass Britti so gut wie alles von den Patienten erfuhr, konnte sie später während des Zahnsteinentfernens immer noch führen. Leo selbst fehlte es extrem an Zeit, sie hinkte seit dem Morgen bereits eine halbe Stunde hinterher, eine kurze Mittagspause hatte sie auf ihrem Plan für heute ohnehin schon gestrichen.

»PB! Polite Beauty!« Hannes Probst stieß den Namen seiner Linie laut heraus, als wäre sie ein Schutzschild gegen die Behandlung. »Für jede Frau, die Schönheit will und Schönheit trägt! Angenehm, dezent, höflich bringen unsere Cremes das Beste einer jeden einzelnen Frau zum Vorschein. Gemäß unserem ersten Satz der inneren Schönheit: Individuell vorangehen!«

Er schien weder Britti noch Leo wahrzunehmen, nur seine Augen wurden immer größer. Die dicken Schweißtropfen begannen seitlich in seine gekrausten dunklen Haare zu rinnen.

Als Leo die Stuhllehne langsam nach hinten fuhr, schloss er seine Lippen, presste sie aufeinander und begann leise zu summen. Was allerdings nicht besser als sein Dauerreden war.

Leo tätschelte seinen Oberarm. »Seien Sie so lieb und machen Sie den Mund wieder auf, Herr Probst.«

Er summte lauter. Leo war genervt, einen nächsten Felsbrocken an Angst konnte sie heute nicht noch einmal gebrauchen.

»Herr Probst, ich mache Ihnen einen Vorschlag. Für Ihre Kooperation während meiner Behandlung gebe ich Ihnen meine Visitenkarte, dann können Sie mich gerne über die Produkte Ihrer ›Polite Beauty‹-Linie informieren. Sie haben doch sicher einen Newsletter.«

Das schien zu wirken. Leider schlug es wieder ins andere Extrem um, er redete erneut drauflos.

»Das mache ich gerne, Frau Doktor, darauf hatte ich gehofft. Die Cremes sind für Frauen wie Sie erfunden, gemixt und gerührt worden. Einmal in unsere Fibel all unserer Schönheitsstatements eingetaucht, und Sie sind eine PB-Jüngerin mit Haut und Haar.«

»Stopp! Genug, Herr Probst!«

»Nennen Sie mich Hanni.«

»Nein, das werde ich sicher nicht tun. Also, wo tut es weh?«

Endlich resignierte Hannes Probst. Er wischte sich über die Stirn, sein Schweiß begann zu riechen. Der groß gewachsene Mann schien auf dem Behandlungsstuhl zu schrumpfen.

»Es ist im Oberkiefer, Frau Dr. Kardiff. Ich habe das Gefühl, ein heißer glühender Draht fährt über den Eckzahn rechts durch mein Auge und dann direkt in mein Hirn. Das geht schon seit Tagen so.«

»Ich sehe es mir an. Mund bitte weit auf.«

Das kleine kariöse Loch am rechten Eckzahn konnte Leo sofort erkennen. »Kein Wunder, dass Sie solche Schmerzen hatten, Herr Probst. Es ist Karies.«

»Sie müssen bohren?« Hannes Probsts Stimme wurde dünner und höher. »Kann ich eine Spritze haben? Oder besser zwei, wenn das geht?«

Jetzt atmete Leo schneller, aber so unauffällig, dass es nur Britti bemerkte. »Eine. Vorerst. Wenn Sie immer noch Schmerzen spüren, kann ich nachspritzen. Alles schon vorbereitet.«

Britti Poster tauchte seitlich neben Leo auf, drückte ihr die verpackte Injektion in eine Hand und stand mit einem kleinen

Handtuch bereit für den Fall, dass sich Leo ihre Stirn während des Einspritzens abtupfen wollte.

Als Leo die Spritze aus der sterilen Hülle holte und das Betäubungsmittel aufzog, erzeugte dieser Vorgang in Hannes Probst einen weiteren durchfallartigen Sprechzwang.

»Individuell vorangehen – einzigartig strahlen – wunderschön erscheinen – einfach man selbst sein – komme, was mag. Und wenn es Ihnen gefällt: Nachschlag! Bestellen Sie wieder bei uns. Das sind unsere Glaubenssätze, unsere Fibel der unvergänglichen weiblichen Schönheit. Das versprechen wir und halten es auch. ›Polite Beauty‹ für ein Gesicht, das einfach nur Ja sagt zum Leben, zum Lieben, zu jedem neuen Tag ohne Angst vor dem Alter. Unsere Körperserie erscheint übrigens Ende dieses Jahres. Brandneu. Ich kann Sie gerne vormerken.«

»Bitte den Kopf zu mir drehen, Herr Probst.«

»Wenn ich Sie schnell einladen darf, Frau Dr. Kardiff. Samstagvormittags um elf und dienstagabends um halb acht finden bei uns in der Glockengasse regelmäßig kleine Präsentationen statt. Sie bekommen eine Einführung und ein entzückendes Präsent. Wir versprechen nichts, was wir nicht halten können. Wenn ich ehrlich bin, habe ich die Serie bereits an meiner Frau getestet, und Eberhard hat –« Er stockte. Wurde noch blasser.

Auch Leo hielt inne. Jetzt oder nie. Spritze hin oder her.

»Aber am letzten Samstag gab es doch keine Präsentation um elf?« Leos Stimme klang gedämpft durch den Mundschutz. »Sonst hätten Sie nicht am Rudolfplatz sein können, als Ihr Mitarbeiter aus dem Fenster stürzte.« Vor ihrem inneren Auge sah sie sich selbst über die Straße zu dem Opfer rennen.

Für Sekunden hielten alle drei im Behandlungsraum die Luft an. Dann stöhnte Hannes Probst laut auf, diesmal nicht aus Angst. Er versuchte sich im Stuhl aufzurichten, aber ihm schien die Kraft zu fehlen. Er schloss seine Augen.

»Dieser Samstag! Oh Gott! Die Präsentation musste wegen eines Wasserschadens ausfallen, und Eberhard wollte stattdessen neue Räume für einen eventuellen Umzug unseres Büros besichtigen. Mich hat die Neugierde gepackt, und ich bin etwas später hinterher, und als ich am Rudolfplatz ankam – oh mein Gott, der arme Eberhard!« Er riss die Augen wieder auf. »Es war wie ein schlechter Traum. Die Menschenmasse, die Absperrung. Zuerst habe ich nur gehört, dass eine Frau aus dem Fenster gestürzt sein soll. Ich habe noch versucht, Eberhard am Handy zu erreichen, wollte ihn fragen, wo er denn sei.«

»Die Frau Doktor war mit Hauptkommissar Zimmer dort.« Brittis Bemerkung kam völlig unpassend. Leo hätte sie am liebsten vor die Tür geschickt. Doch Hannes Probst ließ sich nicht beirren.

»Statt eines Rückrufs kam später ein Anruf von der Polizei. Ich war geschockt. Ich habe denen einfach nicht sagen können, dass ich vor Ort bin. Ich wollte, aber es ging nicht. Ich hatte plötzlich Angst, dass es verdächtig wirken könnte. Dazu meine Zahnschmerzen. Ich war völlig überfordert. Dann habe ich auch noch Frida und Roman gesehen und bin auf und davon. Auf und davon. Heute um vier kommt die Polizei zu mir ins Büro in die Glockengasse. Ich weiß noch immer nicht, was ich denen jetzt erklären soll. Eberhard und ich haben quasi gemeinsam ›Polite Beauty‹ aufgezogen. Auch wenn ich der Hauptvertreter bin und er als mein Mitarbeiter etwas später eingestiegen ist. Aber wir beide sind PB. Wissen Sie, wir haben uns am Arbeitsamt getroffen, damals, waren beide auf der Suche, kamen ins Gespräch. Ich erzählte von dem Franchising-Angebot der englischen Hauptfirma, von Claire Cinnamon, er war sofort Feuer und Flamme. ›Herr Probst‹, hat er gesagt, ›das könnte etwas Großes werden. Schönheit verkauft sich immer.‹ Wir sind in Kontakt geblieben, bis ich einen Mitarbeiter brauchte. Er hat die Produkte selbst getestet. Nicht seine Frau, die Frida, nein, er selbst. Hanni, hat er zu mir gesagt, ich mag den Duft der Serie. Es ist Zimt, es ist Veilchen, es ist Jasmin. Und es cremt, hat er gesagt. Es macht selbst meine raue Haut zart. Ebbi liebte hübsche Dinge. Was man bei seinem groben Körper gar nicht glauben mochte.«

»Ebbi?«

Hannes Probst blinzelte. Er sah Leo an, als ob er aus einem Traum erwachen würde. »Darf ich Sie einladen, zu unserer Präsentation am Dienstag in einer Woche zu kommen? Um halb sieben in der Glockengasse, klein, aber fein. Diese Woche fällt alles wegen des Trauerfalls aus, aber danach muss das Leben weitergehen. So wäre es im Sinne von Eberhard gewesen. Wir können es uns nicht leisten, eine Pause zu machen. Bringen Sie gerne jemanden mit. Bitte, Frau Doktor.«

Leo merkte, wie es in ihrem Kopf kribbelte. Sie hatte sich fest vorgenommen, sich nicht einzumischen, nichts zu hinterfragen oder gar irgendeiner Spur nachzugehen.

Aber trotzdem.

Es schien ein bemerkenswerter Zufall zu sein, dass der Partner des Opfers vom Samstag gerade heute in ihrer Praxis erschienen war. Sie könnte dort hingehen, vielleicht, sich einen Eindruck verschaffen und dann mit Jakob darüber reden.

Leo sah das saure Gesicht ihres smarten Hauptkommissars vor sich. Er hatte es schon bei Hedda Kernbach gehasst, dass sie geschnüffelt hatte.

Andererseits konnte er ihr nicht verbieten, zu einer Präsentation zu gehen, in der ihr eine Kosmetikreihe vorgestellt würde. Er war nicht ihr Chef oder ihr Vater. Vielleicht würde sie eine oder zwei Freundinnen fragen, ob sie mit von der Partie sein wollten. Oder sogar Britti anbieten, mitzukommen.

Nun, sie würde gleich erst einmal in den nächsten Behandlungsraum eilen, zum nächsten Patienten. Bis bei Hannes Probst die Betäubung wirkte und Leo zu ihm zurückkehrte, um, salopp gesprochen, sein Loch zu stopfen, konnte sie immer noch das Für und Wider dieser Einladung durchdenken.

»Herr Probst, wir müssen weitermachen.« Leo hob die Spritze an, fühlte in ihrem Magen das klassische kurze Aufzucken ihrer Phobie.

»Werden Sie hingehen, Frau Dr. Leo?«, fragte Britti neben ihr. Leo ignorierte sie. Nein, Britti würde sie auf keinen Fall mitnehmen.

»Jetzt ist es höchste Zeit für Ihre Behandlung, Herr Probst. Bitte den Mund aufmachen, ohne zu reden.«

SECHS

Als ein weiterer neuer Patient, Nummer vier an diesem Montag, die Praxis betrat, war es um Britti geschehen. Sie hatte oft davon gelesen, dass die Liebe einen Menschen wie der Blitz treffen konnte, aber so etwas selbst zu erleben war eine ganz andere Sache.

Ihre Chefin hatte nach Hannes Probst eben Klaus Weninger fertig behandelt. Britti hatte ihn aus Behandlungsraum 5 hinaus in den Flur begleitet. Nach dem Eingriff mit dreimaligem Nachspritzen taumelte er etwas. Auch Dr. Leo hatte erschöpft gewirkt, eine kleine Pause gebraucht.

Zumindest hatte Britti das Ächzen ihrer Chefin so interpretiert und selbst die Gelegenheit nutzen wollen, sich im Pausenraum einen schnellen Espresso macchiato mit extra Schokostreuseln einzuverleiben. Wenn ihr die Chefin schon nichts weiter über den Samstag und den grandiosen Fenstersturz erzählen wollte und Hannes Probst sich nach der Behandlung wegen seiner dicken Backe ebenfalls nicht zum Plaudern überreden ließ, dann wenigstens ein wenig Schlemmergenuss.

Zurzeit war Britti unzufrieden. Seit Dr. Leo die Praxis ohne ihren Partner führte, gab es kaum mehr Zeit zum Verschnaufen und weniger Muße, sich mit den Patienten und den anderen Helferinnen oder der Chefin selbst zu unterhalten.

Britti Poster vermisste die Zeit.

Natürlich hatte sie ein wenig gebraucht, um sich von dem Schreck zu erholen, der auf ihre unrühmliche Rolle im Geschehen um das Ausscheiden von Dr. Lang gefolgt war, aber zu ihrem eigenen Erstaunen hatte sie die ganze Sache mehr erregt als belastet. Seit diesem Ereignis lasen dreimal so viele Menschen ihren Blog.

Seit einigen Wochen hatte sich die Anzahl der Klicks langsam, aber stetig wieder nach unten bewegt, und Britti grübelte schon die ganze Zeit über, wie sie sich im Netz wieder prominenter machen konnte. Dazu kam die Überlastung in der Praxis. Zu allem Übel hatte sich auch noch ihre beste Freundin und ebenfalls rege Plaudertasche unsterblich verliebt, sodass die SMS, Chats und Skype-Verabredungen zwischen ihnen beiden spärlicher geworden waren.

Keine gute Britti-Poster-Zeit.

Auch ein neuer Kupferton in ihrem Pagenschnitt sorgte nicht für die gewohnte Aufheiterung, zumal Greta Lutzinger, eine der anderen Helferinnen, ihr heute Morgen gesagt hatte, dass sich der Kupferton mit dem Braun ihrer Pupillen stach. Na toll, jetzt musste sie auch noch so bald als möglich ihre Haare wieder umfärben.

Die Tür zur Praxis öffnete sich in dem Moment, als Britti mit Klaus Weninger bei Bulldogge Horst an der Rezeption stand und ihm in den Mantel half.

Sie drehte den Kopf, und da war er.

Der Mann war breit, ohne dick zu sein, er hatte dunkelblonde dichte Haare, die ins Bräunliche gingen, ein markantes Kinn. Das karierte Hemd hing über der Jeans, seine freie Hand hob sich lässig zu einem allgemeinen Gruß. Er machte zwei große Schritte in die Praxis hinein, blieb stehen, sah sich um. Zwei weitere Schritte. Er kam herein wie ein Bär nach dem Winterschlaf. Etwas tapsig noch, aber wieder bereit, sich auf die nächsten Forellen im reißenden Fluss zu stürzen.

Noch nie war Britti bei einem Mann so ein Vergleich in den Sinn gekommen. Ihr Herz begann schneller zu schlagen, und sie ließ Klaus Weningers Mantel los. Er segelte Richtung Marmorboden.

Der Bärentyp war schneller bei ihnen beiden, als Britti kichern konnte. »Servus und hallo, ich darf doch …?«

Seine Stimme hatte einen kuscheligen Klang, wie es das Fell eines solchen Bärs haben musste, zugleich war sein Tonfall dunkel und fest.

»So ein schönes Manterl hat am Boden nix verloren.« Er hatte den Mantel schon wieder hochgehoben, bevor auch nur der Saum den Boden berührt hatte. Seine Satzmelodie erinnerte sie an einen Walzer. An einen Kaiserschmarrn. An den Opernball.

»Dass isss abr liieb. Daaank.« Klaus Weninger konnte wegen der

Betäubung seiner Lippen kaum sprechen. Er nahm seinen Mantel unter den Arm und war schon an der Tür, hatte es ungeheuer eilig, aus der Zahnarztpraxis hinauszukommen.

Britti und der neue bärige Patient standen sich gegenüber, Auge in Auge.

Die »Twilight«-Filme fielen ihr ein. Alle hatte sie gesehen und die Liebesgeschichte zwischen Bella und dem Vampir Edward großartig, romantisch, unvergleichlich gefunden. Zwar war das Gesicht des neuen Patienten nicht blass, sondern von gesunder Frische, es schimmerte natürlich auch nicht golden, aber sein Blick war der eines geheimnisvollen Mannes, der um die Liebe einer Frau kämpfen würde.

»Haben Sie einen Termin?« Gerda Horst unterbrach Brittis Neuinterpretation von »Twilight« rüde und beugte sich über die Theke.

Der Bärentyp wandte sich von Britti ab und setzte ein ungeheuer freundliches Lächeln auf. »Gernot Murbach. Ich hatt mich Samstagabend über das Kontaktformular angemeldet. Ich hoff, das hat geklappt. Links unten, da sticht's höllisch, wenn ich was esse.«

Gernot. Nicht ganz der Name, der zu so einem Typen passte, aber Britti ließ ihn sich schon mal auf der Zunge zergehen. Bevor der Mann sich ganz von ihr abwenden würde, musste sie etwas sagen. Auf einmal fiel ihr das gar nicht mehr so leicht.

»Ich habe die Webseite mitgestaltet.« Peinlich, aber es war das Einzige, das ihr in den Kopf kam.

Gernot, der Bärentyp, lächelte noch breiter, fröhlicher. »Na, das ist ja wunderbar, mein hübsches Fräulein. Die Seite is echt schön. Da könnt man glatt seine Zahnschmerzen darüber vergessen. Ich bin beeindruckt.«

Britti kicherte.

»Sie ist vor allem praktisch, Herr Murbach.« Bulldogge Horst hatte überhaupt keinen Sinn für Süßholzraspeleien. »Ist Ihnen der Vermerk aufgefallen, dass wir im Moment keine neuen Patienten annehmen?«

»Oh weh. Nein! Heißt das, ich muss wieder gehen?« Gernot Murbachs Schultern sackten nach unten, ein Bär in Nöten.

Sofort griff Britti ein. »Jetzt ist der Patient schon mal hier, Frau Horst. Da kann man ihn doch nicht wieder wegschicken. Und vorhin hat Frau Doktor bereits neue Leute behandelt, die müssen sich doch bei Ihnen angemeldet haben. Die haben Sie ja auch durchgewunken.«

»Na schön.« Bulldogge Gerda kapitulierte, aber nicht, ohne Britti einen giftigen Blick zuzuwerfen. »Herr Murbach. Kann ich Ihre Versichertenkarte sehen?«

Gernot Murbach nickte dankbar und griff in seine Hosentasche. Britti fiel der Sticker auf, den er am Hemdkragen stecken hatte. Ein Smiley grinste von dort herüber.

»Lustig.«

»Was meinen Sie, mein ritterliches Fräulein, welches mich errettet hat?«

Das nächste Britti-Kichern. »Ich meine den Sticker. Da an Ihrem Kragen.«

»Oh, den hab ich eben bekommen. Ich war in der City in einer Buchhandlung und hab für mein Patenkind ein paar Bücher besorgt. An der Kasse wurden die Sticker verteilt.«

»Schön, dass Sie Kindern Bücher schenken.«

»Ich hab zwei davon bekommen. Wollt den anderen dem Kleinen schenken, aber wenn er Ihnen gefällt, können Sie ihn haben.« Gernot Murbach holte mit der Karte auch einen zweiten Smiley-Sticker heraus. »Bitte, für Sie. Dafür, dass Sie mir eben einen Termin verschafft haben.«

Obwohl Britti in dem Moment das Herz förmlich in die Hose rutschte und sie sich vollkommen sicher war, endlich den Mann fürs Leben getroffen zu haben, nahm sie mit dem Sticker auch die Karte des neuen Patienten mit völlig ruhigen Fingern in die Hand. Sie drehte sie einmal herum, und mit einem geübten Blick checkte sie sein Geburtsdatum. Er hatte im Juni Geburtstag, am 29., also ein Krebs im Sternzeichen, und er war drei Jahre älter als sie selbst. Perfekt.

Britti strahlte Gernot an, und er strahlte zurück.

Gerda Horst schien nichts von dem romantischen Einverständnis zwischen Zahnarzthelferin und Neupatient mitbekommen zu haben. Sie nahm von Britti die Karte entgegen, klickte auf der Tastatur des Computers herum. »Aber ich sage Ihnen gleich, Sie können nur eingeschoben werden. Das kann dauern. Bitte nehmen Sie drüben im Warteraum Platz.«

»Ich bringe Sie dorthin.« Sagte Britti, umschloss den Smiley-Sticker in ihrer rechten Hand fest und schwebte die zehn Schritte bis zum Wartebereich lächelnd neben Gernot Murbach her. In ihrem Kopf formte sich schon ein Vorabdruck des Gesprächs, das sie mit ihm führen würde, wenn er in eines der Behandlungszimmer kam und auf Dr. Leo warten musste.

Es gab immer diese Minuten allein mit den Patienten, und mit etwas Glück musste auch bei Gernot nachher der Zahnstein entfernt werden. Oder es stand eine Zahnreinigung an. Dann hätte sie ihn eine ganze Weile nur für sich. Wer weiß, was sich aus dieser Begegnung noch alles entwickeln würde. Jede große Lovestory fing auf so einzigartige Weise an, warum nicht auch diese?

In ihrer Pause würde sie dann ein paar schnelle Sätze über die Liebe im Allgemeinen auf ihrem Blog kundtun, es wurde wieder Zeit, zu schwärmen und überhaupt das Thema zu wechseln. Genug von Mord und Totschlag, hin zu romantischen Gefühlen. Heute gleich nach der Arbeit würde sie ihre Haare umtönen, vielleicht etwas dunkler, das würde als Ergänzung zu Gernots dunkelblonden Haaren gut zur Geltung kommen.

Vorbei die öde Zeit, es kam eine neue Welle auf sie zu.

»Ich bin ein kleiner Feigling, was Zahnarzt und Spritzen und so angeht. Wissen S'!« Sagte Gernot beim fünften gemeinsamen Schritt Richtung Wartebereich.

Wie süß. Diese Aussage machte ihn für Britti noch sympathischer. Ein Bärentyp, der dazu zu seinen Schwächen stand. »Da sind Sie hier vollkommen richtig aufgehoben. Die Frau Doktor leidet selbst unter einer Spritzenphobie, hat also vollstes Verständnis.«

»Eine Zahnärztin mit Spritzenphobie?« Gernots Stimme schwankte etwas, und Britti bedauerte es sofort, vielleicht wieder einmal zu viel geplappert zu haben.

»Keine Sorge. Meine Chefin hat ihre längst schon überwunden. Mit Hypnosetherapie, müssen Sie wissen. Und ich bleibe ja auch die ganze Zeit über an Ihrer Seite, Herr Murbach.«

»Sie können gern Gernot zu mir sagen. Dort, wo ich herkomm, machen das alle.«

Britti traf wieder dieser Gefühlsblitz, diese spontane Zuneigung. Am liebsten hätte sie ihn sofort nach allem gefragt, was sein bisheriges Leben ausmachte.

»Britti.«

»Wie?«

»Britti, so heiße ich.«

»Niedlich.« Gernot streckte ihr seine Hand hin, eine Bärentatze. »Schön, Sie kennenzulernen, Britti.«

Britti ergriff die Bärentatze und konnte einen Schweißfilm in der Handfläche spüren. Gernot schien wirklich sehr aufgeregt zu sein. Heute war anscheinend der »Internationale Tag der Angstpatienten«.

»Britti? Wo bleibst du denn? Dr. Leo braucht dich.« Greta Lutzinger war hinter Britti aufgetaucht.

Zu spät, um sich ihren Espresso mit Schokostreuseln zu holen, zu spät, um Gernot die vielen Fragen zu stellen, die ihr schon auf der Zunge lagen.

»Ich bin schon unterwegs. Keine Panik.« Britti wandte sich dem Bärentypen schnell noch einmal zu. »Sehen Sie, Gernot, hier kommt man ohne mich keine zwei Minuten aus.«

Er lächelte wieder unfassbar breit und süß.

Britti trippelte davon, ging davon aus, dass Gernot ihr hinterhersah. An der Ecke zu den Behandlungsräumen drehte sie sich deshalb kess um, aber leider war er da schon in sein Handy vertieft.

Mit einem kleinen Stich im Herzen machte sich Britti wieder an ihre Arbeit.

Achtundvierzig Stunden nach dem Tod von Eberhard Dallinger war mit dem sympathischen, bärigen Gernot Murbach der Aufmarsch der Neupatienten in der Praxis für diesen Montag abgeschlossen.

SIEBEN

Luis Fahrenz klopfte um genau zwei Uhr höflich an die Tür zu Hauptkommissar Zimmers kleinem Büro.

Obwohl es eine breite Glasfront zum Großraum-Arbeitsbereich der drei Kommissare von Zeh, Kowalski und Fahrenz gab und ein Winken gereicht hätte, hatten sie vereinbart, anzuklopfen, was Jakob Zimmer die Möglichkeit gab, seine Gedanken zu Ende zu sortieren, bis er seinem Teammitglied das Herein zurief.

Diesmal dauerte es ziemlich lange, bis dieses Herein kam, und als Luis das Zimmer seines Chefs betrat, hatte dieser den Blick auf den Computerbildschirm geheftet. Er wirkte abwesend.

»Hey, Boss.« Luis blieb an der offenen Tür stehen.

Jakob Zimmer sah elend aus. Verschnupft mit roter Nase und geschwollenen Augen.

Das erste große Pressestatement vor zwei Stunden war noch schlechter gelaufen, als Jakob es befürchtet hatte. Oberstaatsanwalt Theo Prunk hatte sich bei mehreren Angaben vertan, in seinem hektischen Statement das Opfer als Düsseldorfer ausgegeben, »Erhard« – sogar den Vornamen hatte er falsch benannt. Dazu in einem Nebensatz die Frauenkleider angesprochen, was die Spekulationen anheizen musste. In seiner anschließenden eigenen Erklärung an die Journalisten hatte Jakob die Punkte so umschiffen müssen, dass keine Falschmeldung daraus wurde, er den Oberstaatsanwalt aber auch nicht vor laufenden Kameras brüskierte.

Dazu kam, dass sich Jakob ohnehin nicht gern vor den Medien bewegte und lieber alles der Polizeisprecherin überlassen hätte. Doch die Welle der Berichterstattung war so gewaltig gewesen, dass sich neben Prunk auch der Erste Hauptkommissar dazu äußern musste.

Nein, bisherigen Erkenntnissen zufolge handelte es sich nicht um einen Mord im Transvestiten- oder Homosexuellenmilieu. Das Opfer, Eberhard D., in Düsseldorf geboren, aber seit vielen Jahren in Köln lebend, habe zwar Frauenkleider getragen, aber es seien bis jetzt keine Verbindungen oder Kontakte in dieser Richtung aufgetaucht.

Natürlich hatte es weiterhin Spekulationen dieser Art gegeben, und die News-Schlagzeile auf express.de hatte keine zehn Minuten nach der Pressekonferenz in die gleiche Kerbe wie schon die »Bild am Sonntag« nach dem ersten Statement der Polizei geschlagen und mit »Brutaler Mord in Kölner Travestieszene« aufgemacht. Der Mord an dem Mann konnte etwas mit Schwulenhass zu tun haben, natürlich ließ sich das nicht ausschließen. Nichts ließ sich anfangs ausschließen, somit war den Meldungen aller Art Tür und Tor geöffnet.

Dagegen waren sie alle machtlos.

Auf Facebook und Twitter hatte es sogar einzelne Kommentare gegeben, ob es sich bei dem Täter oder den Tätern nicht um Migranten gehandelt haben könnte, die sich durch die Verkleidung des Mannes provoziert gefühlt hätten, aber diese Stimmen blieben dürftig und versandeten zum Glück im Strom der Meldungen. Doch allen war klar, dass es die nächsten Tage so weitergehen würde und die wilden Spekulationen immer wieder in solche Richtungen laufen konnten.

»Erde an Boss.« Luis klopfte noch mal an den Türrahmen.

Jakob sah auf. »Komm rein, Luis, setz dich.« Er stand auf, streckte sich, und statt zu niesen, musste er diesmal heftig husten. Seine Stimme klang rau. Die dunklen Ringe unter seinen Augen zeugten von dem wenigen Schlaf in den letzten achtundvierzig Stunden.

»Ich habe für die nächsten Tage die weitere Zeugenliste zusammengestellt. Die Leute, die erst jetzt eine Aussage machen wollen. Wir bestellen sie einen nach dem anderen ein, zwei Kollegen werden uns unterstützen. Eben hat sich Harro gemeldet, er hat am Hals des Opfers tatsächlich Fasern entdeckt. Die sind auf dem Weg ins Labor. Schade, dass ich bei der beschissenen Pressekonferenz vorhin noch nichts dazu sagen konnte. Die Presse hat mir den letzten Nerv geraubt.«

»Du siehst echt müde und krank aus, Boss. So kenn ich dich gar nicht.«

»Was hast du für mich?« Jakobs Rückenwirbel knackten. Er setzte sich wieder und verschränkte die Arme vor der Brust.

Luis zauberte sein iPad hervor, scrollte. »Nach dem Bericht von Harro und den ersten Angaben zur Todesart – ich meine jetzt das Strangulieren, nicht den Wurf aus dem Fenster – hab ich, während du deinen Kampf mit Prunk, der Presse und deiner Erkältung hattest, mehrere Algorithmen geschrieben und sie in unser polizeiliches Intranet gestellt.«

Luis Fahrenz hatte sich diese Vorgehensweise angewöhnt, falls das Team es mit einem Täter zu tun bekam, der vielleicht schon anderorts straffällig geworden war. Er stellte den Tathergang, die Tötungsart und auch kleine Einzelheiten der Beweissicherung ins Netz und bekam Rückmeldungen, wenn einer seiner Suchbegriffe passte.

Jakob schenkte ihm nach einem weiteren heftigen Hustenanfall seine volle Aufmerksamkeit. »Und? Was hast du reinbekommen?« Luis wäre nicht gekommen, wenn er nicht etwas Interessantes zu bieten hätte.

Der junge Kommissar kratzte sich am Kopf, er wirkte etwas unschlüssig. »Also: Ich habe sowohl die Strangulation mit dem Gürtel –«

»Falls es ein Gürtel war, Luis. Harro wartet wie gesagt auf die Auswertung der Fasern.«

»Das tut hier nichts zur Sache. Ich habe das Strangulationsmal am Hals so eingegeben, wie Harro es mir beschrieben hat, da kann es ein Lederband oder ein Gürtel gewesen sein. Auch das auffällige Hinunterstürzen der Leiche habe ich genannt. Du meintest ja, es könnte eine Art Inszenierung sein.«

»Komm, spann deinen armen, alten, kranken und dazu noch genervten Boss nicht auf die Folter.«

Immerhin hatte sich Jakob zu einem kleinen Witz hinreißen lassen. Luis kommentierte es mit einem erhobenen Daumen.

»Es gab sofort einige Rückmeldungen wegen der Strangulation, keine für das Entsorgen einer Leiche durch ein Fenster mitten auf eine belebte Straße in einer Innenstadt. Aber ein paar ›Würfe‹ nach Eintreten des Todes kamen vor. Fünf ist eine gute Zahl.«

»Tatsächlich schon fünf?«

»Yes! Ich habe hier fünf Meldungen, aus Kiel, aus Hamburg, aus Passau, aus Detmold und eine von unseren Schweizer Nachbarn, aus Bern. In den letzten acht Jahren hat es in diesen Städten jeweils einen Mord gegeben, bei dem nach der Tötung der Körper des Opfers zusätzlich nach unten geworfen worden ist. Das heißt aus einem Fenster oder über eine Treppe oder ein Geländer, ohne dass der Täter dafür einen zwingenden Grund hatte. Alle Fälle ungelöst bis jetzt.«

»Ging dem immer eine Strangulation voraus?«

»Nein. Und hier setzen meine Zweifel an. In den fünf Fällen gab es nur einen einzigen Tod durch Erwürgen, der allerdings in Kombination mit einem Fenstersturz wie bei Dallinger. Die anderen waren zweimal Tod durch Erschlagen und zweimal Tötungsdelikte mit Stichwaffen. Unterschiedlicher Art. Vielleicht ist meine Suche unnütz und hier bei uns handelt es sich einfach um einen Einzeltäter.«

Jakob faltete die Hände, beugte sich nach vorne, räusperte sich.

»Trotzdem könntest du auf etwas gestoßen sein. Dieses völlig nutzlose Bewegen eines Toten nach der eigentlichen Tat schreit nach Aufmerksamkeit. Geh dem weiter nach, Luis. Auch wenn am Ende der Fall eine ganz andere Wendung nimmt, haben wir immerhin jede Möglichkeit in Betracht gezogen. Gab es bei den fünf Fällen auch einen Zusammenhang mit männlichen Opfern in Frauenkleidern?«

»Nein, leider nicht. Drei von den fünf Opfern waren männlich, aber ohne weitere Auffälligkeiten. Unterschiedliche Berufe, unterschiedliche Gesellschaftsschichten. Die Frauen waren beide verheiratet, bei den Männern nur einer, soweit ich das bis jetzt recherchieren konnte.«

»Und das Opfer, das ebenfalls stranguliert worden ist?«

»Ein Mann, Anfang sechzig. Mit einer Wäscheleine, die man am Tatort noch gefunden hat. Das war der Fall in Kiel. Vor drei Jahren. Aber dort war das mediale Interesse wesentlich geringer, weil das Opfer zwar aus dem Fenster im ersten Stock gefallen ist, aber nur auf die Terrasse seines eigenen Wohnhauses stürzte. Die Nachbarn haben ihn erst später entdeckt. Kein Tumult in einer belebten Straße. Im Bericht steht, dass die ermittelnden Beamten davon ausgegangen sind, dass das Opfer im Todeskampf über die Balkonbrüstung gestürzt ist.«

»Ein Fall darunter, der Aufmerksamkeit erregt hat?«

»Eine der beiden Frauen, nämlich die in Passau. Sie wurde von einem Aussichtsturm geworfen, nachdem sie mit einem präzisen Stich ins Herz getötet worden ist. Eine Zeit lang wurde der Ehemann verdächtigt, aber die Beweislage gegen ihn ließ sich nicht erhärten. Ich habe von all den Fällen die vollständigen Berichte angefordert, das kann noch dauern, besonders der aus Bern, dort wurde das Opfer erschlagen und anschließend der Körper eine Treppe hinuntergeworfen. Mehr weiß ich nicht, da müssen noch Genehmigungen angefordert werden.«

»Wenn du richtigliegst, könnte es sich um einen Serientäter handeln. Daran will ich nicht wirklich denken.«

»Deshalb bin ich etwas zurückhaltend mit einer Theorie. Alles zusammen passt nicht in eine Reihe.«

Jakobs Handy klingelte.

»Birgit, ja!« Jakob drückte die Lautsprechertaste, legte das Handy zwischen sich und Luis auf den Schreibtisch. »Ich hab dich auf laut. Luis ist bei mir, er hat vielleicht etwas. Aber dein Bericht zuerst.«

Birgit von Zeh und Per Kowalksi waren nach der Vernehmung von Frida Dallinger aufgebrochen. Zuerst in das Immobilienbüro Köster in Lindenthal, dann direkt nach Sürth zu Heinrich Schwalb. Am Ende der Tour hatte das Sportstudio, in dem Eberhard Dallinger seit drei Jahren trainiert hatte, gestanden. Der Trainer dort hatte sich selbst bei der Polizei gemeldet.

»Jakob, du hörst dich wie ein Kettenraucher an.«

»Danke, das wollte ich jetzt hören.«

»Wir sind eben aus dem Fitnessstudio raus. Das war eine Niete. Der Mann wollte eher mediale Aufmerksamkeit und Werbung. Eine Fotografin vom Express war schon da, als wir kamen.«

»Hat der Fitnesstyp ein Alibi?«

»War im Club, den ganzen Samstag. Er konnte uns zur Person Dallinger wenig sagen, einer von vielen Kunden, die sich bei ihm eingeschrieben hatten. Er hätte beim Training eine feminine Art an Dallinger bemerkt, hat er ausgesagt, aber als ich nachgehakt habe, hat er nur nachgeplappert, was in den Medien gemeldet wurde. Dallinger war wie viele Fitnessclubmitglieder angemeldet, aber nur selten da. Meiner Meinung nach ist der Zeuge ein Wichtigtuer, der seinen Club in die Schlagzeilen bringen will.«

»Und die Immobilienleute?«

»Wir haben jetzt die komplette Liste der Interessenten, die die Wohnung besichtigt haben. Dazu hat sich dort auch dieser Herr Jerulaski gemeldet, der bereits als Mieter feststand. Er ist seit zehn Tagen in Polen, seine Mutter ist erkrankt. Wenn er hier vor Ort erscheint, können wir ihn befragen.«

»Und der Wohnungsbesitzer Schwalb?«

»Der wäre ein Fall für Mietwucher, bei dem, was der verlangt. Hat nur die Kohle im Kopf. Deshalb war er auch so aufgewühlt, als Dallinger in einem seiner Objekte umgekommen ist.«

»Weiß er, warum Dallinger das Appartement unbedingt haben wollte und es mit der Besichtigung so eilig hatte?«

»Es gab wohl Probleme in den Geschäftsräumen in der Glockengasse. Es standen Sanierungen an, mehr konnte uns Schwalb nicht sagen, nur dass unser Opfer die Besichtigung dringend an diesem Samstag machen wollte, auch allein ohne Schwalb. Vielleicht hat Dallinger den Täter mitgebracht, wer weiß.«

»Wir haben bei der Leiche keinen Schlüssel gefunden.«

»In der Handtasche möglicherweise, die immer noch fehlt. Was hat Luis Neues?«

Der junge Kommissar mischte sich in das Gespräch ein. »Fünf vage virtuelle Möglichkeiten, doch noch keinen direkten Zusammenhang.«

»Klingt auch nicht berauschend. Wie war's mit der Presse?«

Jakob hustete, nahm das Handy wieder an sein Ohr. »Kein Kommentar. Wir sehen uns um vier bei Hannes Probst in der Glockengasse. Hast du inzwischen seine Frau erreicht, Birgit?«

»Petra Köbes-Probst hat ein gemeinsames Frühstück bestätigt, nicht auf die Minute genau, aber ungefähr. Per und ich trinken jetzt vorher noch einen Kaffee. Bis gleich.«

Kaum hatte er sein Handy weggesteckt, klingelte das Telefon auf Jakobs Schreibtisch.

»Ja, Zimmer?«

Jakob Zimmer lächelt mit einem Mal. Das ließ ihn sofort frischer aussehen.

»Hallo, Mama.«

Luis wusste, dass der Hauptkommissar eine enge Beziehung zu seiner Mutter hatte. Er erhob sich.

Jakob winkte ab. »Bleib, Luis. Dauert nur kurz. Mama? Ja, geht mir besser, trinke Tee.« Das war eine glatte Notlüge. »Wir sind mitten in der Arbeit. Gibt es was Dringendes?«

Luis stand trotzdem auf. Er deutete mit der Hand eine Trinkbewegung an. »Ich hab auch Lust auf Kaffee bekommen. Ich nehme aber nicht den Automaten, sondern hol mir einen to go aus der Bäckerei. Für dich auch? Oder lieber Tee, Jerry?«

Jakobs Mutter war eine begeisterte Jerry-Cotton-Leserin und stellte immer gern einen Vergleich zwischen dem fiktiven FBI-Agenten und ihrem smarten Sohn an. Das war seither ein Running Gag im Team, natürlich.

Jakob hielt die Hand über den Hörer. »Ich mach dir hier gleich einen Jerry. Keinen Kaffee, danke. Ich hatte heute schon zwei aus dem Scheiß-Automaten. Mein Magen brennt.«

»Na dann«, sagte Luis, und Jakob gab den Hörer frei.

»Ja, Mama. Ich höre dir zu. Habe alles verstanden. Am besten, du meldest dich einfach selbst bei Dr. Kardiff. Ich gebe dir die Nummer durch. Hast du was zu schreiben? … Was? Ja klar kann ich dir auch eine SMS schicken, Mama. Mach ich gleich. Tschüs!«

Jakob sah Luis leicht skeptisch an. »Eine der alten Zahnbrücken ist bei ihr locker. Meine Mutter will Dr. Kardiff testen. Mit ihrem momentanen Zahnarzt ist sie unzufrieden.«

»Ist doch praktisch, eine Zahnärztin an der Hand zu haben.«

»Wolltest du dir nicht einen Kaffee holen? Du könntest mir was Süßes mitbringen.«

»Ist schlecht für die Zähne. Oder gut. Dann hättest du Gelegenheit, auch mal wieder zu deiner Zahnärztin zu gehen.«

Auch Scherze dieser Art waren seit dem Kernbach-Fall unter ihnen sehr beliebt.

In Hauptkommissar Zimmers Team herrschte ein gutes Arbeitsklima. Die Lockerheit im Umgang miteinander war ein Ausdruck ihrer Verbundenheit, und Luis und Per schätzten es sehr, ihre ersten Berufsjahre als Kommissare hier zu verbringen. Birgit und Jakob waren viel länger befreundet, sie hatte seine Ex-Frau

Claudia noch gekannt – über die allerdings keiner blöde Sprüche machte, das konnte nach hinten losgehen.

Als Kommissar Luis Fahrenz in der kleinen Backstube auf der Kalker Hauptstraße ankam, schlug sein iPad sein helles Ping. Er holte sich seinen Kaffee und stellte sich an einen der hohen Tische.

Zu seiner zweiten Suche, bei der er die Breite der Strangulationsverletzung am Hals des Opfers eingegeben hatte, waren gesammelt achtzehn Meldungen eingegangen, wie ihm eben angezeigt wurde.

Das war erstaunlich viel.

Auch wenn es unzählige Fälle von Tod durch Erdrosseln gab, waren doch die Werkzeuge dafür sehr unterschiedlich. Schals, Bänder, Schnüre, Drähte, Gürtel aller Art. Achtzehn Mordopfer mit ein und denselben Maßen bei den Strangulationsmalen erschien Luis eine beachtliche Zahl. Wobei sich diese Zahl auch wieder etwas relativierte, wenn man die Millionen maschinell erstellter Produkte mit Standardbreite bedachte, sollte es sich beim Mordwerkzeug wie vermutet um einen Gürtel handeln.

Diese achtzehn ließen sich mit den fünf Opfern, die nach ihrer Ermordung aus einem Fenster oder von einem Balkon oder einer Treppe geworfen worden waren, auch nicht direkt in einen Zusammenhang bringen. Aber Luis' Interesse war geweckt. Er brauchte die Fallberichte.

Er trank seinen Kaffee, stellte online die Anträge, schrieb Nachrichten an die jeweiligen Dienststellen. Als er zurück ins Präsidium kam, fiel ihm in der Vorhalle sein Boss ein. Ein süßes Teilchen direkt aus der Bäckerei hatte Jakob nicht in Auftrag gegeben, also würde er improvisieren.

Auf dem Gang zurück zu ihren Büros machte Luis halt am Automaten und zog einen Schokoriegel.

ACHT

»Ich wette, seine Haare sind gefärbt.«

Birgit von Zeh flüsterte den Satz, während das Team Hannes Probst zu den Räumen von »Polite Beauty« folgte, direkt in eine wahre Höhle aus Duft und Rosa hinein.

Sich in der Glockengasse einzumieten war ein sehr teures Unterfangen. Die Geschäftsräume, die die beiden Männer als Domizil für die Kosmetikserie eingerichtet hatten, lagen im dritten Stock. Eine Zweieinhalb-Zimmer-Wohnung – am Ende eines eher nüchtern gehaltenen Flurs kam man in eine Art Wohnzimmer, das ganz in Rosa gehalten war. Barbie hätte an der Innenausstattung ihre Freude gehabt.

Ein breites Dreiersofa mit rosa Kissen an der Wand, ein runder Vorstelltisch mit einer großen Schale voller Duftpotpourri darauf. Dorther strömte der penetrant süße Geruch. Mit seiner Zimtnote gab er einen Vorgeschmack auf Weihnachten. Links und rechts lehnten eine Menge weißer Klappstühle an der Wand, auf ihnen waren rosa Sitzkissen aufgetürmt.

Über dem Sofa eine große Anzahl kleiner Bilder, ebenfalls rosa gerahmt, die wunderschöne, berühmte Frauen in ihren jungen Jahren zeigten. Sophia Loren und auch Claudia Cardinale erkannten die Beamten sofort, Luis sah auch Madonna auf einem der Fotos, die aber in der Sammlung hier etwas deplatziert wirkte. An der gegenüberliegenden Wand ein Regal, auf dem ausschließlich Cremetöpfchen, Tiegel und Tuben standen. Am einzigen Fenster natürlich rosa Spitzenvorhänge, die in der Mitte den Blick auf die Glockengasse und das Haus gegenüber freigaben. Unter der Fensterbank stand ein Vorstellwagen mit geblümten Porzellantassen darauf.

»An unseren besten Präsentationstagen hatten wir manchmal an die dreißig Frauen hier drinnen.« Hannes Probst winkte die Beamten weiter. »Aber ich denke, heute ist es angebracht, wenn wir uns im Büro unterhalten.«

Birgit atmete erleichtert auf. Sie konnte sich beim besten Willen nicht vorstellen, welche Art von Frauen hierherkamen, um sich eng zusammengepresst auf Klappstühlen ein Verkaufsgespräch anzuhören. Auch bei ihr hatten die Jahre im Polizeidienst ihre Falten um den Mund und auf der Stirn tiefer werden lassen, aber mit ihrem sportlichen Körper und ihrer natürlichen Art fand sie sich trotz zunehmenden Alters immer noch sehr attraktiv.

Luis und Per warfen sich belustigte Blicke zu, während Jakob sich auf dem Weg ins Büro die Nase schnäuzte.

Der Kontrast war gewaltig. Der Raum wurde von einem einfachen, aber großen Schreibtisch beherrscht, auf dem gegenüberliegend zwei Computer standen. Zwei Drehstühle, ein Regal mit Ordnern. Daneben ungeöffnete Pakete, übereinandergestapelt. Kein unnötiger Schnickschnack.

»Ich kann Ihnen leider nur Wasser anbieten, meine Herren. Und die Dame.« Hannes Probst fuhr sich schnell durch seine dunklen Locken, dann hielt er sich die rechte Backe. Laut seiner Personalia war er sechsundfünfzig, aber kein einziges graues Haar war zu erkennen, was Birgits Vermutung unterstrich.

»Wir sind nicht hier, um etwas zu trinken, Herr Probst.« Jakob Zimmer zeigte auf die PCs. »Ist einer davon der von Ihrem Kollegen Herrn Dallinger?«

»Der hintere.«

»Kann Kommissar Fahrenz ihn unter die Lupe nehmen, oder bestehen Sie auf einem Durchsuchungsbeschluss?«

Wieder wühlte Hannes Probst in seinen Locken, kehrte zur Backe zurück, konnte sich nicht entschließen, wo seine Hand bleiben sollte. Seine Haut glänzte. Birgit war sich sicher, dass sich der Mann nicht nur die Haare färbte, sondern auch die Cremes aus der Serie ins Gesicht schmierte.

»Machen Sie bitte. Der PC hat nicht mal ein Passwort. Wir haben nichts zu verbergen. Weder vor dem Finanzamt noch vor Ihnen.«

In dem Moment schien er sich daran zu erinnern, dass es dieses »Wir« seit dem Tod von Eberhard Dallinger nicht mehr gab, und er senkte den Kopf. »Ich kann es gar nicht fassen, dass der Eberhard weg ist.«

»Wirft denn der Konzessionsverkauf so einer Kosmetiklinie

genug Geld ab, um davon zu leben?« Jakob lehnte sich an den Schreibtisch, während Luis sich auf den Stuhl an Eberhard Dallingers Platz setzte und den PC hochfuhr.

Hannes Probst schwankte im Stehen leicht, atmete tief ein. »Damals, vor zwei Jahren, war ich auch skeptisch. Ich war gerade arbeitslos geworden, die Firma hat zugemacht, und bei einem Mann über fünfzig heißt das gemeinhin Arbeitslosengeld, das man bis zur Rente hinausziehen muss. Aber dann hat mich meine Frau ermutigt, mich mit einer Geschäftsidee selbstständig zu machen. Ich habe erst mal mein Erspartes investiert.«

Birgit hätte es nicht gewundert, wenn Hannes Probst homosexuell gewesen wäre. Das gefärbte Haar und vor allem seine Art zu reden. Und zu viel Rosa. Oder ertappte sie sich gerade bei ihren Vorurteilen und ihrem Klischeedenken? Jedenfalls hatte Petra Köbes-Probst, die eben erwähnte Ehefrau, am Morgen des Mordes mit Hannes Probst gemeinsam gefrühstückt. Laut ihrer Aussage zumindest.

»Zuerst habe ich es mit einem externen Vertreterjob für Versicherungen probiert, aber das war nichts für mich.« Hannes Probst erzählte schon weiter. Er schien gern zu reden. »Ich mag die Menschen nicht belügen, um an Verträge zu kommen. Dann hat mir ein Bekannter aus Berlin von ›Polite Beauty‹ erzählt. Und mein Bauch hat sofort Ja geschrien. Ich verlasse mich öfter auf mein Bauchgefühl. Ich habe mit dem Vertrieb dort Kontakt aufgenommen, habe von dem englischen Mutterkonzern, der Chefin dort, Miss Cinnamon, erfahren, und bin der erste Mann für die Serie von PB hier in Köln geworden.«

Miss Cinnamon, was für ein Name. Birgit sah, wie Per und Luis jetzt breit grinsten. Sie schickte ihnen einen strengen Blick. Hannes Probst bemerkte davon nichts.

»Es hat funktioniert. Ein halbes Jahr später lief es richtig gut, ich habe den Eberhard dazugenommen, quasi als Angestellten mit kleinem Grundgehalt, darüber hinaus auf Provisionsbasis. Auch er war länger arbeitslos, wir kannten uns vom schrecklich deprimierenden Wartebereich im Amt.«

»Wollten Sie keine Frau für den Verkauf? Das erscheint mir passender.« Es war für Birgit schwer vorstellbar, dass zwei Männer in ihren mittleren Jahren ein Schönheitsprodukt für Damen vertrieben.

»Nein, Frau Kommissarin. Ganz im Gegenteil. Frauen wollen von Männern überzeugt werden, dass sie schön sind. Oder ist Ihnen nicht auch ein Kompliment eines Verehrers lieber als das einer Freundin?«

Birgit zuckte mit den Achseln, das war nicht ihre Welt. Ihr Mann und ihre zwei Söhne liebten sie ohne rosa eingefärbten Puderzucker.

»Zu Eberhard Dallinger, Herr Probst.« Jakob nahm das Gespräch in die Hand. »Haben Sie in den letzten Wochen eine Veränderung an Ihrem Mitarbeiter bemerkt? Etwas, das anders war?«

»Meinen Sie seine Vorliebe für Frauenkleider?«

»Wussten Sie davon?«

»Nein, bis zu seinem Tod nicht. Ich habe ihn immer als sehr einfühlsamen Mann erlebt, der sich wunderbar um unsere Kundinnen gekümmert hat, aber immer nur männlich aufgetreten ist. Er war ein Glücksfall für meinen kleinen Vertrieb. Wir waren aber hauptsächlich beruflich verbunden, privat nur Bekannte.«

»Wann hatten Sie das letzte Mal Kontakt zu ihm?«

»Am Freitag vor seinem Tod. Nachmittags. Wir sind um vier hier raus, der Klempner war da. Wir mussten zwei Präsentationen absagen. Auch heute funktioniert die Toilette immer noch nicht richtig.«

Per Kowalski schaltete sich ein. »Aber am Samstagvormittag haben Sie versucht, ihn zu erreichen. Wir haben Sie ja zurückgerufen, weil Sie auf seiner Anruferliste stehen, kurz nach seiner Ermordung.«

Hannes Probst schluckte, wurde bleich im Gesicht. Zum ersten Mal schien er kurz davor, die Fassung völlig zu verlieren.

»Eberhard wollte für mich diese Wohnung besichtigen. Er hat den Schlüssel beim Besitzer direkt abgeholt und ist an meiner Stelle da zum Rudolfplatz gegangen. Wir haben hier immer wieder diese Probleme mit den Sanitäranlagen, und der Vermieter ist nie zu erreichen. Deshalb wollten wir schweren Herzens, aber so bald wie möglich umziehen. Ich hatte ihn angerufen, um zu fragen, wie denn die Räumlichkeiten sind. Vielleicht hätte es sonst mich erwischt, wenn ich dort gewesen wäre?«

»Vermuten Sie denn, dass es der Mörder auf Sie abgesehen hatte?«

Wieder schwankte Hannes Probst, hielt sich am Schreibtisch fest. »Keine Ahnung, war eben so ein Gedanke. Oh mein Gott.«

Eine Mischung aus Jakobs Husten und Niesen unterbrach die Befragung für einen Moment. Birgit übernahm.

»Ihr eigenes Alibi ist Ihre Frau, Herr Probst. Sie könnte Sie auch decken.«

Hannes Probst blinzelte ein paarmal, stierte dann auf seine Hand, die den Schreibtischrand umklammert hielt. »Was für eine Unterstellung. Ich habe mit Petra gefrühstückt. So ein unerwartet freier Samstag ist für die Ehe auch mal erfreulich. Außerdem war mir nicht wohl. Dann ist sie zum Einkaufen, und ich bin zu Hause geblieben.«

»Im Computer ist kein Besichtigungstermin für das Appartement am Rudolfplatz vermerkt.« Luis meldete sich von der anderen Seite des Schreibtisches.

»Wir haben erst Freitagmorgen von der Wohnung erfahren. Sie war eigentlich vergeben, wir wollten es trotzdem versuchen. Wir waren auf der Suche.«

»Keine Suche nach Immobilien im Browserverlauf.«

»Der Besitzer wohnt bei Eberhard um die Ecke, es war ein privater Tipp.«

»Noch mal, Herr Probst. Warum sind Sie nicht mitgegangen? Sie sind doch schließlich der Chef.«

Hannes Probst schien immer nervöser zu werden. Er blinzelte in schneller Folge, seine Zunge fuhr mehrmals über seine Lippen.

»Warum gehen diese Fragen immer weiter? Bin ich verdächtig?« Er bewegte sich jetzt, lief einmal den Schreibtisch entlang ans Fenster, kam wieder zurück. »Keiner Fliege könnte ich etwas zuleide tun. Ich vertrete Schönheit.«

Hannes Probst sagte das mit solch einer Vehemenz, als würde damit jeder Zweifel weggewischt werden. Dann traten Tränen in seine Augen.

»Eberhard war ein Netter. Ich werde nie wieder einen so guten Mitarbeiter für ›Polite Beauty‹ finden. Warum sollte ich ihn denn auf so grausame Weise töten? Warum hat ihn überhaupt jemand getötet? Ich stehe immer noch unter Schock. Ich bin kein Täter. Selbst wenn es der Mörder nicht auf mich abgesehen hatte, bin ich ein Opfer. Wie Eberhard.«

Seine Hand kehrte zu seiner Backe zurück, blieb dort kleben.

»Haben Sie Zahnschmerzen?« Birgit stellte diese Frage eher beiläufig.

Hannes Probst nickte schnell und heftig. »Ich komme vom Zahnarzt. Schrecklich. Ich bin Phobiker, habe eine Höllenangst vor jedem Termin.« Der Themenwechsel schien ihn etwas zu beruhigen. »Hatte oft Pech mit den Ärzten. Aber diese Dr. Kardiff ist in Ordnung. Kann ich empfehlen, wenn Sie mal eine Zahnärztin in Köln suchen.«

Birgit, Luis, Per und natürlich Jakob Zimmer horchten auf. Ein wenig stand ihnen allen der Mund offen.

Auf der Straße waren die Ermittler nur die paar Schritte bis an das 4711-Haus gegangen.

»Das ist sicher ein dummer Zufall.« Jakob selbst war der Erste, der das Thema Leo ansprach.

Per klopfte seinem Boss auf die Schulter. »Immerhin hast du jetzt einen Grund, sie wieder anzurufen.«

»Bitte, Leute! Keine Tipps in Beziehungsfragen, ja.« Jakob hustete heftig. Schnäuzte sich. Er sah noch hundeelender als am Vormittag aus. »Lasst uns zur Tagesordnung zurückkehren. Warum ist der Kerl nervös geworden, als wir bei seinem Alibi nachgehakt haben?«

»Ich habe die Aussage seiner Frau aufgenommen.« Birgit blätterte in ihren Notizen. »Sie war weder nervös noch irritiert, hat das Frühstück bestätigt, allerdings konnte sie nicht mehr ganz genau sagen, wann sie zum Einkaufen los ist. Gegen elf.« Kurze Pause. »Und ich hätte gewettet, dass der schwul ist.«

»Warum das denn, Birgit? Wegen seiner Locken? Oder dem vielen Rosa?«

»Luis, halt die Klappe. Wenn also Probst nur bis, sagen wir, halb elf mit seiner Petra gefrühstückt hat, hätte er es bis elf an den Rudolfplatz schaffen können.«

»An den Platz schon, aber um in die Wohnung hinaufzukommen und den Mord zu begehen, hätte er früher dort sein müssen.«

»Der Besitzer, Heinrich Schwalb, hat als Alibi auch seine Frau angegeben. Das scheint sehr populär zu sein.«

»Aber zusätzlich zwei Besucher aus Ingolstadt. Mehr also als Hannes Probst.«

Per betrachtete die Auslage von 4711. Die Parfümflaschen glänzten im bekannten Logo. »Ich denke mal andersrum, Leute. Vielleicht ist Hannes Probst von seinem Mitarbeiter Dallinger dazu bekehrt worden, sich auch als Frau zu verkleiden. Petra Köbes-Probst hat es herausgefunden. Hat den Kerl erwürgt, Hannes Probst gibt ihr ein Alibi, nicht umgekehrt. Wenn ich mich länger in diesem rosa Puff aufhalten würde, würde ich vielleicht auch meine feminine Seite entdecken. Wer weiß.«

Luis blieb grinsend neben Per an der Auslage stehen. Der lange Per überragte seinen Kollegen um einen Kopf. »Die hast du doch schon, Per. Dein Fräulein Fröhlich aus dem Labor hat schon mal so was angedeutet.«

»Wann?«

»Erst neulich, als wir zu dritt unterwegs waren und du mal für kleine Ermittler musstest.«

»Quatsch.« Per stieß seinen Kollegen unsanft in die Seite. »Was hat sie genau gesagt?«

Jakob unterbrach Luis und Per bei ihren Kabbeleien. Heiser krächzte er: »Was haben wir heute noch?«

Birgit hob ihre Hand. »Ich wollte ein paar der teuren Boutiquen abgrasen und die Fotos von Dallingers Rock und Bluse zeigen. Luis hat mir eine Liste erstellt, wo diese Marken zu haben sind. Vielleicht haben wir Glück und er hat sich in der Stadt eingekleidet. Dazu ein paar Schuhläden. Vielleicht finden wir heraus, wo er was gekauft hat. Oder wer vielleicht etwas für ihn gekauft haben könnte.«

»Luis soll dich begleiten.«

»Und ich, Boss?«

»Ich möchte, dass du zu deinem Fräulein Fröhlich ins Labor

fährst und dort ein wenig Druck machst, Per. Wir haben immer noch keine Auswertung des grünen Stücks Stoff. Auch zu den anderen Spuren habe ich keine Rückmeldung bekommen. Mach Dampf.«

Die nächste Hustenattacke überfiel Jakob. Per klopfte ihm auf den Rücken. »Und du, Boss, du legst dich am besten ins Bett und kurierst dich aus. Oder du trittst als Joe-Cocker-Verschnitt auf.«

»Bei meinem musikalischen Talent würde der sich im Grab umdrehen.«

Immerhin hatte sich Jakobs Laune gehoben.

»Nein, kein Bett vor heute Abend. Ich mache mich Richtung Sülz auf und werde einer gewissen Zahnärztin einen Überraschungsbesuch abstatten. Mit etwas Glück ist sie noch in der Praxis.«

»Du könntest ihr eine Creme von ›Polite Beauty‹ mitbringen. Kommt vielleicht gut an.«

Diesmal hatte Birgit einen der albernen Scherze gemacht, und die drei Männer waren so überrascht, dass keiner lachte.

NEUN

Montag. Später, unendlich später Nachmittag.

Erstes Verschnaufen.

Durchgeackert seit heute Morgen.

Heute habe ich ohne Pause bis kurz vor fünf durchgearbeitet.

Montag, und ich bin bereits todmüde.

Wobei ich dieses Wort gern vermeiden würde.

Müde natürlich, denn *Tod* ist ja bald mein Lebensmotto – ha, ha.

Was sagt meine Mama Agathe immer gern, wenn es mal wieder schwierig ist im Leben: Sobald man darüber lachen kann, geht's auch weiter.

Recht hat sie.

Und jetzt mal ehrlich: Diesmal hat es nichts, ABSOLUT nichts mit mir zu tun.

Der Tote ist kein Patient von mir, und ich schreibe es einfach dem Zufall zu, dass ich mit Jakob beim Brunch genau in dem Café gesessen habe, genau in der Straße, genau gegenüber, als der Tote vom Himmel fiel.

Na ja. Klingt nach viel Zufall!

Da meldet sich ein wenig die Paranoia bei mir.

Leo, bleib cool. Sonst überpegelst du wieder.

Dieser Stress.

Wenn ich nicht bald jemanden in meiner Praxis einstelle, dann wird mich der Stress krank machen. Es kann nicht sein, dass alle Kandidaten mich an Mord und aufgeschlitzte Kehlen erinnern.

Aber jetzt mal innerlich auf Pause drücken, Leo.

Vorfreude aufkommen lassen.

Feierabend.

Ich treffe mich mit meinen Mädels zum Essen.

Als wir diesen Sommer von der Insel Baltrum zurückkamen, haben wir vereinbart, dass wir öfter Mama-Töchter-Zeiten miteinander verbringen wollen. Was gar nicht so einfach ist.

Nathi hat zweimal die Woche Gospelsingen, Lulu geht jeden

Donnerstag zum Gitarrenunterricht, beide spielen Handball, beide haben an zwei Tagen die Woche langen Unterricht. Lulu hat jetzt einen festen Freund. Mein Ex-Mann hat seine Tage mit den beiden. Und ich hab meine Praxis, mehr Patienten denn je und meine Hypnosetherapie am Mittwoch.

Aber den Montag, oder besser: den späten Montagnachmittag, den haben wir gefunden und zu unserem Mama-Töchter-Essenstag erwählt. Wenn meine Mädels zuvor bei ihrem Vater oder mit Freunden unterwegs waren, können sie mir davon erzählen, und wenn wir am Wochenende Streit hatten, was leider immer wieder mal vorkommt, dann können wir uns aussöhnen und den Rest der Woche kurz vorplanen.

Ach, ich liebe es, mit zwei so hübschen Mädels essen zu gehen.

Jeder darf abwechselnd das Lokal wählen. Heute hat sich Luise für das Lux auf der Luxemburger Straße entschieden. Es soll hip sein, eine Mischung aus Kneipe, Restaurant und Biergarten.

Gut, wunderbar, herrlich.

Ich trage meine rote Lederjacke und dazu rote hochhackige Stiefeletten, das muss als hip genug durchgehen.

Ein junger Mann lächelt mich breit von der Theke aus an, als ich mich an einen der freien Tische setze. Junge, du könntest mein Sohn sein … Nein, so alt bin ich wirklich nicht. Der Mann ist schätzungsweise Mitte dreißig, also höchstens zehn Jahre, die uns trennen …

Was bitte denke ich da?

Ich bin gerade ein paar Monate von meinem letzten Lover getrennt, und das war kein Lustspiel, auf mehrdeutige Weise. Fast ein Jahrzehnt hatte ich darauf gehofft, dass Magister Heinz sich scheiden lässt, und am Ende hatte ich die Steuerfahndung am Hals und in den Sommerferien eine Postkarte aus Mallorca, von ihm und seiner Frau unterschrieben. Fassungslos hat mich das gemacht, wo er doch den Strand und die Hitze immer gehasst hat.

Ha, ha – ich kann drüber lachen. Weiter geht's.

Außerdem bin ich ja in Hauptkommissar Zimmer verschossen.

Jakob. Mein Jakob. Aber diese Lovestory geht nicht wirklich voran.

Sollte ich vielleicht einen winzigen Flirt riskieren?

Bevor ich mich entscheiden kann, ob und wie ich das Grinsen des jungen Mannes erwidere, tauchen Nathalie und Luise auf.

Lulu hat sich das Haar kürzer schneiden lassen, also sehen meine zwei mehr wie Freundinnen als Zwillingsschwestern aus. Nathalie ist mein Ex Johannes, wie er leibt und lebt, und Luise kommt nach meiner Mutter. Ich bin die Tochter meines Vaters, Dr. Gerwald Hubertus wie aus dem Gesicht geschnitten, er hätte es mir ersparen können, mir seinen Nachnamen als zweiten Vornamen anzuhängen. Ich finde Huberta einfach nur schrecklich. Aber seinen Nachnamen zu tragen würde mir auch nicht gefallen. Kardiff, der Mädchenname meiner Mutter, passt besser zu mir.

Meine eigenen Züge erkenne ich in meinen Kindern nur, wenn sie lächeln, ihr oberer rechter Vorderzahn ist leicht schief. Ganz genauso wie bei mir.

Gott, die Zahnärztin in mir kann wohl keine Sekunde abschalten.

Mein Vater, Dr. Hubertus, der große und mächtige Oz – ha, ha zum Dritten –, Zahnarzt seines Zeichens, hat mir früher immer eine Zahnspange verpassen wollen, gerade Zähne seien für eine Zahnarzttocher Pflicht, aber meine Mutter meinte, ein minimales schiefes Lächeln würde süß und sexy wirken.

Recht hat sie. Ich und meine Mädels sind eben unvollkommen in unserer Schönheit.

Notiz an mich ganz persönlich: Leo, den Gedanken solltest du dir unbedingt merken, wenn du das nächste Mal heulend vor dem Spiegel abhängst und dich alt und hässlich fühlst!

»Hey, Mama!«

Immerhin heute mal Mama, gefällt mir einfach besser als Leo.

Luise setzt sich, Nathalie rennt als Erstes aufs Klo, wie immer.

»Krasse Jacke!«

»Danke, Schatz.«

»Etwas auffällig für dein –« Luise sieht meinen Blick und schweigt. Wir sind ein eingespieltes Team.

»Mama, der Nils kommt dann später auch nach.«

Nils ist der neue feste Freund meiner Lulu. Ich weiß nicht, ob mir das gefällt. Ich sollte, müsste, mit ihr über Verhütung sprechen, aber ich schiebe es hinaus. Ist mir irgendwie peinlich. Ich bin nur froh, dass sich Nathalie noch hauptsächlich für ihren Gospelchor und gute Bücher interessiert.

»Der Roman hat heute ziemlich was abbekommen. Armer Kerl.«

Ich bin irritiert. Wer ist das denn jetzt wieder? Luise errät meine Gedanken meistens.

»Mama! Der Roman Dallinger. Der Roman ist doch der Sohn von der Leiche, die dir mal wieder vor die Füße gefallen ist.«

Nathalie und Luise haben auch meinen Humor in den Genen.

»Der Roman ist zwei Stufen höher als wir. Wir kennen ihn vom extra Spanischkurs letztes Jahr, da war er mit dabei. Die haben ihn heute verprügelt, das war so elend.«

»Verprügelt? Um Gottes willen!«

Ich habe meine Töchter auf ein gutes, solides Gymnasium geschickt, gehobener Mittelstand, da sollte so was nicht vorkommen. Ich muss mich umgehend bei der Schulleitung melden und Beschwerde einlegen. Obwohl ich mich erinnere, dass es vor zwei Jahren ein Problem mit zwei kiffenden Mitschülern gab und ein Jahr davor Luise selbst in eine Balgerei mit einer Klassenkameradin verwickelt war, wo es um ein lächerliches Paar Turnschuhe ging. Man kann seine Kinder nicht von der oft harten Realität in Schulen fernhalten.

»Erde an Leo!«

Nathalie ist an den Tisch gekommen. Sie hat ihr langes Haar aufgesteckt und sieht aus, als würde sie auf einen Ball gehen wollen. Nur ihre Gesichtsfarbe ist auffallend blass.

»Erzählt mir, was es Neues gibt, meine Süßen!«

»Sorry, Nath, aber ich habe Mama das mit Roman gesagt.«

Nathalie verdreht die Augen, und mir wird bewusst, dass meine Töchter mehr als nur ein Geheimnis vor mir haben.

Die Kellnerin kommt, und wir bestellen alle drei eine Apfelschorle. Für einen Blick in die Speisekarte ist noch keine Zeit.

»Also.« Lulu holt Luft. »Dem Roman sein Papa ist doch in Frauenkleidern aus dem Fenster gestürzt.«

Ich könnte sie verbessern und ihr sagen, dass er zuerst erdrosselt, dann geworfen wurde, aber ich lasse es.

»Und seitdem das im Internet kursiert, wird der echt böse gedisst. Auf Twitter, auf FB und so weiter.«

»Gedisst?«

»Gemobbt, Leo!« Nathi wirkt nicht nur blass, sondern auch gehetzt. So übellaunig kenne ich mein Mädchen gar nicht.

»Sie machen sich lustig über Roman, schreiben Scheiß-Kommentare, und heute hat er auf seinem Sitzplatz ein Päckchen mit einem Minirock und einem Vibrator gehabt. Das war Pausengespräch.«

»Was?« Ich bin geschockt. Ich sehe mich in die Lehrerkonferenz stürmen, und ich sprühe dabei vor Funken. Ich muss sofort heute Abend andere Eltern kontaktieren.

»Dann ist er ausgeflippt und hat den Mike angegriffen, hat gedacht, der war es. War er aber nicht. Trotzdem haben die sich geschlagen.«

»Ja und dann?«

»Nichts mehr.« Nathalie zuckt mit den Schultern. »Ian und Bastian haben die beiden getrennt, und das war's. Aber wer es am Ende wirklich war, weiß keiner, keiner hat sich geoutet. Feige Arschlöcher.«

»Nicht so ein Wort.« Sage ich automatisch, obwohl ich öfter, als mir lieb ist, selbst solche Wörter verwende. »Soll ich mich einmischen?«

Luise und Nathalie schütteln synchron ihre Köpfe.

»Nein, Mama! Bitte keine Lehrer einschalten. Da muss der Roman durch, das legt sich wieder. Die meisten von uns in der Schule finden es schlimm genug, dass er seinen Vater verloren hat. Wir unterstützen ihn. Und Roman kann ja nichts dafür, dass sein Dad so veranlagt war. Jeder Jeck is anders.«

Ich blinzle. Was für eine weise Einsicht meiner Kinder. Da muss ich viel richtig gemacht haben in den letzten Jahren.

Die Kellnerin kommt, und wir schnappen uns endlich die Speisekarte. Ich und Luise nehmen die Hähnchenbrust im Parmesanmantel, Nathalie das Linsen-Curry, sie hat sich im Sommer entschieden, sich vegetarisch zu ernähren.

Das würde Jakob gefallen. Ein Hauptkommissar, der Vegetarier ist. Klingt etwas komisch. Aber jeder Jeck is anders, sage auch ich.

Während wir weiterplaudern, sehe ich Roman vor mir. Jetzt ist mir klar, warum er mir am Samstag bekannt vorkam, als er mit seiner Mutter aus dem Polizeiwagen stieg. Ich habe ihn sicher mal bei einer Schulaufführung oder einem Abschlussfest gesehen, sicher auch seine Mutter. Seinen Vater ohne Verkleidung. Klar.

Romans Zorn fällt mir ein, seine Verzweiflung im Blick.

Was es für einen Teenager bedeutet, seinen Vater auf so mörderische Art und Weise zu verlieren, kann ich mir ansatzweise vorstellen, aber dann zu erfahren, dass dieser Vater anscheinend ein Doppelleben geführt hat und dass dieses an die Öffentlichkeit gezerrt wird, muss grausamer und schlimmer sein, als meine Phantasie es durchspielen kann.

In dem Moment sehe ich, dass der junge Mann an der Theke wieder zu mir hergrinst, ich muss wohl in seine Richtung gesehen haben. Er zwinkert mir zu. Plötzlich fühle ich mich mit den hohen roten Stiefeletten und der knallroten Lederjacke etwas unwohl. Ich frage mich, wie oft ich schon meine Mädels blamiert habe, ohne es zu bemerken.

»Hey, Lulu!« Nils ist da, und Luise strahlt.

Er gibt ihr einen schnellen Kuss auf die Lippen, und ich bekomme zittrige Knie. Mein Gott, Lulu und ihr erster richtiger Freund. Wann und wie soll ich das doofe Verhütungsthema bloß anschneiden? Oder bin ich ohnehin zu spät damit dran?

Nils drückt auch Nathalie und reicht mir die Hand. »Hallo, Frau Dr. Leo.«

»Hallo, Nils. Setz dich doch. Ich lade ein, also iss was. Trink was. Aber kein Bier, okay? Oder wenigstens ein alkoholfreies, das Hochprozentige erst nach sechs Uhr abends.«

Gott, ich rede zu viel. Immer, wenn ich nervös bin. Alle drei schauen mich an. Und schon wieder bin ich ihnen peinlich.

Unser Essen kommt in dem Moment und rettet mich. Nils bestellt sich nur einen Kaffee, was ich nicht kommentiere.

»Ich ess mit Lu mit«, sagt er. »Lu« klingt zärtlich.

Jakob fällt mir ein.

Der Tote fällt mir ein.

Roman fällt mir ein.

Meine Patienten fallen mir ein. Ich muss endlich einen Zahnarzt einstellen. Muss Frau Horst bitten, schon ab acht Uhr morgens die ersten Patienten zu bestellen, sonst schaffe ich es nicht. Muss Britti bitten, auch ein paar Überstunden zu machen.

Gott, was bin ich müde.

Alles gut, Leo. Jetzt erst mal mit deinen Töchtern und dem netten Nils was essen. Dann sehen wir weiter. Durchatmen, genießen, hier und jetzt ist alles in wunderbarer Ordnung.

»Was gibt es also Neues? Außer der traurigen Geschichte mit Roman.«

Luise hört mit Essen auf, ebenso Nils. Nathalie hat ohnehin nur in ihren Linsen herumgestochert. Mir fällt wieder auf, wie blass sie wirkt.

Luise hebt ihr Glas mit der Apfelschorle, als wollte sie einen Toast aussprechen. »Also, Mama: Nathi hatte Sex am Wochenende. Und jetzt hat sie Angst, dass sie schwanger sein könnte.«

Für Sekunden sagt keiner was am Tisch.

Selbst meine innere Stimme ist sprachlos.

ZEHN

Leo: Hey, Herr Hauptkommissar. Nett, dass du anrufst.
Jakob: Hallo, Frau Doktor. Wo bist du?
Leo: Zu Hause. Sitze in der Küche und starre aus dem Fenster in den Vorgarten. Nicht wirklich spannend.
Jakob: Weißt du, wo ich bin?
Leo: Ich habe keine Möglichkeit, dich per Smartphone zu lokalisieren. Ich bin nicht von der Kölner Kripo.
Jakob: Schade. Denn dann wüsstest du, dass ich mich am Nikolausplatz 8 aufhalte. Ich komme eben aus einer gewissen Praxis Dr. Lang/Dr. Kardiff.
Leo: Ich weiß, ich hätte das Schild schon längst ändern müssen. Du klingst immer noch böse verschnupft.
Jakob: Oh ja, das bin ich. Keiner da, der mich gesund pflegt.
Leo: Ingwer ist gut bei Erkältung und … Moment! Du warst in der Praxis?
Jakob: Ich bin da. Ich stehe vor der verschlossenen Tür. Ich wollte dich überraschen. Aber Frau Doktor hat wohl bereits Feierabend.
Leo: Das hab ich seit dem Sommer so eingeführt, ich versuche, mich montags mit meinen Mädels zu treffen, was ohnehin nicht immer klappt. Aber heute ging es. Dafür mache ich am Dienstag jetzt immer länger.
Jakob: Du brauchst dich nicht zu entschuldigen, Leo.
Leo: Ja, du hast recht, entschuldige. Ich meine, nein, ich wollte mich doch nicht mehr entschuldigen. Ich bin etwas durcheinander im Moment.
Jakob: Du bist echt süß.
Leo: Danke.
Jakob: Aber auch chaotisch.
Leo: Mach es jetzt nicht kaputt.
Jakob: Okay. Dann nur süß.
Leo: Meine Tochter hatte Sex.
Jakob: Aha.

Leo: Aha? Meine kleine Tochter hatte Sex. S-E-X. Ich bin fassungslos.
Jakob: Welche denn?
Leo: Nathalie.
Jakob: Ach so, die, ich dachte, die Kleine.
Leo: Welche Kleine?
Jakob: Na, deine Jüngste, die elfjährige Pia.
Leo: Du verarschst mich.
Jakob: Ja, das tue ich. Was regst du dich so auf? Deine Töchter sind sechzehn, da kann so was schon mal vorkommen. Solange sie an Kerle geraten, die sie gut behandeln, und nicht auf Arschlöcher treffen. Ich hatte auch in dem Alter mein erstes Mal. Nein, lass mich überlegen, bei mir war es ein Jahr später.
Leo: Also, erstens: Sie sind noch fünfzehn. Fünfzehneinhalb. Und jedem schlechten Typen, der sie schlecht behandeln würde, würde ich ohne Betäubung einen Zahn ziehen, genauso wie bei … ähm … ich meine … ich … und …
Jakob: Und was?
Leo: War nur dummes Gerede, Herr Hauptkommissar.
Jakob: Meinst du, ich komme jetzt und verhafte dich?
Leo: Das hatten wir schon.
Jakob: Okay. Themenwechsel. Oder eigentlich auch nicht. Der Grund, warum ich anrufe. Folgendes.
Leo: Du hast dich nicht gemeldet, um einfach mit mir zu plaudern?
Jakob: Auch.
Leo: Du bist nicht zur Praxis gefahren, um mich einfach nur so zu besuchen?
Jakob: Wird das ein Verhör?
Leo: Nein, darin bist du der Spezialist.
Jakob: Stopp. Das geht in die völlig falsche Richtung.
Leo: Ja, du hast recht. Also, noch mal von vorn. Wie geht's dir?
Jakob: Na ja. Die Erkältung ist ätzend, und du weißt ja, wie es zugeht bei einem neuen Fall.
Leo: Nicht wirklich. Ich habe es erst einmal erlebt. Und jetzt wieder. Oh Gott, ich ziehe das Verbrechen an.
Jakob: Leo, werd jetzt bitte nicht panisch. Ja?

Leo: Werd ich nicht. Versprochen. Also. Was wolltest du mich fragen?
Jakob: Ohne dass du jetzt gleich wieder sauer und/oder panisch wirst?
Leo: Frag schon!
Jakob: Du müsstest heute einen neuen Patienten gehabt haben.
Leo: Ja und nein. Ich hatte gleich vier neue. Es ist kaum mehr zu schaffen allein. Wenn ich das nicht bald ändere, werde ich irgendwann umkippen, und dann können die Helferinnen meine Praxis weiterführen. Dabei habe ich einen Aufnahmestopp herausgegeben. Das heißt, eigentlich dürfte Frau Horst keine neuen Patienten mehr zulassen. Aber natürlich funktioniert es nicht. Schau, wir sind in den Gelben Seiten, im Internet, ja Britti hat uns sogar einen Facebook-Account gemacht. Ich finde das für eine Zahnarztpraxis übertrieben, aber auch meine Töchter meinen, ich soll mit der Zeit gehen, und da wäre so was ganz normal. – Oh, entschuldige, was wolltest du über einen Patienten wissen? Du weißt, ich bin Ärztin, ich unterliege der Schweigepflicht.
Jakob: Auch bei Zahnärzten ist das so?
Leo: Ehrlich gesagt gilt das ebenso für alle meine Mitarbeiter.
Jakob: Dann gebe ich dir den Namen vor, und du sagst Ja oder Nein. Geht das?
Leo: Ja.
Jakob: Hannes Probst. Groß. Mitte fünfzig. Dunkle Locken. Meinte, er wäre ein totaler Zahnarztphobiker.
Leo: Davon hatten wir heute eine ganze Menge. Aber ich weiß, wen du meinst. Also, ja. Was ist mit dem?
Jakob: Ich stehe auch unter einer Art Schweigepflicht, Leo. Ich kann und will dir zu den laufenden Ermittlungen nichts sagen.
Leo: Ist er ein Verdächtiger in dem Fall, den ich … den wir … ich meine den Toten, der aus dem Fenster gestürzt ist. In der Presse steht, der arme Mann wurde zuerst erdrosselt, bevor er uns vor die Füße gefallen ist. Na, du weißt schon, was ich meine.
Jakob: Leo!
Leo: Wenn du mir nichts sagen kannst, warum rufst du dann an?
Jakob: Weil ich dich sprechen wollte.
Leo: Wegen Hannes Probst.

Jakob: Nicht nur. Wir drehen uns im Kreis. Ich wollte nur deine Rückbestätigung, dass er heute in deiner Praxis war. Mehr nicht. Keiner von uns muss seine Schweigepflichten verletzen.
Leo: Du hast recht. Wollen wir uns später auf ein Kölsch treffen? Einen Absacker? Das fände ich schön. Ich könnte noch mal in die Stadt kommen oder zum Nikolausplatz zurück, wenn du warten magst. Oder du kommst zu mir. Eine Umarmung würde mir guttun. Und deinem Husten auch.
Jakob: Leo, das geht nicht.
Leo: Oh.
Jakob: Bitte sei nicht enttäuscht.
Leo: Bin ich nicht. Was ist mit Herrn Probst? Soll ich ihn unauffällig aushorchen?
Jakob: Auf keinen Fall. Vergiss es. Es hat mich nur gewundert, dass er bei dir in der Praxis aufgetaucht ist. Kommt er wieder?
Leo: Wenn ich alles richtig im Kopf habe, hat er einen nächsten Termin, ja, aber frag mich nicht, wann, das organisiert Bulldogge Horst.
Jakob: Bulldogge?
Leo: Ja, Gerda Horst. Bulldogge, so nennen sie die Helferinnen, weil sie immer so streng ist. Sie war schon bei meinem Vater in der Praxis, hat bei ihm angefangen, und es wird gemunkelt, die beiden hätten was miteinander gehabt. Komische Vorstellung.
Jakob: Leo.
Leo: Ich weiß, du musst und musst weiter. Wann …?
Jakob: Sobald ich kann, melde ich mich, und wir machen ein nächstes Date aus, okay?
Leo: Das wäre unser achtes.
Jakob: Du zählst mit?
Leo: Nein. Pass auf dich auf.
Jakob: Du auch. Und mit deiner Tochter, bleib gelassen. Es gibt Schlimmeres.
Leo: Du hast leicht reden.
Jakob: Wir reden. Bald. Versprochen. Ich küsse dich, Frau Doktor.

Leo kichert. Jakob schnäuzt sich. Beide legen auf.

ELF

Auch wenn es nicht Leo und Jakob waren, so hatten zwei andere an diesem Montagabend zumindest schon ein halbes Date.

Alles hatte am Vormittag begonnen. Der Blitz der Liebe, der Britti Poster getroffen hatte, wirkte und blendete sie beide.

Zwischen zwei Behandlungsdurchgängen von Gernot Murbach war Britti tatsächlich allein mit ihm im Behandlungsraum geblieben. Dr. Kardiff war bereits zum nächsten Patienten gehetzt und Greta als Helferin mit ihr mitgelaufen.

Unter einer von Gernot Murbachs Kronen hatte sich eine Entzündung an der Wurzel gebildet, und Dr. Kardiff hatte ihm geraten, die Krone zu erneuern. Wurzelbehandlung zuerst, mehrere Sitzungen, im Abstand von ein bis zwei Wochen. Das Medikament musste gewechselt werden, die Wurzelfüllung, dann die neue Krone.

Zu Brittis Freude hatte Gernot dem zugestimmt, was ihn auf jeden Fall erst mal zu einem wunderbaren Dauerpatienten machte. Heute die Entfernung der defekten Krone, Zugang zum Nervenkanal schaffen und den entzündeten Nerv entfernen und das Innere des Zahnes desinfizieren. Provisorium sofort.

Natürlich hatte der Bärentyp gelitten, und während der Behandlung hatte er mit leisem Wimmern und zuckenden Augenlidern eher einem verängstigten Waschbären geglichen.

Britti sollte einen Abdruck von Gernots Gebiss machen. Eine bessere Gelegenheit, sich näherzukommen, hätte es nicht geben können. Britti trug bereits den Smiley-Sticker auf ihrem weißen Shirt. Er verdeckte das darauf abgedruckte Praxislogo, aber das war okay. Tatsächlich war alles schneller gelaufen, als es sich Britti in ihren romantischsten Träumen erhofft hatte.

Zwar hatte Gernots Unterlippe schlaff nach unten gehangen, weil er eine starke Spritze eingefordert hatte, aber das tat seinem Charisma und seiner Wirkung auf sie keinen Abbruch. Im Gegenteil, sie fand den Bärentypen ein klein wenig hilflos im Zahnarztstuhl sitzend noch sympathischer als ohnehin schon.

In dieser kurzen Zeit, obwohl Gernot während der Abdruck-Prozedur nur bedingt sprechen konnte, hatte Britti es geschafft, an Informationen zu kommen. Sie hatte neckisch plaudernd herausbekommen, dass ihr Bärentyp aus Österreich stammte, genauer gesagt aus der Steiermark, Schladming, und erst seit ein paar Monaten hier lebte. Und dass er Single war, war die wesentlich wichtigere Information gewesen.

Jetzt saßen sie hier, im Stadtgarten.

Es dämmerte bereits, die Temperaturen waren herbstlicher geworden, aber warm genug, um draußen Platz zu nehmen. Sie tranken jeder ein Kölsch. Britti, mit frisch getöntem dunkleren Haar, hatte es geschafft, nach dem früheren Praxisschluss nach Hause zu tigern und sich umzustylen. Gernot war noch etwas angeschlagen von seinem morgendlichen Zahnarztbesuch.

»Magst noch was trinken, liebe Zahnarztfee?« So hatte Gernot sie schon bei der Begrüßung vorhin genannt, Britti fand es hinreißend. »Was für ein Glück, dass mir das passiert is. Trotz meiner Angst und der Schmerzen. So konnt ich dich kennenlernen.«

Gernot sprach Britti aus der Seele.

In einer dreifachen Wiederholungsschleife hatte sie ihm noch beim Gebissabdruck signalisiert, dass sie heute Abend im Stadtgarten sein würde, dort gab es eine Lesung mit Musik, und dass sie sich so freuen würde, wenn er auch auftauchte. Ganz zwanglos natürlich. Als er das spontane Treffen zugesagt hatte, hätte sie ihn auf die schlaffe Lippe küssen können. Sie hatte sich zurückgehalten.

Den ganzen Tag war sie nervös gewesen. Ob er auch wirklich kommen würde und, wenn ja, ob sie nicht zu forsch gewesen war. Männer jagten doch gerne. Bärige Typen sicher auch. Britti war eher ein Reh, das sich dem Jäger auf die Flinte setzte, statt in die Wälder davonzulaufen. Aber Gernot war aufgetaucht, er hatte sogar schon hier gegessen, als sie mit frischer Haarfarbe und schickem Minikleid aufgeregt hineingestürmt war. Wieder hatte Brittis Herz einen Satz gemacht. Er hatte sie wie selbstverständlich umarmt und geduzt.

Jetzt stießen sie an, nahmen jeder einen Schluck.

»Was meinst du, Zahnarztfee? Wird's teuer werden?«

»Was denn?«

»Meine neue Krone.«

Es kam Britti etwas unromantisch vor, dass er von seinem Zahnarztbesuch redete. »Das musst du mit Dr. Kardiff ausmachen.«

»Ich bin erst kürzlich umgezogen, und das hat echt viel gekostet. Hier sind die Mieten sogar höher als in Schladming, man glaubt's nicht.«

Von seinen Patientendaten im Computer wusste Britti, dass er in der Florastraße in Nippes wohnte. Aber sie wollte ihm auf keinen Fall gestehen, dass die Neugierde sie übermannt hatte und sie seine Meldeadresse bereits kannte, dass sie in einem Moment, als Bulldogge Horst nicht hinter ihrem Tresen thronte, weil sie auf Toilette war, heimlich spioniert hatte.

»Dr. Leo wird dir einen anständigen Preis machen. Sie ist keine von diesen Abzockerärzten. Bei uns ist auch Ratenzahlung möglich.«

»Nein, nein. Ich verdiene genug, keine Sorge. Aber ich bin ein sparsamer Mensch. Dr. Leo, klingt echt lustig.«

»Sie heißt Leocardia mit Vornamen. Das mag sie nicht so. Und ihr zweiter Name ist Huberta. Sie denkt, dass es keiner weiß, aber wenn sie uns mit ihren Neurosen manchmal nervt, nennen wir Helferinnen sie hinter vorgehaltener Hand so. Wenn sie das erfahren würde!«

»Hübsche Frau.«

Britti zuckte kurz. Der bärige Gernot hatte sich hoffentlich nicht mit ihr verabredet, weil er scharf auf ihre Chefin war. Nein, das konnte nicht sein. Der Mann war Anfang dreißig. Zu jung für Leo. Obwohl sie sich an einen Verehrer von Dr. Leo erinnern konnte, der auch nicht viel älter gewesen war.

Dem musste Britti sofort einen Riegel vorschieben. »Sie hat einen Hauptkommissar als Freund.«

Für einen kurzen Moment blitzte etwas in Gernots Augen auf, verschwand aber sofort wieder. »Aber geh! Das klingt klass'.«

»Die daten sich schon seit dem Frühling, aber irgendwie läuft's nicht so.«

»Na, die find' schon genug andere, oder?«

Britti lächelte verkrampft. Jetzt hatte sie dummerweise wieder ihre Chefin als fast frei hingestellt. Gernot trank sein Kölsch leer, bestellte für sie beide zwei neue.

»Das Tschoperlwasser trinkt sich wie Kinderbier. Tschoperl ist übrigens was Dummes bei uns Ösis.«

Britti lachte schrill, fühlte sich wegen Dr. Leo mehr und mehr verspannt. Es stimmte, ihre Chefin war attraktiv, und es interessierten sich einige männliche Patienten für sie. Britti wollte ihren Traummann nicht darunter wissen. »Die passen aber gut zusammen. Der Hauptkommissar und Dr. Leo. Sie haben sich bei einem Mordfall kennengelernt.«

»Davon hab ich auf deinem Blog gelesen.«

»Hast du? Meinen Bog hast du gelesen? Wann denn?«

»Gleich nach unserem Kennenlernen in der Praxis bin ich ins Internet und habe deinen Namen eingegeben.«

Sofort waren Brittis Zweifel hinsichtlich ihrer Chefin verpufft. Gernot hatte also im Netz alles über sie in Erfahrung bringen wollen, das war wundervoll.

Natürlich hatte Britti, kaum dass sie in der Praxis fünf Minuten Luft gehabt hatte, das Gleiche gemacht, aber nur dürftige Eintragungen gefunden. Sie hatte an die hundert Gernot Murbachs entdeckt, davon sogar einige Österreicher, und endlich auch ihren Gernot, aber viel tummelte er sich anscheinend nicht im Netz.

Er war nicht bei Facebook, nicht bei Twitter und hatte auch keine eigene Homepage. Welcher Mann Anfang dreißig war schon so mitteilungskarg? Eine verschlossene Auster von einem Bär. Vielleicht konnte sie ihm da einiges zeigen, und es ergaben sich dadurch viele weitere Treffen auch außerhalb der Praxis, wie heute.

Die neuen Kölsch kamen, und sie stießen wieder an.

»Auf dich, Zahnarztfee.«

»Erzähl mir mehr von dir, Gernot. Von der Steiermark und Skatming.«

»Schladming.«

»Ja, natürlich, Schladming. Ich bin neugierig.«

Er tätschelte Brittis Hand, diese Berührung ließ einen kurzen, wohligen Schauer über ihren Rücken laufen. Sie stellte sich diese

Hand auf ihrem nackten Bauch und ihren Brüsten vor und trank das Kölsch in einem Zug aus.

»Superzug, Britti.« Gernot winkte nach einem neuen.

»Bevor ich losleg, liebste Zahnarztfee, erzähl mir mehr von eurer Praxis und allem drum herum. Das hilft mir gegen meine Zahnarzt-Angst.«

Innerlich atmete Britti auf. Deshalb sein Interesse.

Es war, als hätte man eine Schleuse geöffnet. Britti war nicht mehr zu bremsen. Sie erzählte Gernot Murbach alles, was sie über die Praxis und Dr. Kardiff wusste, den ersten Mordfall, in den die Chefin verwickelt gewesen war, mit eingeschlossen. Er bestellte weitere Kölsch, und bald war klar, dass sie beide die Lesung mit Musik nicht mehr schaffen würden.

ZWÖLF

Der Wartebereich der Praxis Dr. Kardiff ist sehr angenehm gestaltet. Wenn man durch die Eingangstür hereinkommt, geht man einen breiten Flur entlang, von dessen Wänden einem Bilder von Menschen aller Couleur entgegenlachen. Jede Person auf den Fotos hat schöne gepflegte Zähne, das Lachen ist ansteckend. Der Boden ist aus Marmor, gehalten in dunklem Rot und Weiß, und das Reinigungspersonal leistet täglich gute Arbeit, der Boden glänzt eindrucksvoll.

In gerader Linie kommt man zur Anmeldung, rund gebaut aus hellem Holz, auch hier ein freundliches Ambiente. Hinter dem Tresen sitzt Gerda Horst, nun schon seit über fünfundzwanzig Jahren. Trotz ihres strengen Regiments weiß jeder hier sie und ihr penibles Management der vielen Patienten zu schätzen. Ob sie mit dem Senior Dr. Gerwald Hubertus, dem Vater von Leocardia, tatsächlich eine Liaison hatte, das bleibt ihr Geheimnis, aber wenn der Vater seine Tochter in der Praxis besucht, strahlt Bulldogge Horst wie ein junges Mädchen, und man ahnt die hübsche Helferin, die sie früher einmal war.

Linker Hand, an Gerda Horst und der Anmeldung vorbei, führt ein weiterer Gang zu den Behandlungsräumen 1 bis 7. In jedem Raum ist eine der Wände in einer anderen blassen Farbe gestrichen. Helles Blau, Mintgrün und Flieder wechseln sich ab. Auch die Bilder an den Wänden unterscheiden sich, mal Kunstdrucke, mal Zeichnungen, Poster oder Fotos auf Leinwand. Nur der Behandlungsraum 7 ist inzwischen eine Abstellkammer geworden, seit den Ereignissen im Frühling will Frau Dr. Kardiff nicht mehr darin behandeln.

Dazu kommen noch ein Aufenthaltsraum für das Personal, die Besuchertoiletten, die Röntgenkammer und ein Büro für den Zahnarzttechniker, der seine eigentliche Werkstätte in den Kellerräumen des Hauses gemietet hat. Alle Räume sind freundlich und hell gestaltet, die Stühle und Instrumente mit neuester Technik ausgestattet. Bald soll auch ein 3D-Röntgengerät geliefert werden.

Rechts von der Anmeldung liegen die Büros der Zahnärzte, seit Frühling nur noch das von Frau Doktor. Der zweite Raum, der ihres früheren Kollegen Dr. Frederic Lang, steht leer und wartet auf seine neue Bestimmung.

Das Büro von Dr. Kardiff ist kleiner, aber sehr ansprechend und gemütlich gestaltet. Es gibt am Fenster einen kleinen Schreibtisch mit ergonomischem Drehstuhl, an der einen Wand eine rote Couch mit gläsernem Vorstelltisch, gegenüber einen Fernseher und ein Bücherregal. Neben der Tür hängen auf einem Garderobenständer meistens recht ungeordnet die Kleidungsstücke von Dr. Leo, ihre hohen Schuhe stehen darunter. Es gibt auch einen kleinen Kühlschrank, der aber nicht am Strom angeschlossen ist und in dem nur Pralinen gelagert sind.

Weiter an den Türen zu den Büros vorbei führt eine Glastür in den Wartebereich. Meist bleibt diese Tür offen. Auf dieses Wartezimmer ist Dr. Kardiff besonders stolz, es ist eine grüne Oase und weit davon entfernt, ein steriler, trockener Warteraum mit einer Reihe von einfachen Stühlen und einer Zeitschriftenecke zu sein. All die vielen großen Pflanzen, die hinter den modernen Sitzen stehen, sind Ableger ihrer eigenen von zu Hause. Das Licht und die Raumtemperatur tun den Gewächsen sehr gut, sie schießen immer mehr in die Höhe.

Die Sitzgelegenheiten sind bequem, jeder Stuhl mit Armlehnen und Polster. Auf einer Seite steht eine kleine Bank, auf der zwei sitzen können, davor ein Korb mit ein paar Kinderbüchern und Brettspielen für die kleinen Patienten. Natürlich gibt es auch den klassischen Zeitschriftenständer für die Großen, damit sie etwas zu lesen haben zur Ablenkung während der manchmal längeren Wartezeit.

In einer dieser Zeitschriften kann man immer noch die Studie nachlesen, die auch Dr. Kardiff bereits überflogen hat: Laut einer Statistik haben neunundachtzig Prozent der Patienten ein mulmiges Gefühl beim Zahnarztbesuch, fünfunddreißig Prozent davon ziemliche Angst, fünfzehn Prozent wiederum eine regelrechte Zahnarztphobie. Sechzehn Millionen Deutsche fürchten sich derart, dass sie einen Besuch komplett meiden, lieber Schmerztabletten schlucken und ihre Zähne verfaulen lassen, als den

Zahnarzt aufzusuchen. Die null Komma sechs Prozent, die gern hingehen und es lieben, ohne Betäubung behandelt zu werden, werden nur ganz kurz erwähnt.

Alles in allem ist die Praxis modern, hell und sehr ansprechend. Die Patienten von Dr. Kardiff schätzen das Ambiente, wie sie die Zahnärztin schätzen. Die Kundschaft ist sehr angewachsen, immer wieder stoßen Neuankömmlinge dazu.

Den Aufnahmestopp gibt es seit Anfang September, aber weder Frau Doktor noch Bulldogge Gerda würden einen Schmerzgeplagten abweisen. Die Patientendichte ist an jedem Arbeitstag hoch, und manchmal kann man eine ganze Zeitschrift bis zum Ende durchblättern, bevor man von den freundlichen Zahnarzthelferinnen in die Behandlungsräume gebeten wird.

Obwohl im Wartebereich ein Schild mit einem durchgestrichenen Handy hängt, vergessen naturgemäß immer wieder Patienten, ihres auszustellen. So auch das Handy, das einen Song von The Doors zu singen beginnt. »Riders on the Storm« wogt auf, und die Köpfe der Wartenden wenden sich dem Song zu.

Riders on the storm,
Riders on the storm.
Into this house we're born, into this world we're thrown,
Like a dog without a bone, an actor out on loan.

There's a killer on the road,
His brain is squirming like a toad.

Diese kleine Störung dauert nur eine halbe Minute, bis eine Hand in eine Jacke greift und ein Daumen auf den kleinen roten Hörer drückt.

Jim Morrison wird mitten in seinem berühmten Flüstern abgewürgt, und eine Nachricht geht auf die Mailbox ein, die eine Stunde später, nach der Behandlung, abgehört wird.

Mailbox.

Eine neue Nachricht.

Zum Abhören der Nachricht drücken Sie die Eins.

Erste neue Nachricht:

»Ja … ähm, ich bin es, Viktor Canzelli … Ich habe die Bezahlung auf den Weg gebracht und … tja, was soll ich sagen. Bitcoins, Darknet, all das habe ich gar nicht gekannt, bis … Aber es nimmt alles seinen Gang, Sie können loslegen, wann immer Sie wollen. Ohne die Methode in Frage zu stellen, bitte schmerzfrei, ja? Ich meine, nach all der Zeit sollte es schnell gehen. Verzeihung, ich mische mich ein, und Sie sagten ja … Ich entschuldige mich. Ich bin auch traurig, ja, das bin ich wirklich, aber das ist wohl kaum von Interesse für Sie … Gott, jetzt weine ich auch noch, tut mir leid. Wenn wir darüber reden könnten, dann … aber ich weiß ja, das geht nicht. Oder? Sie haben mit ihr auch geredet, das hat sie mir erzählt. Ahnungslos ist sie. Ich bereue nichts. Noch gibt es auch nichts zu bereuen, erst wenn Sie sie dann … Ich quatsche Ihre Mailbox voll, das ist die Aufregung … Ja dann, ich melde mich wieder. Und danke. Nein, nicht danke. Es war ja ein Geschäft. Ein Geschäft ist das. Wussten Sie, dass man den Kurs von Bitcoins jederzeit im Netz checken kann? Natürlich wissen Sie das alles. Und noch mal zu dem schnellen Abgang, den Sie ihr bereiten sollen … Machen Sie, wie Sie glauben … ähm … nein, ich will nicht mehr sagen. Wenn es vorbei ist, dann … ja, was dann? Bitte melden Sie sich. Ich bin schrecklich nervös, aber das haben Sie sicher längst … Bitte melden Sie sich einfach.«

Für einen direkten Rückruf drücken Sie die Vier.

Zum Löschen drücken Sie die Sieben.

Um die Nachricht noch einmal abzuhören, drücken Sie die Zwei.

Ende der neuen Nachrichten.

TEIL 3

WUNDERSCHÖN ERSCHEINEN

EINS

Notdienst. Nachts.

Mir ist kalt.

Ich liege auf meiner roten Couch in meinem Büro, der Fernseher läuft. Leonard Hofstetter und Penny sind endlich verheiratet. Sheldon Cooper und Amy könnten Sex haben. Nach fünf Jahren und gefühlt tausend Folgen von »The Big Bang Theory«. Wenn mich sonst nichts zum Lachen bringt, dann diese Comedyserie.

Auf die mich Nathalie gebracht hat.

Meine kleine Nathi. Die neben Gospelsingen und Büchern ihr erstes intimes Zusammensein mit einem Jungen hatte.

Wir zwei haben nach diesem Montag nicht noch mal darüber geredet. Sie wollte es nicht.

Ich fühle mich hilflos. Und etwas nutzlos als Mutter. Wo sind die Zeiten hin, als sie mit ihren aufgeschlagenen Knien und ihren kindlichen Sorgen sofort zu mir gerannt kam? Aber ich habe die Zähne zusammengebissen und sie entscheiden lassen.

Immerhin ist sie nicht schwanger. Das hat sie mir wenigstens mitgeteilt. Per WhatsApp. Wie es sich für ein modernes entjungfertes Mädchen gehört.

Meine Tochter hat mich gebeten, ein wenig zuzuwarten, bis sich ihre und auch meine Wogen geglättet haben, dann ein Mutter-Tochter-Gespräch unter vier Augen. Nicht einmal ihre Zwillingsschwester will sie dann dabeihaben. Aber Luise weiß sicher alles detailgetreu seit dem Moment, als Nathi diesen Kerl getroffen hat.

Gut, dieser Kerl ist eben gerade sechzehn geworden, heißt Linus und geht auf das Apostelgymnasium. Diese Infos habe ich immerhin. Linus. Er spielt Gitarre und ernährt sich im Moment vegan. So viel habe ich ihr bei unserem Essen aus der Nase ziehen können. Sogar ein Foto auf ihrem Smartphone hat sie mir gezeigt. Nett sieht er aus, ein wenig schüchtern wirkt er darauf.

Warum rege ich mich auf?

Wann hatte ich mein erstes Mal?

Mann, oh Mann, da war ich auch fünfzehn. Wie hat meine Mutter reagiert? Habe ich es ihr überhaupt erzählt?

Ich will jetzt nicht daran denken und drehe mich auf der Couch. Wenn es weiter so ruhig bleibt, also keine Notfälle auftauchen, kann ich vielleicht ein paar Stunden schlafen.

Sheldon Cooper sagt im TV, dass er Amy liebt und sich entschlossen hat, ihr zum Geburtstag seine Jungfräulichkeit zu schenken. Ich stelle den Fernseher auf stumm, die Bilder laufen weiter. Heute heitert mich auch die TV-Serie nicht auf.

Warum hat Nathalie ihren Linus nicht zu uns nach Hause mitgebracht? Ich hätte ihn durchgecheckt.

Daran liegt es! An meinem Drang, alles zu wissen, mich einzumischen, herumzuschnüffeln.

Leo, Leo. Leo.

Meine innere Stimme klingt heute wie die von Jakob. Hauptkommissarenstimme.

Mit Jakob hatte ich noch keinen Sex. Ich hinke meiner Tochter hinterher. Macht mich das neidisch?

Quatsch.

Ich drehe mich wieder, die Wolldecke rutscht auf den Boden.

Ich setze mich auf. Draußen vor dem Fenster Nebel. Der Herbst hat uns in den letzten Tagen eingeholt. Es ist erst kurz nach zehn, der Nachtdienst kann sich ziehen. Wenig los bisher, nur eine Handvoll Patienten in den letzten Stunden. Das kommt selten vor. Ob sich heute alle Zahnschmerzgeplagten im Nebel verirrt haben?

Bücher stapeln sich auf meinem Vorstelltisch. Angefangen, nicht beendet. Mein Schreibtisch ist voller Notizzettel, die ich ordnen sollte. Mein Leben voll mit ungeklärten Dingen.

Ich sollte –

Das Telefon auf dem Schreibtisch stößt eine Folge von ansteigenden Tönen aus. Also doch Arbeit.

»Dr. Kardiff hier, hallo.«

»Leocardia, ich grüße dich.«

Es ist mein Vater. Warum das denn bitte? Jeder Mensch mit fünf ausgeschlagenen Zähnen wäre mir lieber als Dr. Gerwald Hubertus.

»Ich hatte es bei dir zu Hause probiert, und Lulu hat mir vom Notdienst erzählt. Kein Patient da?«

Er fragt mit einem Unterton in der Stimme, der mir sagen soll, dass er sich Sorgen macht, dass seine frühere Praxis den Bach runtergeht, weil nach dem Ausscheiden von Dr. Lang keiner mehr die Führung übernimmt und Leocardia Huberta mit ihrer labilen Seelenlage und ihrer Spritzenphobie dazu nicht wirklich in der Lage ist.

Oder?

Habe ich mich selbst eben mit meinem zweiten Vornamen angesprochen?

Scheiße!

»Es waren bereits welche da, Papa. Ich hätte deinen Anruf nicht annehmen können, wenn ich gerade in einer Behandlung wäre.«

Eine kleine Pause entsteht. Was will er? Mein Herz schlägt tatsächlich schneller, und ich balle die freie Hand zu einer Faust.

»Hast du morgen früh Zeit? Ich würde dich gerne treffen. Könnte mit dem Zug von Stommeln nach Köln fahren.«

Es ist klar. Er traut mir die Leitung der Praxis allein nicht zu. Er hat sicher einen neuen Zahnarzt an der Hand, der wieder als Partner hier einsteigen und mir sagen soll, wo es langgeht. Oder er kommt selbst zurück, kann wegen seiner Parkinson-Erkrankung keine Patienten mehr behandeln, stellt sich aber neben mich und guckt mir zu.

Alptraum!

Im Fernseher sehe ich Sheldon Cooper und Amy Farrah Fowler im Bett liegen, sie hatten augenscheinlich Sex.

Nathalie fällt mir ein. Dann Luise. Ich habe meine Töchter allein großgezogen, zahle immer noch Geld an meinen Ex, der es nicht schafft, sich als Künstler allein über Wasser zu halten, und ich habe eine Mordattacke überlebt. Wo war mein Vater in all der Zeit?

Ich hole tief Luft. »Morgen ist es schlecht, Papa. Nach dem Nachtdienst bin ich müde und möchte so schnell wie möglich heim und unter die Dusche. Außerdem wollte ich für die Mädels Frühstück machen.«

Wieder Pause.

Wann ist es je vorgekommen, dass ich den großen und mächtigen Zahnarzt-Oz Dr. Hubertus zurückgewiesen habe? Ich habe ihm meinen zweiten schrecklichen Vornamen zu verdanken, das allein wäre Grund genug, mich nie mehr mit ihm zu treffen.

»Oh.«

Mehr sagt er nicht.

»Worum geht es, Papa?«

»Nichts wirklich Wichtiges, ich wollte nur mein Kleines mal wieder besuchen.«

Die nächste Taktik. Wenn seine Autorität von sich aus nicht zieht, macht er mich zum Kleinkind. Tatsächlich fühle ich mich wie fünf oder sechs, nur dass ich meine Puppe Popsi nicht mehr als Schutz bei mir habe.

Es klingelt. Diesmal schrill. Da ist jemand unten am Eingang. Danke für diesen nächsten Notfall.

»Ich muss! Da kommt der nächste Patient. Ich melde mich Anfang der nächsten Woche bei dir, Gerwald.«

Oh, oh! Ich habe meinen Vater bei seinem Vornamen angesprochen. Mutig! Wagemutig!

Allerdings machen das meine Töchter bei mir längst. Da werde ich mit fast fünfundvierzig wohl –

Gerwald verabschiedet sich kurz und ernst. Vielleicht ist er kränker als gedacht und wollte sich deshalb mit mir treffen? Schon beginnt das schlechte Gewissen in mir zu nagen.

Es klingelt wieder.

Ich gehe zur Rezeption, drücke auf den Einlassknopf.

Während ich warte, erfasst mich plötzlich eine wilde Zuneigung zu meiner Arbeit. Ich liebe es, Zahnärztin zu sein. Spritzenphobie, Vaterkomplex, Irrwitz hin oder her.

Bin heute allerdings allein hier. So ist es oft in den Nachtstunden, nicht immer ist eine meiner Helferinnen dabei.

Ich erinnere mich an einen Winternachtdienst vom ersten auf den zweiten Weihnachtstag vor zwei Jahren. Da hatten drei Obdachlose vor meiner Tür gestanden wie die Armutsversion der Heiligen Drei Könige. Einer hatte einen schmerzenden entzündeten Zahn, die anderen beiden hatten ihn begleitet. Während der ganzen Behandlung schwankte ich zwischen Mitleid mit den

Männern, die auf der Straße lebten, und Besorgnis, ob sie nicht auf die Idee kommen könnten, die Frau Doktor auszurauben oder Schlimmeres. Nichts ist damals geschehen, aber mir wäre es jetzt lieber, Britti oder Greta wären hier.

Ich öffne die Tür.

Vor der Eingangstür stehen keine Obdachlosen oder anderen zwielichtigen Gestalten, trotzdem bekomme ich eine Gänsehaut. Ich kenne die füllige Frau.

»Hallo!«, sagt sie und macht zwei Schritte in den Flur. Sie trägt auch heute Abend hohe Schuhe, was sie aber nicht schlanker wirken lässt, so viel zu meinen eigenen kleinen Selbstlügen.

»Ich erinnere mich an Sie.« Sage ich spontan, als ich ihr die Hand reiche.

Sie nickt, geht aber nicht darauf ein. Sie kramt in ihrer Handtasche nach ihrer Versichertenkarte.

»Ich habe seit heute Morgen Schmerzen. Hatte aber gehofft, es vergeht wieder. Jetzt wurde es akut, und ich habe im Internet gelesen, dass Ihre Praxis heute Nacht Notdienst hat.«

Ich habe auch vieles im Internet gelesen. Vor allem über den verstorbenen Ehemann der Frau. Über seine Vorliebe, sich Frauenkleider anzuziehen und auf Männerfang zu gehen. Über traurige Ehen, in denen einer der Partner homosexuell ist und es sich nicht auszuleben getraut. Über einen Racheakt im Transvestitenmilieu. Über einen Selbstmord, der wegen einer Versicherungspolice als Mord getarnt werden sollte.

Und so weiter. Und so fort. So viele Journalistenstorys. Eine endlose Spekulation seit dem Tag, an dem es passiert ist.

Von meinen Töchtern habe ich vom Sohn der Frau gehört, von Mobbing in der Klasse. Der arme Junge hat sicher ein Trauma davongetragen. Das ist keinem eine Schlagzeile wert.

»Bitte, Frau Dallinger, nehmen Sie doch Platz in Raum 3.«

Sie nickt, zieht sich ihren Mantel aus und stöckelt hinter mir her.

Eine Wand in Raum 3 ist in einem hellen Mintgrün gestrichen, und es hängen Zeichnungen von Loriot an den Wänden. Ich mag diesen Raum besonders und nehme ihn immer, wenn ich Nachtschichten schiebe.

Während ich mit der Sonde Frida Dallingers Zähne begutachte, rast es in meinem Kopf. Die Frau des ermordeten Eberhard Dallinger bei mir in der Praxis im Notdienst.

Das kann kein Zufall sein.

»Ihr Zahnfleisch ist entzündet, sie haben eine tiefe Zahnfleischtasche rechts am Siebener, und ich würde Ihnen dringend raten, eine Curettage zu machen, am besten im gesamten Gebiss. Lassen Sie sich baldmöglichst von Ihrem ständigen Zahnarzt einen Termin geben, das übernimmt auch die Krankenkasse. Für heute werde ich Ihnen eine kortisonhaltige Salbe zur Unterdrückung der Entzündung auftragen.«

Frau Dallinger nickt, im Gegensatz zum letzten Mal hat ihre Haut heute eine teigige Farbe, ihr rundes Gesicht ist wie ungebackene Pizza.

Böse, Leo. Du bist auch nicht perfekt.

Ich stehe auf, hole die Salbe, sehe auf ihre Hände, die nervös am Dentallätzchen spielen.

Der Eingriff ist sofort erledigt. Frau Dallinger kann wieder gehen. Wir sind schon im Flur, sie hat ihren Mantel übergezogen.

»Frau Dr. Kardiff.«

»Ja?«

Die Sache ist noch nicht zu Ende, irgendwas kommt hinterher, das sagt mir mein Bauch.

»Um ehrlich zu sein, hätte ich mit der Zahnfleischentzündung warten können, aber ich wollte mit Ihnen persönlich sprechen.«

Ah, jetzt kommt's.

»Als mein Mann verstorben ist, da waren Sie auch vor Ort. Und mein Sohn kennt Ihre Töchter aus der Schule, hat er erzählt.«

»Ja und?« Ich spüre wieder dieses Kribbeln in meinem Kopf.

»Ich habe gelesen, dass Sie es waren, die im Frühling den Mord an der Pudding-Witwe aufgeklärt hat. Noch vor der Polizei.«

Ich winke schnell ab. »Das war Zufall. Es mag so aussehen, aber ich habe nichts dazu getan. Fast nichts.«

»Frau Dr. Kardiff. Meine Ehe war sicher nicht nur ein Spaziergang, welche ist das schon, aber ich habe meinen Mann geliebt. Und jetzt …«

Eine Träne läuft über ihre linke Wange, weiter über den Nasenflügel und bleibt an der Oberlippe hängen.

»Die Ermittlungen haben bisher nichts gebracht. Nichts. Ich habe heute mit Hauptkommissar Zimmer telefoniert, und er meinte, ich müsste geduldiger sein, aber mein Sohn, sehen Sie, er kommt mit der Situation nicht klar, und auch ich kann bald nicht mehr.«

Der ersten Träne folgen weitere, ich müsste in mein Büro, dort liegen Taschentücher, aber ich wage es nicht, sie allein im Flur stehen zu lassen. Stattdessen lege ich meinen Arm um ihre Schultern.

»Liebe Frau Dallinger. Was immer Sie über mich gelesen haben, ist schamlos übertrieben. In Wahrheit habe ich dumm rumgeschnüffelt und bin dadurch in Teufels Küche geraten. Wie heißt es so schön: Neugier ist der Katze Tod. Ich bin tatsächlich fast ums Leben gekommen, daran knabbere ich immer noch. Ich bin Zahnärztin und nicht mehr. Der Fall Ihres Mannes ist bei Herrn Zimmer und seinem Team in besten Händen.«

»Ich glaube, dass Hannes Probst, der Chef meines Mannes, der Mörder ist.«

»Was?« Jetzt hat sie mich völlig überrascht. »Warum?«

»Die beiden haben am Vortag seines Todes telefoniert. Danach war mein Mann ganz aufgeregt, hat in meinem Kleiderschrank herumgewühlt, ist später in die Stadt und mit Einkaufstüten wiedergekommen. Ich befürchte, Hannes hat ihm gesagt, er soll als Ebbi dorthin gehen.«

»Als Ebbi gehen?«

»Mein Mann war ein Mann in jeder Hinsicht, aber liebte es, sich manchmal weiblich zu kleiden. Er war nicht homosexuell. Und Ebbi nannte er sich immer, wenn er seine weiblichen Tage hatte.«

»Hannes Probst hat davon gewusst?«

Neugierde, hallo!

»Hanni und Ebbi. Da haben sich die beiden gefunden. Dazu diese Schönheitslinie. ›Polite Beauty‹, grässlich. Das passte doch.«

»Zieht sich Hannes Probst auch Frauenkleider an?«

»Keine Ahnung. Fragen Sie das seine Ehefrau.«

»Aber warum sollte Herr Probst Ihren Mann dorthin bestellen und dann ermorden?«

»Wenn ich das wüsste, dann hätten wir wenigstens ein Motiv.«

Sie sagt »wir«. Ich muss ihr schnellstmöglich diese Idee ausreden, dass wir nebenbei gemeinsam schnüffeln.

Frida Dallinger senkt den Kopf. Langsam, zwischen den Tränen, nimmt ihr Teint wieder seine rote Farbe an.

Ich kann nicht.

Ich darf nicht.

»Warum erzählen Sie nicht alles der Polizei?«

»Laut Polizei hat Hannes angeblich ein wasserdichtes Alibi.«

Ich stutze. Hannes Probst hat mir erzählt, dass er mich am Tatort hinter der Absperrung gesehen und mitbekommen hatte, dass ich Zahnärztin bin. Ich erinnere mich, dass er auch gesagt hat, er hätte bei der Polizei zuerst falsch reagiert und würde alles noch aufklären. Wie kann er denn jetzt ein Alibi haben? Jakob hat mich auch nach dem Mann gefragt, ohne mir Details zu nennen. Die Sache wird immer seltsamer.

Was, wenn …?

Nein!

»Trotzdem, Frau Dallinger, muss ich hier und jetzt Stopp sagen. Bitte rufen Sie auf jeden Fall bei Hauptkommissar Zimmer an. Erzählen Sie ihm, was Sie mir erzählt haben. Teilen Sie ihm Ihre Vermutung mit. Mehr kann ich wirklich nicht für Sie tun. Nein, auf keinen Fall.«

Während ich abwehrend eine Hand hebe und den Kopf schüttle, fällt mir spontan die Präsentation ein, zu der mich Hannes Probst eingeladen hat.

Nein, Leo, lass es!

Frida Dallinger sagt kein Wort dazu, geht Richtung Ausgang. Sie dreht sich nicht mehr um. Die Tür schließt sich mit einem lauten Klicken.

Ich stehe etwas unschlüssig im Flur meiner leeren Praxis.

Das Telefon klingelt.

Die Türglocke schrillt.

Ich zucke zusammen. Die nächsten Notfälle. Doch keine ruhige Nacht.

Mir ist kalt.

Meine Gedanken laufen. Warum sollte Hannes Probst Eberhard Dallinger ermordet haben?

Hanni und Ebbi?

Neugier ist der Katze Tod.

Was für ein bescheuertes Sprichwort.

ZWEI

»Gerenne, Gerede, Getue. Jeden verdammten Tag bis jetzt!« Hauptkommissar Jakob Zimmer stemmte seine Fäuste auf die Tischplatte. »Und das Resultat? – Dürftig bis nichts.«

Im großen Konferenzsaal wirkten die vier Kommissare etwas verloren, aber Jakob hatte einen Ortswechsel für die Besprechung vorgeschlagen, um die Gehirne weg vom Gewohnten zu lenken. Das Großraumbüro und auch sein eigenes kleines dahinter wirkten seit Ermittlungsbeginn immer deprimierender auf ihn.

Birgit, die am Kopfende des Konferenztisches saß, blickte von ihren Notizen auf. »Wir haben einen kleinen Kreis von Verdächtigen.« Sie zeigte in Richtung der Tafel, die an der vorderen Wand hing und etwas ungeordnet mit Fotos, Papieren und einem Fahndungsbild bestückt war.

Jakob griff sofort ein. »Zeig mir einen von denen, der in der engeren Auswahl ist.«

»Das kann ich, wenn wir mal die Alibis rausnehmen, die nur durch angebliche Zeugen bestätigt werden. Vielleicht hat uns einer ausgetrickst, was seinen Verbleib während der Tatzeit angeht.«

»Wer?«

»Da hätten wir den Wohnungsbesitzer Heinrich Schwalb. Oder den Geschäftsführer dieser komischen Kosmetikserie, Hannes Probst. Auch seine Frau Petra, die ihm sein Alibi gibt, möchte ich im Kreis belassen.«

»Aber sie war zur Tatzeit nach dem Frühstück einkaufen, und wir haben einen ganz neutralen Supermarktangestellten, der sie gesehen und wiedererkannt hat.« Jakob blieb skeptisch.

Luis dagegen zeigte sich interessiert. »Vielleicht ein Täterduo, zwei, die sich zusammengetan haben?«

»Ich war noch nicht fertig.« Birgit hob ihren Stift. »Die Ehefrau des Toten käme auch in Frage. Nicht zu vergessen, dass noch einige Leute auf unseren beiden Listen, die vom Immobilienbüro und die Kundinnen aus dem PB-Schönheitsdingsbums, zu überprüfen sind.«

»Wir könnten auch seine beiden Kumpels aus der Nachbarschaft dazunehmen, die uns Frida Dallinger genannt hat« Luis scrollte. »Hier: Dietmar Stöckler und Klaus Frisch.«

»Warum nicht auch alle Anwohner aus dem Haus, in dem er stranguliert worden ist? Oder die gesamten Anwohner um den Rudolfplatz?« Jakob Zimmer reckte seinen Kopf nach vorn, was ihn wie einen zerrupften Hahn aussehen ließ. Seine Haare standen zu Berge, und sein Kinn zierte ein Kranz von Barthaar. Das war neu. Seit seiner Erkältung hatte sich Jakob nicht mehr rasiert.

Per Kowalski kaute wie meistens auf seiner Zunge. »Ich bin die Bewohner des Hauses bereits durchgegangen. Und überhaupt. Wir hatten schon andere Ermittlungen, die sich über Monate hingezogen haben, warum diese miese Stimmung? Wir sind dabei, die Leute auf den Listen abzuhaken.«

Birgit stoppte ihn. »Per, mein Freund, der Boss ist gerade sarkastisch. Jakob, was ist los mit dir? Liegt's am neuen Haarwuchs auf deinem Kinn?«

Jakob kratzte sich am Bart, schien die Bemerkung von Birgit überhört zu haben.

»Was mich nervt, was mich wirklich nervt, ist das, was wir nicht haben. Keine brauchbaren Zeugen, kein Motiv, keine verwertbaren Spuren. Wir konnten nicht mal herausfinden, in welcher Boutique Eberhard seine Frauenklamotten gekauft hat, geschweige denn, warum er überhaupt welche getragen hat. Nehmen wir auch noch die Transvestiten als verdächtige Gruppe dazu. Und all die Homosexuellen. Sind ja hier in Köln nur vereinzelt vertreten.«

»Jakob!« Birgit legte ihren Stift ab, stand auf, ging an die Tafel. »Erstens denke ich, dass wir in diesem Fall nicht von einem Transvestiten reden können. Bis jetzt haben wir keine Hinweise, dass Dallinger ein geheimes Doppelleben geführt hat. Vielleicht hätte er, wenn er nicht ermordet worden wäre, die Seiten bald gewechselt.«

»Danke für die Belehrung, Frau Professor.«

»Keine Ursache, Jakob. Und zweitens bin ich der Meinung, dass du nur so ungeduldig bist, weil du vor Ort warst, als der Mord geschah, und dich verantwortlich fühlst.«

Jakob sagte nichts, begann an seinem Daumennagel zu kauen. Per und Luis sahen von Birgit zu Jakob und wieder zurück, wie bei einem Tennismatch.

»Mich zermürbst du nicht mit deinem Sarkasmus, Jakob. Zumal Per recht hat. Es ist nicht unser erster gemeinsamer Fall, der Zeit braucht. Geben wir sie ihm. Und ich bin immer noch nicht fertig.«

»Ach, es gibt ein Drittens?«

»So doofe Bemerkungen werde ich ab jetzt überhören. Das kann ich gut, ich bin Mutter. Drittens haben wir uns in den letzten Tagen bereits die Hacken abgelaufen. Keiner, Boss, kann uns vorwerfen, nicht genug getan zu haben.«

Wie aufs Stichwort klopfte es an der Tür.

»Herein, wenn es nicht der verfrühte Weihnachtsmann ist.« Luis grinste über seinen Scherz, aber nur Birgit und Per lächelten ebenso, Jakob blieb ernst.

Oberstaatsanwalt Theo Prunk steckte nur seinen Kopf herein. Sein Körper blieb hinter der Tür, als wollte er den Raum gar nicht erst betreten. »Ich habe euch gesucht, Leute.«

Zusehends verdunkelte sich Jakobs Blick noch mehr. »Du kommst jetzt aber nicht, um die nächste Pressekonferenz mit mir zu vereinbaren? Die gibt es erst, wenn Resultate da sind.«

Das linke Auge des prunkvollen Theo zuckte verräterisch. Er wechselte blitzschnell die Strategie.

»Keine Sorge, Jakob. Ich bin völlig mit dir d'accord, erst wieder an die Öffentlichkeit zu gehen, wenn wir auch was zu sagen haben. Aber ich möchte darauf hinweisen, dass die Kölner Polizei unter Zugzwang steht. Jeder ungelöste Fall, der mit einer Minderheit zu tun hat, lässt uns schlecht aussehen.«

»Welche Minderheit?« Birgit machte ein paar Schritte Richtung Tür, lehnte ihre Hand dagegen. »Rein oder raus, Theo?«

Manchmal fragte sich Jakob, ob seine Kollegin früher nicht doch ein Verhältnis mit dem Oberstaatsanwalt gehabt hatte, so respektlos, wie sie immer mit ihm umging. Prunk beschwerte sich niemals darüber.

Um es herauszubekommen, hätte er Leo und Birgit wohl einen Tag lang zusammenbringen müssen. Scheinbar gelang es seiner

Fast-schon-Freundin, wie seine Mutter sie nannte, fast immer, den Leuten Geheimnisse aus der Nase zu ziehen, an die er trotz seiner Verhörtaktiken nicht herankam. Was an der Tatsache lag, dass Menschen in ihrer Angst vor Spritzen und Bohrern gern viel plapperten. Er war da keine Ausnahme. Vorbildlich pflegte er seine Zähne nur aus dem einen Grund: um so selten wie möglich auf einem Zahnarztstuhl zu landen.

Theo Prunk warf Birgit einen Luftkuss zu. »Ich muss leider weiter, Liebelein. Andere Fälle rufen.«

Birgit drückte die Tür zu. »Liebelein, bah! Der hat uns noch gefehlt.«

»Welche Minderheit hat er denn gemeint?« Per sah in die Runde. »Blöde Ansage, finde ich. Von Blindheit geschlagen vor lauter politischer Korrektheit. Anscheinend hat der Herr Oberstaatsanwalt nicht mitbekommen, wie viel wir schuften und rennen.« Er streckte seinen Arm aus und klopfte auf die Tischplatte.

Luis hob die Hand wie ein braver Schüler. »Darf ich jetzt?«

Alle drei Kollegen nickten zugleich.

»Ich möchte gerne noch mal auf meine Algorithmen zurückkommen.«

Jakob setzte sich, verschränkte die Arme, Birgit kam von der Tür zurück, und Per hörte für einen Moment auf, seine Zunge zu bearbeiten.

»Leg los, Luis, wir hören dir zu.«

»Also.« Luis zog sich die Lederjacke aus, öffnete den ersten Knopf an seinem Hemd, obwohl es hier drinnen eher zu kühl war, die Heizung lief noch nicht.

Nach den vielen warmen Tagen hatte es diese Nacht den ersten Bodenfrost gegeben. Trotzdem begann Luis auch seine Hemdsärmel aufzukrempeln wie ein Handwerker, der an die Arbeit ging.

»Ich habe euch von den anderen Fällen erzählt, in denen jemand getötet und danach aus einem Fenster oder von einem Balkon oder eine Treppe hinuntergeworfen worden ist. Einmal auch von einem Aussichtsturm.«

Jakob nickte und sah zu Birgit und Per. Er war sich in dem Moment nicht sicher, ob er die Kollegen schon über Luis' Überlegungen informiert hatte. Die vielen Fakten zur selben Zeit verschluckten manchmal das eine oder andere Detail. Aber keiner der beiden fragte nach.

»Die Akte aus Bern habe ich leider immer noch nicht, aber der Antrag an die Behörden dort läuft. Obwohl ich auf den ersten Blick keinen direkten Zusammenhang gesehen habe, wollte ich diese Linie weiterverfolgen.«

»Und?« Per und Birgit, mit einer Stimme.

»Ich sammle inzwischen auch die Fallakten von Strangulationen in den letzten zwei Jahren. Irgendwo muss ich beginnen. Dann werde ich vergleichen. Das ist der nächste Schritt.«

»Das erscheint mir etwas sinnlos, Luis.« Birgits Ton klang mild, als würde sie zu einem ihrer Söhne sprechen, um ihn von etwas Unnützem abzuhalten. »Wenn einer in Köln erstochen wird, macht es auch wenig Sinn, alle Tötungsdelikte mit Stichwaffen zu sammeln. Es wären Tausende.«

Luis schüttelte vehement den Kopf. »Tut mir leid, dass ich dir widerspreche. Wenn du die Art und Länge der Stichwunde kennst und die Verletzung, die sie angerichtet hat, genau gemessen wurde, dann kann jeder Fall im gesamten Bundesgebiet, der die gleichen Merkmale aufweist, damit zusammenhängen.«

Luis machte eine kleine Pause. Keiner der anderen sagte etwas.

»Ich möchte folgendermaßen vorgehen: Ich habe alle Akten zu den achtzehn Fällen, die zu der Breite des Strangulationsmals passen, angefordert. Wenn ich diese achtzehnfache Vergleichsmöglichkeit habe, kann ich vielleicht weitere Übereinstimmungen auf die bisherigen fünf ungelösten Fälle, in denen die Leiche nach unten geworfen wurde, übertragen und nach einem roten Faden suchen. Wenn es einen geben sollte. Es ist eine Fleißarbeit.«

»Ich nehme das ›sinnlos‹ von vorhin sofort zurück. Klasse, Luis.«

Luis lächelte. Von Hauptkommissarin Birgit von Zeh bekam man nicht so schnell ein Lob.

Per stand auf. »Wenn dabei etwas herauskommt, dann hätten wir einen Serientäter, Leute.«

»Stopp. Ganz langsam mit einer solchen Vermutung.« Jakob bremste die Aufbruchsstimmung in seinem Team. »Auf jeden Fall ist es eine gute Spur, die Luis da verfolgt. Aber wir können nicht in Ermangelung anderer Beweise und Verdächtiger einen spektakulären Killer heraufbeschwören.«

Wieder hob Luis seine Hand. »Das mach ich nicht, Boss. Keine Sorge. Ich bleibe nur am Ball und sondiere alle Möglichkeiten.«

Es klopfte wieder.

»Gott, wenn das wieder Theo Prunk ist, gebe ich ein Kölsch außerhalb des Präsidiums aus, dann findet er uns nicht.« Birgit verdrehte die Augen.

»Immer herein.«

Harro deNärtens machte die Tür mit Schwung auf, sein Kugelbauch schob sich herein. Ein erfreutes »Hey, Harro!« machte die Runde durch das Team. Er stellte als Erstes eine Packung mit Schaumküssen in drei Varianten auf den Tisch.

Harro stutzte, als er Jakob ansah. »Hast du ein Gelübde abgelegt, dich nicht zu rasieren, bis wir den Täter haben, so wie Kloppo damals beim BVB?«

Luis und Per warfen sich Blicke zu, das hatten sie sich die Tage im Stillen auch schon gefragt.

»Quatsch.« Jakob nahm sich den ersten Schaumkuss, ohne weiter auf seinen Bart einzugehen. »Was hast du?«

»Es sind nicht meine Lorbeeren, wenn ich ehrlich bin.«

Der Rechtsmediziner sah zu den Fotos an der Tafel. Sie zeigten nicht nur das Opfer Eberhard Dallinger aus allen möglichen Perspektiven, sondern auch den Tatort, das große, leere Zimmer mit Parkettboden und Blick aus dem tiefen Fenster. Fotos mit den nummerierten Spurentafeln.

»Nachrichten aus dem Labor. Else Fröhlich hat sich gemeldet.«

Per schnappte sich sein Smartphone vom Tisch. Jakob und Birgit holten ihre Handys aus den Jeanstaschen, und Luis sah auf sein iPad.

»Das habt ihr noch nicht. Es ging zuerst an mich. Analog. Ich war dort, und sie hat es mir gesagt.«

Harro deNärtens nahm zwei der Bilder von der Mitte der Tafel ab. »Hier.« Er legte das erste Foto auf den Konferenztisch. Eberhard Dallingers Hals mit dem Strangulationsmal.

»Die Fasern, die ich am Hals extrahieren konnte, sind eindeutig Leder. Teures Material, naturbelassen, teure Tierhaut, Kalbsleder. Mit winzigen Spuren von Lederöl, das spricht für eine gute Pflege.«

Jakob holte Luft, aber Harro redete schon weiter.

»Ich weiß, das hilft im Moment nicht weiter, aber ich habe noch was Besseres. Hier.«

Das zweite Bild zeigte den grünen Stofffetzen, der am Holz des Fensterrahmens gefunden worden war.

»Da war eine Hautschuppe dran. Die im Labor konnten sie extrahieren. Und ich kann mit etwas Glück ein DNA-Profil erstellen. Damit habt ihr eine Vergleichsmöglichkeit, wenn es Verdächtige gibt, und Luis kann es durch die Datenbanken jagen.«

Luis lächelte zufrieden und hob seinen Daumen.

Jakob nahm das zweite Foto vom Tisch und wedelte damit vor den Gesichtern seiner höchsterfreuten Teammitglieder herum. »Dafür kriegst du einen Schaumkuss, Harro.«

Der Rechtsmediziner schmunzelte. »Aber nur, wenn du dich vorher rasierst.«

Jakob lachte mit den anderen.

Endlich ging es voran.

»Heute ist der Tag unserer Süßen, Frau Doktor.«

Britti Poster hatte rote Backen, und ihr Pagenkopf schaukelte vor und zurück, als sie zu Leo ins Büro kam. Die dunklere Farbe stand ihrer Zahnarzthelferin gut, fand Leo. Sie selbst war und blieb immer bei ihrem Blond, getraute sich nicht, wagemutig eine andere Farbe auszuprobieren.

»Ich verstehe nicht, Britti.«

»Na, Ihr Hauptkommissar ist gekommen, und unser bäriger Österreicher hat einen weiteren Termin.«

Leo verstand immer noch nicht.

Sie hatte eben eine kurze Pause eingelegt und völlig unterzuckert eine Schachtel Pralinen aufgegessen, sich hingesetzt und die Augen zugemacht. Nur eine weitere Minute. Im Moment fühlte sie sich desorientiert.

»Unser Österreicher?«

»Mehr mein Österreicher. Erinnern Sie sich an den feschen Schladminger?«

»Welcher Schladminger? Ich weiß nicht mal, wo das liegt. Und was heißt denn fesch?«

»Das heißt gut aussehend auf Österreichisch. Und tschüs heißt baba, klingt megasüß. Schladming liegt in der Steiermark. Und der Mann ist der breite Dunkelblonde, der aussieht wie ein Bär nach dem Winterschlaf. So kuschelig. Er lebt erst seit ein paar Monaten hier in Köln, ist freier Anlageberater, das klingt cool. Würde man so bei ihm nicht vermuten, ich hätte eher auf Holzfäller getippt, wobei, dann würde er nicht in der City leben. Dumm von mir. Sicher kann er das richtig gut. Geld anlegen, nicht Holz fällen. Also wenn Sie mal einen Tipp brauchen, kann ich meine neuen Beziehungen spielen lassen. Er ist übrigens einer der vier Neuzugänge, die an dem Montag zu uns gekommen sind, nachdem Sie Ihre zweite Leiche gefunden hatten. Drei davon sind auch heute da.«

Bei Leo ging eine rote Lampe an. »Britti. Ich kann es nicht oft genug sagen: Ich finde keine Leichen. Bei Frau Kernbach bin ich zufällig in die Wohnung gegangen.«

»Und bei diesem Typen in Frauenkleidern haben Sie zufällig im Café direkt am Tatort gesessen. Sie sind ein Mordsmagnet, Frau Dr. Leo, wenn ich das sagen darf.«

Leo blieb für einen Moment die Sprache weg. Mordsmagnet? Nannten sie so ihre Angestellten hinter vorgehaltener Hand? Dass sie Verbrechen anzog, hatte sie sich schon selbst gedacht und damit gehadert, aber so ein Wort wäre ihr zu ihr selbst niemals eingefallen. Das konnte nur Britti erfinden.

Sie wollte zu einer Erwiderung ansetzen, aber in dem Moment kam ihr in den Sinn, dass es tatsächlich stimmte. Am Montag nach Eberhard Dallingers Tod waren hier in der Praxis tatsächlich neue Patienten aufgetaucht, die sie am Tatort hinter der Polizeiabsperrung gesehen und gehört und somit erfahren hatten, dass sie Zahnärztin war.

Vier neue.

Warum waren diese vier zu ihrer Praxis gekommen? Hatten sie vorher keinen Zahnarzt ihres Vertrauens gehabt?

Interessanter war die Frage, ob tatsächlich alle vier aus der Menge der Schaulustigen heraus auf sie aufmerksam geworden waren. Gaffer waren einfach ekelhaft. Was hatten sie zu sehen gehofft?

Dies führte Leo zu einem weiteren Gedanken: Was, wenn einer von denen etwas mit der Ermordung des Mannes zu tun gehabt hatte?

Allerdings waren Hunderte andere vor Ort gewesen, die genauso geglotzt und sich an der Sensation aufgegeilt hatten. Leos Phantasie machte ihr wieder einmal zu schaffen.

»Ich finde, wir sollten hier nicht intern über Patienten spekulieren. Und über den Verstorbenen schon gar nicht. Er war ein Mann, der gerne Frauenkleider getragen hat. Punkt.«

Bis zum Tag seiner Ermordung, dachte Leo weiter. Roman fiel ihr ein, der in der Schule wegen seines Vaters gemobbt wurde. Die Begegnung mit der Witwe Frida Dallinger beim Notdienst fiel ihr ein. Sollte sie Jakob davon erzählen?

»Meine Kommentare sind nie böse gemeint, Frau Doktor.«

Britti protestierte nur kurz. Sie schien mit ihren Gedanken weiter weg zu sein, fragte nicht nach, verhielt sich anders als sonst. Verträumt. Vielleicht verliebt?

»Gernot hat übrigens sehr von Ihnen geschwärmt. Ich bin etwas eifersüchtig.«

»Gernot?«

»Na, mein Schladminger. Er müsste gleich hier sein. Sein nächster Termin steht an. Ich bin aufgeregt. Dann sitzen unsere Süßen gemeinsam im Wartezimmer. Krass.«

Gernot? Ihn so zu nennen ging nicht. Leo wollte Britti verschärft einbläuen, dass nicht nur keine unpassenden Bemerkungen über die Patienten mehr gemacht werden sollten, auch durfte keine der Angestellten einen Kunden beim Vornamen anreden, das gehörte nicht in die Praxis. Aber sie schnallte in dem Moment, was Britti noch gesagt hatte.

»Hauptkommissar Jakob Zimmer ist in der Praxis, Britti?«

»Sag ich doch.«

Leo schnappte sich ihr Smartphone. Hatte sie eine Verabredung mit Jakob verpasst? Das konnte nicht sein, ihre Mittagspausen waren inzwischen so knapp bemessen, dass sie sich mit niemandem mehr verabreden konnte. Ein verpasster Anruf, eine Mailboxnachricht. Die Nummer kannte sie nicht, würde sie später abhören. Aber kein verpasster Anruf, keine SMS von Jakob. Also hatte er einen weiteren Versuch gestartet und war überraschend hergekommen.

Das freute sie. Ein paar Schmetterlinge flatterten in ihrem Bauch. Jakob, immer noch und immer wieder.

Schnell sah Leo in den Spiegel an der Wand neben dem Fernseher. Ihre blonden Haare wirkten ungekämmt, und unter ihren blauen Augen zeigten sich nach dem Kurzschlaf viele Fältchen.

»Ich komme gleich nach draußen, Britti. Ist viel los?«

»Neben meinem Österreicher und Ihrem Hauptkommissar sitzt die hübsche Italienerin, Serafina Spilotta, die so saukomisch Kölsch babbelt. Oder besser, der hübsche Italiener, ach, ich weiß nicht, wie ich die Person ansprechen soll. Klaus Weninger, unser netter Stammpatient, ist auch wieder da. Frau Neufeld, Herr Leistenschneider und Herr und Frau Grüb. Und leider ist der Irre wiedergekommen.«

»Welcher Irre?«

»Der, der sich unbedingt ohne Spritze behandeln lassen wollte. Der sich ein Loch auf den Zahn gemalt hat. Greta hat mir davon erzählt. Gerda Horst hat es auch mitbekommen und ihn mir vorhin dezent gezeigt.«

Wie unfassbar schnell sich jede Geschichte hier verbreitete. Wahrscheinlich war ihr Vorhaben, ein internes Plapperverbot unter den Helferinnen auszugeben, völlig aussichtslos. Leo entschied sich um.

»Britti, gehen Sie raus und geben Sie mir noch zwei Minuten zum Frischmachen. Dann bitten Sie Jakob Zimmer hier herein, in mein Büro.«

»Die anderen Patienten werden nach hinten verschoben?«

»Nein, nein! Du kannst Serafina Spilotta schon in den Raum 5 setzen, ebenso Herrn Weninger in die 3. Ich rede mit Herrn Zimmer nur kurz. Kein Termin braucht verlegt zu werden. Los.«

Britti stand immer noch da. »Ihr Vater hat übrigens vorhin angerufen, als Sie nicht gestört werden wollten.«

Natürlich. Dr. Gerwald Hubertus hatte sich mal wieder gemeldet, als Leo eine Pause machte, sei sie auch noch so kurz. Es sah für ihn so aus, als würde sich seine Tochter hauptsächlich ausruhen.

Sie kam sofort in einen Zwiespalt. Rief sie ihn jetzt endlich zurück wie beim Notdienst versprochen, würde zu viel Zeit verloren gehen und sie konnte nicht mehr mit Jakob reden. Wartete sie mit dem Rückruf, hätte sie wieder ein schlechtes Gewissen. Dann lieber das Schuldgefühl, dafür eine winzige Auszeit mit ihrem Liebsten.

»Sonst noch was, Britti? Ich bin gerade fünf Minuten hier drinnen.«

»Acht, um ehrlich zu sein.«

»Stoppen Sie die Zeit?«

»Nein. Natürlich nicht. Aber wir Helferinnen müssen uns nach Ihnen richten. Auch bei den kurzen Auszeiten. Wir alle haben seit dem Weggang von Dr. Lang kürzere Pausen und mehr zu tun.«

»Ich habe den Seitenhieb verstanden, Britti. Jetzt gehen Sie bitte und schicken in zwei Minuten Herrn Zimmer herein. Somit dehne ich diese achtminütige Pause noch um ein paar Minuten aus, wenn es recht ist. Sie können gerne die Zeit stoppen.«

Britti verzog den Mund zu einem Schmollen, drehte sich auf der Stelle um hundertachtzig Grad und machte mit einer großen Geste die Tür zu Leos Büro auf und wieder zu. In der Sekunde fiel Leo ein, dass sie gerne mehr über den Schladminger gewusst hätte, den Britti so salopp Gernot nannte und der für Leo als Zahnärztin zu schwärmen schien. Aber das musste warten. Wie ihr Vater.

Sie versuchte, sich an das Gesicht von Brittis Schwarm zu erinnern, auch einer von der Montagsgruppe. Die Italienerin, der böse Barney, Hannes Probst und der Österreicher. Eine skurrile, bunte Mischung, aber im Praxisalltag gar keine Seltenheit.

Einige der Patienten hatten kleine Ticks oder benahmen sich eigenartig im Angesicht einer Spritze. Leo selbst gehörte doch ebenso in die Kategorie »Seltsame Mitmenschen«, oder? Ihre Schweißausbrüche und ihre ständig laufenden Gedanken, ihr Spleen mit den Selbstohrfeigen und ihr ganz persönlicher Irrwitz, wenn es darum ging, sich in unmögliche Situationen zu bringen. Sie war wirklich die Letzte, die sich über eigenartige Zahnschmerzgeplagte im Wartebereich wundern sollte.

Sie würde gleich Gelegenheit haben, mit den neuen Patienten zu reden, da konnte sie während der Behandlung auch ein wenig nach den Motiven bohren, die jeden von ihnen hierhergeführt hatten, außer den Zahnschmerzen. Vielleicht verplapperte sich die eine oder der andere. Die meisten waren, was Tratsch und Spott über andere anging, nicht besser als Britti.

Jetzt noch schnell die Mailbox abhören, sonst würde sie das wieder vergessen. Leo drückte auf die Eins.

»Sie haben eine neue Nachricht. Erste neue Nachricht.«

Leo stellte auf laut und legte das Smartphone auf die Couch, begann ihre Locken im Spiegel zu ordnen. Gleich würden die zwei Minuten um sein.

»Hallo, liebe Frau Dr. Kardiff. Hier spricht Hannes Probst.«

Der Vierte im Bunde der Neupatienten. Drei draußen im Wartezimmer, einer auf ihrer Mailbox.

»Ich wollte Sie gerne an das Beauty-Treffen in der Glockengasse erinnern, zu dem ich Sie eingeladen habe. Allerdings geht es erst um acht los. Zwanzig Uhr. Unsere, ich meine, meine Präsentation der Schönheit. Individuell vorangehen, einzigartig strahlen und so weiter. Na, Sie wissen schon. Ich würde mich so freuen, wenn Sie kämen. Ein Glas Champagner inbegriffen. Gerne können Sie auch eine oder mehrere Freundinnen mitbringen. Nur einen Katzensprung vom 4711-Haus entfernt, Hausnummer 6, bei ›Polite Beauty‹ klingeln. Tschüseli.«

Ach ja, die Präsentation. Sofort sah sie den toten Mann in Frauenkleidern vor sich. Die rote Perücke, die ihm vom Kopf geglitten war. Die hervorgequollenen Augen. Stranguliert und aus dem Fenster geworfen, hatte in der Zeitung gestanden. Zu gern hätte Leo Jakob Zimmer nach näheren Informationen gefragt, jetzt gleich am besten. Aber er durfte ihr sicher nichts erzählen. Sie ihm von Frida Dallingers Besuch in Wahrheit auch nicht, denn das Gespräch mit der Witwe fiel unter die ärztliche Schweigepflicht.

Wenigstens hatte Leo ihr geraten, alles der Polizei zu erzählen. Ob die Witwe mit ihrem Verdacht gegen den Chef ihres ermordeten Mannes das getan hatte? Auch darüber würde Jakob nichts preisgeben.

Wenn sie zu der Präsentation ginge, könnte sie Hannes Probst vielleicht in einem ruhigen Moment nach seinem verstorbenen Partner fragen. Ebbi, wie Frida Dallinger ihr erzählt hatte.

Doch das hieße, dass sie sich wieder einmischte.

Es klopfte leise an der Tür. Die zwei Minuten waren um. Ihr Jakob war da.

Leo warf einen letzten Blick in den Spiegel. Die Falten waren auch immer noch da. Dazu die vielen queren Gedanken in ihrem Kopf. Und draußen warteten die Patienten. Die Zeit lief, ja sie rannte, hetzte, überschlug sich. Sie fehlte an allen Ecken und Enden. Keine Zeit.

Keine Zeit, um wirklich mit ihrem Hauptkommissar über all das zu reden, was sie beschäftigte.

VIER

Jakob Zimmer spürte ein Ziehen in beiden Backenzähnen.

Seit er hier saß, war es schlimmer geworden. Begonnen hatte es während seiner Erkältung, von seinem Nacken aus war ein dumpfer Schmerz langsam, aber stetig nach vorne gewandert, zog sich nun über beide Seiten links und rechts des Kiefers.

Dabei war er sich sicher, dass alles in Ordnung sein musste. Sein offizieller Zahnarzttermin in der Praxis Dr. Kardiff lag noch nicht lange zurück. Leo hatte ihn bei seinem letzten Besuch auf ihrem Behandlungsstuhl durchgecheckt samt Zahnsteinentfernung und Zahnreinigung. Das ganze Programm. Eigentlich lohnend, wenn man eine Freundin hatte, die Dentistin war.

Noch nicht offiziell seine Freundin, aber hoffentlich nahe dran.

Abgesehen von dem Schmerz, kam er sich im Wartebereich sitzend bescheuert vor. Eigentlich war er nicht wegen der Schmerzen im Kiefer hier, sondern um Leo zu sehen.

Nach der Teambesprechung hatte er die spontane Idee gehabt, einfach hier vorbeizufahren und Leo zu überraschen. Beim seinem letzten Versuch war die Praxis schon geschlossen gewesen, also auf ein Neues.

Irgendwie steckte der Wurm in ihrer Beziehung seit dem vermasselten Date am Rudolfplatz. Wobei Beziehung ein zu großes Wort war, sie standen ja erst am Anfang einer Liaison. Gut, Sex hatte Jakob mit Leo schon öfter gehabt, aber das nur in seinen Träumen und einmal unter der Dusche in einer Phantasie, die er zu gern in der Realität wiederholt hätte.

Der Anfang ihrer Liebe zog sich ziemlich in die Länge, kein Wunder, so beschäftigt wie sie beide immer waren und wie vorsichtig, was das Eingehen von emotionalen Verbindlichkeiten betraf.

Seine Mutter, Stefanie, hatte ihm ein paarmal verbal in den Hintern getreten und ihn darauf aufmerksam gemacht, dass sie seit seiner Scheidung von Claudia keine seiner neuen Bekanntschaften zu Gesicht bekommen hätte. Er kannte schließlich auch ihren festen Freund, Bodo Hammer, einen sehr sympathischen älteren Herrn, den seine Mutter auf dem Flohmarkt kennengelernt hatte. Gern sollte auch Jakob ihr mal wieder eine Flamme vorstellen, sie würde sich darüber freuen.

Flammen hatte es gegeben, das schon, aber alle waren sie kurz und schnell abgebrannt gewesen. Es war keine tiefer gehende Geschichte dabei herausgekommen, also hatte es auch keinen Grund gegeben, die eine oder andere Dame seiner Mutter vorzustellen.

Im vollen Wartezimmer, links neben Jakob, saß eine extrem gut aussehende Frau.

Ein ganz anderer Typ als Leo, und auch wenn er keine Absichten hegte, Jakob musste einfach ein paarmal rübergucken. Das lange schwarze Haar glänzte, die Gesichtszüge schienen völlig symmetrisch zu sein. Dass der Körperbau groß und schlank war, konnte man auch im Sitzen erkennen, und die langen Beine in den schwarzen Strümpfen und hohen Stiefeletten hatten Modelqualität.

Diese Schönheit machte auch dem Mann gegenüber von Jakob sichtlich zu schaffen. Er hatte seine Zeitschrift offen auf den Knien liegen und starrte unverhohlen auf die hübsche Dunkelhaarige. Fehlt nur, dass ihm der Sabber über die Lippen läuft, dachte Jakob, und meinte tatsächlich einen Tropfen Spucke auf den Lippen glitzern zu sehen. Er wandte seinen Blick ab und sah demonstrativ aus dem Fenster, auf keinen Fall mehr zu der Frau neben ihm, um nicht auch nur im Ansatz wie dieser Typ zu wirken.

Er hätte anrufen sollen vorher.

Er hatte Sehnsucht nach ihr verspürt, er wollte sie leibhaftig wiedersehen, sie berühren. Am Telefon hätten sie nur wieder festgestellt, dass ihr voller Terminkalender und seine Ermittlungen keine Zeit für Zweisamkeit ließen.

Zumindest Britti Poster hätte Leo gleich bei seiner Ankunft Bescheid sagen oder ihn direkt in ihr Büro führen sollen. Doch als ihm die Zahnarzthelferin von Dr. Leos erster kurzer Verschnaufpause erzählt hatte, da hatte er nicht insistiert und im Wartezimmer Platz genommen. Sein Überraschungsbesuch konnte warten.

Oder auch nicht. Jakob sah auf seine Uhr. In Wahrheit hätte er längst wieder unterwegs sein müssen. Sein Besuch war eine Schnapsidee. Mit seinem Beruf sollte er nie wieder eine Beziehung mit einer Frau eingehen, daran war schon seine erste Ehe gescheitert.

»Grüß Gott und servus, alle miteinander.« Ein neuer Patient polterte in den Wartebereich. Breit und gut trainiert, ein Kerl von einem Mann.

Was für unterschiedliche Menschentypen sich in so einem Wartezimmer doch ansammelten. Die Anwesenden murmelten nur ein leises Hallo oder Guten Tag zurück. Keiner der Wartenden war wirklich guter Laune. Vielleicht am ehesten der sabbernde Mann gegenüber der hübschen Dunkelhaarigen.

»Is hier noch frei, bitt' schön?«

Der Neue setzte sich rechts neben Jakob, holte sofort sein iPhone heraus und begann, darauf zu scrollen. »Ich brauch hier drin Ablenkung. Angst hab ich immer wieder.«

Jakob nickte schnell, einen Small Talk brauchte er jetzt am wenigsten.

»Ein Bier und ein Wiener Schnitzel wären mir lieber, aber dafür muss ich zubeißen können. Ich komme aus der Steiermark, aus Schladming, herrliches Skigebiet, wunderbare Berge. Aber österreichische Zahnärzte sind die schlimmsten, kann ich nur sagen.«

Der Mann lachte zu laut über seinen eigenen Scherz, was in dem Raum deplatziert wirkte. Weder Jakob noch einer der anderen gab eine Antwort. Der Mann sah sich einmal in der Runde um, vertiefte sich in sein Handy und gab endlich Ruhe.

Die Zahnarzthelferin Britti Poster tauchte im Wartebereich auf, und die Blicke der Wartenden hoben sich. Ein älterer Herr stand sofort auf.

»Ja, Herr Weninger, Sie können in der Drei Platz nehmen, Frau Doktor kommt gleich.« Brittis Stimme klang routiniert freundlich.

»Aber ich bin der Nächste. Alle anderen hier sind nach mir gekommen.« Der sabbernde, unsympathische Typ beschwerte sich.

»Herr Barlost, warten Sie bitte, bis Sie aufgerufen werden.«

Diesen Blick hatte Jakob an der Zahnarzthelferin noch nie gesehen. Er drückte eine Mischung aus Ekel und Abneigung aus. Man konnte also davon ausgehen, dass der Glotzer sich auch schon während einer Behandlung unbeliebt gemacht hatte.

Doch schon im nächsten Moment veränderte sich Brittis Miene, und auf ihrem Gesicht tauchte ein strahlendes, geradezu verzücktes Lächeln auf. Ihre Wangen überzogen sich mit einem leichten Rot. Sie sah in Jakob Zimmers Richtung, und er brauchte ein paar Sekunden, um zu bemerken, dass sie nicht ihn anstrahlte, sondern sich ihr Blick auf den Neuankömmling mit den breiten Schultern neben ihm gerichtet hatte.

Der sah von seinem Handy auf, grinste ebenso breit. »Servus, Britti. Da bin ich. Pünktlich wie ein ICE. Oder nein, da dürft ich ja erst in einer Stunde kommen.« Er lachte wieder unpassend laut, aber Britti störte das nicht im Geringsten, sie strahlte nur noch mehr.

»Hallo, Gernot. Schön, dass du da bist.«

»Ich war vor diesen beiden Herren da. Das ist eine Frechheit.« Der Glotzer stand immer noch.

Britti Posters Strahlen verschwand blitzschnell, sie wandte sich dem Mann zu, holte tief Luft. »Herr Barlost, beruhigen Sie sich. Herr Weninger hatte tatsächlich einen Termin vor Ihnen. Und ich wollte eben den Herrn Hauptkommissar von der Kripo – ein guter Freund von Frau Doktor übrigens – bitten, mit mir zu kommen.«

Sie betonte Jakobs Berufs besonders, wollte den aufdringlichen Patienten, wie es schien, damit in die Schranken weisen. Zugleich winkte Britti Jakob zu sich, als würde sie ihn vom Kindergarten abholen.

Die Köpfe der Anwesenden drehten sich ihm zu, am liebsten wäre er jetzt unsichtbar gewesen. Er sprang in die Höhe. »Alles klar, Frau Poster.«

Er hasste es, wenn außerhalb seiner Dienstzeit Anwesende von seinem Beruf erfuhren, meistens gab es dann dumme Bemerkungen zu laufenden Fällen oder Fragen nach der Sicherheit in den Kölner Problemvierteln oder am Hauptbahnhof.

Britti schenkte ihm ein knappes Lächeln, dann gingen sie die paar Schritte vor zur Rezeption und blieben vor Leos Bürotür stehen. Britti sah auf ihre Uhr, hob den Zeigefinder. »Dreißig Sekunden noch, dann können Sie rein, Herr Hauptkommissar.«

Jakob verstand nicht, warum er dreißig Sekunden warten sollte, fragte aber nicht nach. »Habt ihr oft so schwierige Patienten hier?«

»Nicht jeder ist so nett wie Gernot, ich meine, Herr Murbach. Das war der Österreicher neben Ihnen.«

Jakob wollte Britti sagen, dass er persönlich den Kerl und seinen aufdringlichen Humor gar nicht nett gefunden hatte, aber da senkte die Zahnarzthelferin ihren Finger, klopfte an die Tür.

»Frau Doktor erwartet Sie.«

Jakob fragte sich, ob zwischen Britti und dem breiten Typen etwas lief. Es war doch sicher nicht erwünscht, dass eine Zahnarzthelferin mit Patienten flirtete.

Als Leo ihre Bürotür öffnete, vergaß Jakob seine sämtlichen Überlegungen. Eine Welle der Zuneigung stieg von seinen Zehen bis zu seinen Nackenhaaren hoch. Wie hatte er es nur tagelang ausgehalten, seine hübsche Zahnärztin nicht zu sehen?

»Vollbart. Igitt. Das mag ich gar nicht.« Leo schloss schnell die Tür hinter ihm, und statt sich in den Arm nehmen zu lassen, machte sie einen Schritt zurück.

»Das ist aber eine liebevolle Begrüßung.« Warum musste es immer kippen, wenn er mit ihr zusammen war? »Ich bin im Dauerstress, habe morgens kaum Zeit für einen Kaffee, da bleibt die Rasur auf der Strecke. Aber statt hierherzukommen, hätte ich natürlich auch zum Barbier gehen können.«

»Nein, verzeih mir. Ich war einfach überrascht.« Sie hauchte ihm einen Kuss auf die Wange. Kratzte sich sofort danach am Kinn. Unter ihren blauen Augen konnte Jakob dunkle Ringe sehen. Sie zeigte auf die rote Couch, auf der ausgebreitet eine Decke lag. »Willst du dich setzen?«

»Ich wollte dich sehen. Ehrlich gesagt muss ich leider gleich weiter. Der Fall Dallinger.«

Leo biss sich auf die Lippen. Wenn sie beide ein wenig mehr Zeit hätten, könnte sie ihm von den Patienten erzählen, die hier nach dem Mord aufgetaucht waren. Samt ihren Vermutungen oder Spekulationen dazu. Und vielleicht auch von ihrer Begegnung mit Frida Dallinger. Schweigepflicht hin oder her. Es sollte keine Geheimnisse mehr zwischen ihnen geben.

»Ich bin auch im Stress, Jakob.«

»Weiß ich, Leo. Ich habe die vielen Leute im Wartezimmer gesehen.« Jakob griff sich mit beiden Händen an sein Kinn, rieb an seinen Backen und seinen Hals hinunter, streckte seinen Kopf nach oben.

»Hast du Schmerzen, Jakob?«

»Na ja. Seit meiner schlimmen Erkältung ist mir eine Verspannung im Nacken geblieben, und die zieht sich immer stärker bis in den Kiefer und die Backenzähne.«

»Der Schmerz könnte auch umgekehrt von den Weisheitszähnen nach hinten ausstrahlen. Soll ich dich dazwischenschieben?«

Jakob machte einen halben Schritt von Leo weg. »Nein, nein. Das geht schon. Keine Sorge. Dein Wartezimmer ist voll, und ich muss wieder los. Wenn es nicht besser wird, lasse ich mir einen Termin geben, versprochen. Ich denke, mir fehlt nur etwas Liebe.«

Er sah ihr in die Augen, und Leo bekam weiche Knie. Hier und jetzt sollten sie sich lieben, auf der roten Couch. Die Tür zum Büro abschließen, die Patienten warten lassen, alles egal.

Dann war der Moment vorbei, und Leo fuhr Jakob sanft über das Kinn und den ungewohnten Bart. Er drückte ihr einen Kuss auf ihre Finger.

»Ach, und bevor ich es vergesse, Leo. Meine Mutter möchte zu dir in die Praxis kommen. Ich weiß nicht mehr, was für Beschwerden sie hat, aber sie will dir ihr Vertrauen schenken.«

Jetzt lächelte Leo. »Ehrlich? Das finde ich aber nett. Ich wollte sie ja immer mal wieder treffen.«

»Kann ich ihr sagen, dass du sie annimmst?«

»Klar, sie soll mich direkt auf dem Handy anrufen, ich lasse sie von Gerda Horst einschieben.« Zwar wieder eine neue Patientin mehr, aber in diesem Fall musste sie eine Ausnahme machen. »Warum bist du nicht sofort zu mir rein ins Büro? Dann hätten wir wenigstens ein paar Minuten mehr gehabt.«

»Britti meinte, du hast die erste kurze Pause seit Stunden, und ich wollte nicht stören.«

»Sehr ungeschickt, Herr Hauptkommissar. Schlecht kombiniert. Jetzt muss ich in einer Minute wieder zur nächsten Behandlung. Und meine Patienten draußen haben dich länger zu Gesicht bekommen als ich. Unfair. Hättest du denn morgen Vormittag Zeit, wenigstens auf ein kleines Tête-à-tête zum Start ins Wochenende? Eine Wiedergutmachung für das schreckliche letzte Mal. Dann vielleicht ohne Bart?«

»Ich könnte dich abschrubben mit meinen Borsten.« Er grinste. »Nein, ernsthaft: Nichts lieber als das, Leo, aber ich kann es nicht versprechen. Jeder will was von mir, und alles soll am besten schon gestern erledigt sein. So wird es auch das Wochenende über bleiben.«

»Ach, du mein heiß begehrter, borstiger Hauptkommissar, du.«

Jakob legte eine Hand auf Leos Rücken, drückte sie näher an sich. »Da war so eine hübsche Dunkelhaarige in deinem Wartebereich eben. Die hat mir superlange direkt in die Augen gesehen.« Jakob hob seine Augenbrauen, blinzelte verführerisch. »Eifersüchtig, Leo?«

Leo klopfte ihm auf die Brust. »›Die‹ ist ein Mann, mein Süßer.«

FÜNF

Es war dieses Phänomen in ihm.

Es kam immer wieder. In immer kürzeren Abständen.

Selbst wenn er nur kurz die Augen schloss, schien er zu fallen. Immer ging es abwärts. Hinunter in einen Abgrund, den er als dunklen Schatten, als Schemen, wahrnehmen konnte.

Im Laufe der Jahre war es häufiger und schlimmer geworden. Dabei hatte sich sein äußeres Leben mehr und mehr stabilisiert.

Ein Auftrag folgte dem anderen, es machte ihm immer wieder diese eigenartige Freude, er mochte es, die Menschen kennenzulernen, um die er sich zu kümmern hatte. Er freundete sich mit ihnen an, lebte manchmal eine Weile mit ihnen mit, auch durch sie. Sie bereicherten seinen Horizont. Das Ende wurde dadurch einfach, fast so, als ergebe es sich ganz natürlich. Von dieser Seite gab es keine Probleme.

Auch das Geld floss, er konnte sich an keine Zeit erinnern, in der er so viel auf der sogenannten hohen Kante gehabt hatte. Das Haus war abbezahlt, er hatte sich Aktien und einen kleinen Vorrat an Gold zugelegt und sogar daran gedacht, sich eine Stadtwohnung dazuzumieten, er liebte es, in der Kölner City zu sein, und abends war es mühsam, von Sürth aus mit öffentlichen Verkehrsmitteln in die Stadt reinzufahren. Gut, er konnte sich ein Taxi leisten, wann immer er wollte, aber das tat er selten.

Natürlich lebte er allein, was aber kein Nachteil war. Er konnte sich seine Zeit einteilen, seine Aufträge offen auf dem Tisch liegen lassen. Er genoss es, in ein leeres Haus zurückzukommen, ohne dass jemand wartete, ihn befragte oder in der Zeit seiner Abwesenheit die eine oder andere Schublade durchwühlt hatte. Er lebte seine Ordnung der Dinge, seine Sauberkeit, sein gutes Leben.

Sein letzter Versuch, eine Beziehung zu führen, hatte nicht gut geendet, daran dachte er nicht gern, aber immerhin hatte ihm diese Beziehung gezeigt, dass er ein Mensch war, für den das Nur-einer-Sein am effektivsten war. Er hatte sich damit abgefunden, mochte es meistens.

Warum dann die Phasen des Abstürzens?

Warum die Träume über das Fallen?

Die Träume nachts, auch während kurzer Nickerchen tagsüber, die im Hinunterstürzen aus allen möglichen Höhen und Abgründen endeten. Dazu die Schwindelattacken, wenn er wach war. Augen schließen hieß schon fallen. In den letzten Monaten so intensiv, dass er Angst hatte, überhaupt zu blinzeln.

Wenn er zeichnete und sich dabei konzentrierte, ging es, auch wenn er Süßes aß. Aber er konnte nicht die ganze Zeit zeichnen oder essen.

Zu gern hätte er einen Therapeuten aufgesucht, aber da war ihm das Risiko zu hoch, auf die ärztliche Schweigepflicht wollte er nicht wetten. Er hatte sich zumindest reihenweise Bücher über Traumforschung gekauft und psychologische Erklärungen aller möglichen Störungen, die mit innerem Fallen zu tun hatten, gelesen, aber nichts gefunden, was ihm geholfen hätte.

Einmal hatte er sich große Hoffnungen gemacht, als er wegen einer Ohrenentzündung einen HNO-Arzt aufgesucht und ihm gegenüber sein Problem angesprochen hatte. Der Arzt hatte von Kristallen im Innenohr erzählt, die sich lösen und zu Drehschwindelattacken führen konnten. Es drehte sich in ihm zwar nicht, aber trotzdem hatte er die Medikamente ausprobiert, leider ohne Erfolg. Am Ende hatte auch der HNO-Arzt von einem psychischen Problem gesprochen und ihn zu einem Therapeuten überwiesen, zu dem er nie hingegangen war. Hier schloss sich der Kreis.

Am besten ließ sich das innere Fallen mit einem äußeren Sturz im Zaum halten. Einem Wurf nach unten. Dem Fallen eines anderen. Immer wenn er einen seiner Aufträge beendet hatte und danach so ein Fallen, so einen Sturz, arrangieren konnte, wurde es bei ihm selbst besser. Dann kehrte eine Zeit der Ruhe vor dem nächsten Abwärts ein.

Nach dem weichen und anschmiegsamen Eberhard Dallinger hatte er es geschafft, über eine Woche lang im Traum nicht seinen üblichen Absturz zu erleben, das war viel wert. Diese Tage hatten ihm gutgetan. Hatten ihm neue Kraft gegeben.

Dafür machte ihm Ebbis schöner Abflug leider in anderer Weise sehr zu schaffen.

Was hatte er sich dabei gedacht, einen Auftrag in solcher Nähe zu seinem Zuhause anzunehmen? Schon als die erste Anfrage, wie meistens mit größter Vorsicht und zitternder Stimme, auf seiner Mailbox eingegangen war und er sofort gewusst hatte, wer ihn da zu kontaktieren versuchte, hätte er sich niemals zurückmelden dürfen.

Aber: Es hatte ihn gereizt. Richtig?

Er lebte seit acht Jahren hier in Köln, und in der Zeit waren alle Aufträge in dem Raum tabu gewesen. Man scheißt nicht dort, wo man isst, hatte Omi mehr als einmal gesagt. Als sie in ihren letzten Jahren durch den Alkohol zunehmend dement wurde, hatte sie diesen Spruch leider nicht mehr beherzigt.

Diese Stadt, die er so liebte und in seiner freien Zeit durchstreifte, war sein Rückzugsort, seine Höhle, sein unantastbares Heim. Er liebte selbst die Staus, die Verspätungen der KVB und den kölschen Klüngel und war natürlich auch ein Fan vom FC und dem jährlichen Karneval. Wobei ihn seine Aufträge in den letzten zwei Jahren gerade in der närrischen Zeit immer in den Norden geführt hatten, dort konnte man einfach nicht jeck sein.

Er brauchte diese heimatliche Stabilität.

Was hatte ihn gerade am Dallinger-Auftrag gereizt? Einmal von zu Hause aus arbeiten zu können, sich nicht wieder anderswo für Wochen, manchmal Monate aufhalten zu müssen? Oder ein tieferer Nervenkitzel durch die nachbarschaftliche Nähe?

Dafür war er sogar mit seinem Preis heruntergegangen. Denn eigentlich tat er es nicht für das Geld. Nicht mehr. Oder hatte es nie für das Geld getan.

Für sich. Für seine Auftraggeber. Und für die Auftragsgegenstände. Vielleicht in memoriam seiner Omi, der sein irrer Job gefallen hätte.

Für jemanden wie den Eberhard Dallinger.

Der Ebbi.

Sie hatten sich aus der Straße gekannt.

Vom letzten Straßenfest und danach von mehreren Zusammentreffen in der Buchhandlung im Viertel. Eberhard und er liebten dieselben Krimis, nordische Natur, Autoren aus Finnland oder Schweden. Er hatte bei diesen Begegnungen schon Zutrauen, ja eine gewisse Zuneigung zu dem groben Mann mit dem femininen Gemüt gefasst.

»Sie sind der Erste, der je auf meine Finger gesehen und ihre Zartheit bemerkt hat.«

Dies einer der wunderbaren Sätze von Ebbi, der zwar ein Mann war und bleiben wollte, aber doch so viel Feminines in seiner Seele unausgelebt mit sich herumschleppte. Sie waren anfangs, vor dem Auftrag, nicht Freunde, aber gute Bekannte mit einem Hauch von Seelenverwandtschaft geworden. Ihre Gespräche führten dank einer Offenheit von Eberhards Seite, die ihn beeindruckte, immer schnell in ungeahnte Tiefen. Er interpretierte es als Harmonie zwischen Fremden.

Als die Anfrage hereinkam, war klar, dass es die perfekte Harmonie zwischen Ausführendem und Abtretendem darstellen konnte: Der Mann hatte von sich aus eine Sehnsucht nach dem Tod gehabt.

Die Stadt und der Tod.

Das hatte ihm gefallen.

So sehr, dass er angenommen hatte.

Ihre nächsten Treffen hatte er wie immer forciert. Es lief ohnehin viel schneller als üblich, er brauchte nicht an einen fremden Ort, musste keine neue Identität kreieren, sich einleben und vorarbeiten, er war mitten im Geschehen.

Im Museum für Ostasiatische Kunst hatte es eine Sonderausstellung über Grabbeigaben gegeben, dazu hatte er Eberhard eingeladen, passend zum Thema, das zwischen ihnen schwelte. Danach Kaffee und Kuchen im angrenzenden Café und ein weiteres Gespräch, das sich diesmal über Stunden hinzog. Wären sie beide wahrhaftig homosexuell gewesen, hätte das der Beginn einer wunderbaren Liaison sein können.

An dem Abend hatte er Eberhard Dallinger skizziert, sein grobes Gesicht auf der Zeichnung mit Schminke versehen, seinen Kopf mit einer Lockenperücke übermalt, es ihm am nächsten Tag gezeigt. Eberhard hatte Tränen in den Augen gehabt.

Wer weiß, wäre Ebbi, wie Eberhard sich immer gern nannte, lange genug am Leben geblieben, vielleicht hätte er es einmal gewagt, auf die andere Seite zu wechseln.

Aber in der Zeit zwischen Auftragsbeginn und Erledigung hatte Ebbi in einer durchschnittlich glücklichen Ehe mit seinem durchschnittlichen Sohn in seiner durchschnittlichen Doppelhaushälfte in Sürth gelebt. Einzig sein Beruf war für einen Mann über fünfzig ein wenig unerwartet. Den Vertreter für ein Schönheitsprodukt für Damen hätte er dem Nachbarn nicht angesehen, aber es passte natürlich zu seinen weiblichen Neigungen.

So war es zwischen ihnen gelaufen, sie waren mit einer rasanten Geschwindigkeit von Bekannten und Nachbarn zu Freunden geworden und immer mehr auf die geheimen Wünsche des Eberhard Dallinger zu sprechen gekommen. Ebbi hatte sich so voller Freude auf die neue Bekanntschaft gestürzt, endlich, endlich ein Wesen, das ihn zu verstehen schien mit all den kleinen und großen unerfüllten Bedürfnissen. Anfangs also ein voller Erfolg.

Er selbst hatte sich wie immer einem Chamäleon gleich angepasst, sich einen zweiten Vornamen für seine Person ausgedacht, den Ebbi wunderbar fand. Er hatte Geschichten von eigenen Ausflügen in weibliche Seide erfunden. Von Boutiquen mit wunderbaren Kleidern erzählt, Ebbi einmal mit geschenkten High Heels überrascht.

Der Höhepunkt war das Ende gewesen. Er hatte Ebbi einen Gefallen getan, ihn aus seiner verzwickten Situation erlöst. Der Gürtel für Ebbi, das Stürzen, das Hinunterwerfen für sich ganz persönlich als Sahnehäubchen.

Ein würdiger, guter Abschluss des ganzen Spiels.

Etwas weniger Aufsehen wäre tatsächlich besser gewesen, darüber ärgerte er sich immer noch. Er hätte den Mann aus der Tür schleifen und im Flur die Treppen nach unten befördern sollen, das hätte genügen müssen. Doch sich über verschüttetes Wasser aufzuregen brachte nichts.

Danach waren die Träume vom Fallen verschwunden, wunderbare Nächte, ausgeruhte Morgenstunden. Er hatte sich der Stadt und den Menschen näher denn je gefühlt.

So viel Gutes war in diesen Tagen danach geschehen, dass er sich sogar auf einen nächsten Auftrag in NRW einstellte, es hatte eine Anfrage gegeben, einen alten Opi in Meckenheim in den ewigen Schlaf zu schicken, sein Enkel wollte nicht mehr länger auf das Erbe warten.

Selbst seine Zahnprobleme schienen sich endlich zum Guten zu wenden.

Er war angetan von der Zahnärztin Dr. Kardiff, die ihn und seine Ängste verstand und mit der kleinen Mordsgeschichte aus ihrer Vergangenheit auch ein klein wenig zu ihm selbst und seiner Profession passte. Komisch, wie die Linien von Menschenleben sich manchmal kreuzten.

So gut es angefangen hatte, so bald war es ihm entglitten. Natürlich kamen die Träume zurück.

Nicht einer, nein, gleich ganze Nächte hindurch begannen sie ihn in immer und immer wiederkehrenden Sequenzen des Fallens und Stürzens erneut zu quälen. Auch tagsüber blieb er nicht verschont. Er fiel, sobald er die Augen schloss, diese »Fallsucht« in ihrer Wiederholungsschleife dimensionierte sich, steigerte sich zu neuen Höhen ohne Aussicht auf ein Ende.

Kein gutes Ding ohne Rattenschwanz.

Die gefährlichste Erkenntnis und der Auslöser war gewesen, dass ebendiese tolle neue Dentistin, zu der er großes Vertrauen gefasst hatte, mit einem Kriminalisten befreundet war. Diese Nähe konnte ihm zum Verhängnis werden oder zumindest eine Bedrohung seiner Existenz hier in Köln darstellen. Schlimmer, als ins Gefängnis zu kommen, war die Vorstellung, wegziehen, fortlaufen zu müssen aus dieser seiner bevorzugten Ecke.

Gut, er war bestens getarnt. Aber jede Tarnung hatte auch ihre Lücken, und hier hatte die Lücke einen Namen.

Wie aufs Stichwort war diese Lücke im Wartezimmer der Zahnarztpraxis von Dr. Kardiff aufgetaucht. Er hatte dort heute seinen dritten Behandlungstermin.

SECHS

Ich habe es gewagt.

Habe mich getraut.

Sitze wieder hier.

Diesmal drinnen. Am Fenster.

Es ist wieder Samstag. Doch das Wetter ist diesmal nicht gut.

Café Rico. Rudolfplatz.

Es ist voll wie immer. Nichts deutet auf das Drama hin, das sich vor zwei Wochen gegenüber abgespielt hat.

Was hatte ich erwartet?

Aber ich bin hier. Bin meinem zweiten Mord-Trauma auf die Füße getreten. Nimmt man das Wort Mord weg, ist dieses Trauma nur eines von vielen in meinem Leben.

Wenn ich zurückgehe in meinem Kopf, dann sehe ich mich unter dem Schreibtisch meines Vaters in seiner Praxis, mich verstecken vor dem Wehklagen seiner Patienten und dem Geräusch des Bohrers. Ich sehe ihn kommen mit einer Spritze und wie er meine Puppe Popsi nimmt, ich sehe sein Guck-mal-das-tut-gar-nicht-weh-Gesicht und wie er die Spritze in Popsis Lippen drückt.

Diese Szenen meiner Kindheit habe ich bis heute weder vergessen noch verarbeitet. Sie lauern unter allem, was ich tue.

Gut, ich hätte ja auch Juristin oder Fleischfachverkäuferin werden können. Dann wäre meine Spritzenphobie nur für meinen behandelnden Zahnarzt ein Problem. Aber in einer Metzgerei hätte ich Jakob nie kennengelernt, er ist Vegetarier.

Apropos mein Hauptkommissar: Wieder hab ich ihm nichts erzählt. Schließlich geht es auch um meine Schweigepflicht und den Datenschutz. Im Fall eines Verbrechens könnte Jakob als Hauptkommissar in einer Ermittlung natürlich anfragen …

Meine Neugier ist so groß. Kann es einen Zusammenhang zwischen den vier neuen Patienten und dem Mord geben? Was, wenn einer von ihnen das Opfer erwürgt hat, dann nach unten geworfen, dann in der Menge untergetaucht ist? Oder zwei von ihnen? Denn einer allein hätte die Kraft nicht gehabt, Eberhard Dallinger aus dem Fenster zu hieven, oder?

Oder alle vier! Ein Gemeinschaftsmord.

Hey, Leo, was für Ideen du immer hast.

Selbst wenn sich nun tatsächlich alle vier zum Töten verabredet haben, warum sollten sie gleichzeitig Zahnschmerzen haben, um dann auch noch zu mir zu kommen? Völliger Schwachsinn. Die vier kennen sich nicht, und keiner von ihnen hat im Entferntesten etwas mit der Sache am Hut. Halt! Hannes Probst schon. Er und Ebbi haben ja miteinander gearbeitet.

Ebbi.

Da muss mehr dahinterstecken. Mein Ex war auch ein femininer Typ, eine zarte Künstlerseele, und hat sich trotzdem nicht in meiner Unterwäschekommode ausgetobt. Zumindest nicht, dass ich wüsste.

Wie es wohl ist, ein geheimes Leben zu leben?

Oh Gott. Ich bin wieder hier.

Ich bin aufgeregt, habe schon an der Theke einen Milchkaffee geordert. Vielleicht wäre ein Glas Rotwein besser gewesen für meine Nerven.

»Haben Sie drinnen einen Caffè Latte bestellt? Hier kommt er.«

Ich sehe hoch. Es ist die Kellnerin vom letzten Mal. Unglaublich!

Wie heißt sie noch mal? Hansen, nein, Jansmann, auch nicht. Jansen!

Genau. Mirjam Jansen. Sie erkennt mich sofort.

»Ja hallo, wenn das nicht die Frau Doktor ist?«

Sie stellt mir den Milchkaffee auf den Tisch, ihr steht eine so große Freude ins Gesicht geschrieben, als ob wir uns bei einer tollen Party kennengelernt hätten.

»Ich hätte nicht gedacht, dass Sie sich wieder hierherverirren.«

»Ich nenne es Traumabewältigung. Ist nicht meine erste Leiche gewesen.«

»Ja, das habe ich gegoogelt.«

Ich atme schwer aus. Bei allen Vorteilen, die das Internet zu bieten hat, scheint es mir trotzdem grauenvoll, dass jeder alles über jeden nachlesen kann.

Ob Nathalie und Luise wissen, wie man Einträge löschen kann? Zuerst einmal muss ich mit Nathi aber über ihren ersten Sex reden. Seit ihrem Geständnis geht sie mir immer noch aus dem Weg. Gut, dass sie nicht schwanger geworden ist. Nicht auszudenken, ich als Oma.

Ich schweife mal wieder ab. Zurück zu Mirjam Jansen.

Die Gelegenheit packe ich beim Schopf. Lenkt mich von meiner Nervosität ab. »Hat Sie denn die Polizei noch mal vernommen, Frau Jansen?«

»Mirjam, bitte. Ja, Ihr gut aussehender großer Kommissar war hier. Und eine Kommissarin, die sehr streng wirkte. Das Café war an dem Morgen so was wie das Vernehmungszimmer für die Polizei. Irgendwie schräg.«

Ich strecke ihr die Hand hin. »Leocardia. Besser Leo.«

»Oh! Dann verstehe ich, warum Sie lieber Leo heißen.«

Ein Gast drei Tische weiter ruft: »Zahlen!« Mirjam entschuldigt sich und bedient weiter. Ich nehme meinen ersten Schluck und merke, dass meine Hand zittert.

So schöne rote Locken. Hat Mirjam damals gesagt. Ob die Polizei weiß, woher Ebbi diese Perücke hatte? Und die Frauenkleider? Wollte er sich in der Wohnung mit einem Lover treffen? Seine arme Frau Frida mit einem Kerl betrügen? Haben Jakob und sein Team also die anderen Gäste alle befragt? Kann nicht sein, denn als ich vor einer Woche nach dem Drama hier gewartet habe, war das Café bis auf Mirjam, einer zweiten Kellnerin, ihrem Boss und mir leer. Ein paar Gäste hatte Per Kowalski noch draußen aufhalten können, hatte deren Namen notiert, aber die meisten anderen waren verschwunden gewesen. Rausgestürmt, viele sicher, ohne zu zahlen. Haben sich in die Masse gestellt, die sich an der Absperrung angesammelt hat.

Pfui.

Schrecklich, dieser Voyeurismus.

Na ja. Ich bin nicht besser.

Sitze hier und bin neugierig. Ärgere mich, dass ich Jakob gestern nichts gefragt habe. Ihm nichts erzählt habe. Er mir nichts berichten darf. Es kommt noch so weit, und ich nehme mein Smartphone und google nach dem offiziellen Stand der Ermittlungen.

Gar keine völlig üble Idee.

Ich nehme es in die Hand. Rufe die Suchmaschine auf. Gebe Mord und Eberhard Dallinger ein.

Gott, oh Gott. Hunderttausende Einträge. Kann nicht sein.

Also. Mehr Stichworte.

Kölner Polizei. Ermittlungsstand.

Gut, nur mehr achttausend. Aber immer noch unfassbar viel.

Ich lege mein Smartphone zurück auf den Tisch. Schäm dich, du bist keinen Deut besser als die Schaulustigen.

Ach ja, Jakob Zimmer könnte ich auch noch als Suchbegriff eingeben. Handy wieder zu mir!

Es summt.

Es beginnt zu singen.

Wenn das jetzt Jakob ist, glaube ich an Telepathie.

Nein, es ist nicht mein gut aussehender großer Kommissar. Ich kenne die Nummer nicht.

»Dr. Kardiff, hallo?«

»Hallo zurück. Hier ist Stefanie Zimmer, die Mutter vom Jakob. Sie erinnern sich?«

»Ja klar.«

Ich erinnere mich an die sympathische Dame. Jakob sieht ihr ähnlich. Einmal hab ich sie getroffen, zufällig beim Brunch. Seither hat Jakob zwar immer wieder Grüße von ihr ausgerichtet und mal ein Treffen geplant, aber wie immer rennt und fehlt die Zeit. Sie liest gern Jerry Cotton, das weiß ich. Und Jakob liebt sie inniglich.

»Mein Sohn hat mir Ihre Handynummer gegeben.«

»Ich weiß. Sie wollten zu mir auf den ›Stuhl des Grauens‹.«

»Ha! Das klingt so gut, dass ich es ausprobieren muss, genau. Eine meiner Brücken macht mir zu schaffen, und mein Zahnarzt will oder kann es nicht machen, deshalb habe ich an Sie gedacht. Oder bin ich zu aufdringlich?«

»Auf keinen Fall, Frau Zimmer. Ich schiebe Sie jederzeit ein.«

»Sagen Sie Stefanie zu mir, bitte. Oder besser, duzen wir uns. Das würde mich jetzt freuen.«

Ich bin etwas überrumpelt. Auf Du und Du mit Mama Zimmer? Wird das Jakob gefallen? Gefällt es mir?

»Ja, okay. Leo.«

»Jetzt sollten wir eigentlich anstoßen. Mit Sekt oder gleich Champagner. Und wir sollten uns endlich einmal treffen, was? Privat, meine ich.«

In meinem Hirn klopft etwas an. Eine Idee.

Ein bisschen gewagt. Ein bisschen wieder die alte Schiene. Ein wenig mehr die Neugierde. Und ganz typisch Leo.

Egal!

»Stefanie, ich wollte Dienstagabend zur Präsentation einer Schönheitslinie gehen. Um acht in der Glockengasse 6, in der Innenstadt. Wenn Sie noch nichts vorhaben, könnten wir uns dort treffen.«

»Schönheitspräsentation? Dafür bin ich schon eine zu alte Schachtel.«

»Ich bitte Sie … ich meine, ich bitte dich … Jakob schwärmt immer von seiner vitalen, attraktiven Mutter. Warum nicht? Ich bin auch das erste Mal bei so was dabei. Wenn es langweilig ist, hatten wir ein Glas Champagner umsonst und können hinterher einen Happen essen gehen.«

Warum bin ich plötzlich ganz scharf darauf, zu Hannes Probst und dieser Präsentation zu gehen?

Weil ich glaube, dass er etwas zu verbergen hat. Hinter seinen gefärbten Locken liegt noch was. Etwas, das mit dem Mord an Eberhard Dallinger zu tun hat.

So, jetzt bin ich wieder auf meinem Trip.

Scheiße, Leo!

Toll, Leo!

Alles zugleich. Und dazu schleppe ich auch noch die Mutter von Hauptkommissar Zimmer mit.

»Weißt du was, Leo? Da bin ich dabei. Wer weiß, ob ich nicht auf meine alten Tage ein Wundermittel entdecke und bald jünger als mein Jerry aussehe.«

Wie süß. Sie nennt Jakob Jerry. Das muss ich demnächst auch mal tun. Wahrscheinlich verhaftet er mich dann.

Ich nenne Stefanie Zimmer noch mal Zeit und Ort, und wir verabschieden uns. Mein Milchkaffee ist kalt geworden. Ich winke der Kellnerin, ich werde noch einen Espresso trinken, dann habe ich lange genug allein hier gesessen und mein Trauma bearbeitet. Jakob wird es ohnehin zeitlich nicht schaffen, mich zu treffen.

»Hat mein Onkel Sie kontaktiert?«

Im ersten Moment weiß ich überhaupt nicht, wovon die Kellnerin redet. Dann fällt es mir ein. An dem Tag hat sie es mir gesagt. Ihr Onkel ist Zahnarzt in Eschweiler und sucht eine Stelle in Köln. Ich brauche dringend Verstärkung.

»Nein, aber ich würde ihn gerne kennenlernen.«

»Ich werde ihn noch mal daran erinnern. Ihre Visitenkarte habe ich ihm gegeben. Jansen heißt er, wie ich. Olaf Jansen. Er hat mich immer unterstützt bei meinem Studium. Ich jobbe hier ja nur nebenbei, will meinen Master in Soziologie machen. Jetzt kann ich mich revanchieren. Er ist ein klasse Zahnarzt, das sage ich nicht nur, weil er mein Onkel ist. Und er sieht gut aus, das können Sie mir glauben. Obwohl, Sie haben ja schon einen Freund.«

Ich nicke.

Mein Blick schweift wieder von der Kellnerin weg nach draußen. Von da oben ist Eberhard Dallinger heruntergestürzt. Nein, geworfen worden.

»Mirjam, sagen Sie, als Sie an dem Samstag da hinaufgeschaut haben, ist Ihnen da nur die Person aufgefallen, die den armen Typen gehalten hat, oder auch jemand daneben? Jemand Dritter vielleicht?«

Es ist ein Schuss ins Blaue. Wieder muss ich an die Leute vom Samstag denken. Daran, dass sie in der Menge standen und geglotzt und mitbekommen haben, wer ich bin. Da ist die Italienerin, ein Mann in Frauenkleidern, wie der verstorbene Ebbi. Waren die beiden verabredet? Von Frau zu Frau? Oder ist der »böse Barney« so böse, dass er auch vor einem sadistischen Mord nicht zurückschreckt, weil ihn das aufgeilt? Was ist mit dem Österreicher, der Britti anscheinend so gut gefällt?

Oder hat letztlich Hannes Probst mit der Sache zu tun? Warum wollte er der Polizei nicht sagen, dass er hier war? Was ist mit meiner Idee vorhin von einem Gemeinschaftsmord?

Ich drehe mich zurück. Die Kellnerin überlegt immer noch. Auch ihr Blick hat sich nach draußen und oben gerichtet.

»Ehrlich, ich weiß es nicht mehr. Am Ende hat die Frau vielleicht ganz allein da oben gestanden, und ich habe mir alles nur eingebildet.«

Nein, sich selbst erwürgt und sich dann aus dem Fenster gestürzt zu haben war für den armen Eberhard Dallinger unmöglich.

»Es war ein Mann. Ein Mann in Frauenkleidern.«

Mirjam Jansen zuckt mit den Schultern. »Ja, das habe ich im Netz gelesen. Aber jeder kann doch sein, was er will.«

Da muss ich ihr absolut recht geben.

SIEBEN

Theo Prunk und Jakob Zimmer waren mitten im Gespräch, als Per Kowalski ohne zu klopfen in das großzügige Besprechungszimmer der Staatsanwaltschaft hereinstürmte. Der Oberstaatsanwalt und der Hauptkommissar hatten sich an diesem Dienstag getroffen, um die mageren Ergebnisse und das weitere Vorgehen bezüglich der Presse zu besprechen.

Die falschen roten Locken des Opfers waren im Atelier für Zweithaar gekauft worden, die Ladeninhaberin hatte Eberhard Dallinger auf dem Foto wiedererkannt.

Inzwischen war es auch zu einer persönlichen Befragung von Janosh Jerulaski gekommen, dem Mann, der die Wohnung am Rudolfplatz hatte mieten wollen. Sein Alibi war überprüft und verifiziert, er hatte sich in Polen aufgehalten. Er hatte sich tatsächlich erfreut gezeigt, trotz der veränderten Umstände einziehen zu können, immerhin würde er bald in einem »Mords-Appartement« leben.

Die Beamten waren zwar weiterhin mit Dallingers Foto in den Kölner Bars und Clubs unterwegs, in der sich Transvestiten und/oder Homosexuelle trafen, doch bisher hatte ihn keiner wiedererkannt. Es gab keine neuen Ermittlungsansätze, aber immerhin Dinge, die Jakob Zimmer ausschließen konnte.

Hinter Kowalski tauchte der rote Schopf der langjährigen Sekretärin von Theo Prunk auf, die gleichzeitig auch seine Schwägerin war. Ein kleines Exempel kölschen Klüngels blitzte hier auf, was alle Beteiligten natürlich vehement bestritten.

»Ich konnte den jungen Mann nicht bremsen, Theo.« In ihrer Aufregung vergaß sie, ihren Chef zu siezen, wie es während der Arbeitszeiten zwischen ihnen verabredet war.

Jakob Zimmer stand sofort auf und kam Per entgegen. Die roten hektischen Flecken auf Pers Wangen konnten nur bedeuten, dass sich etwas Entscheidendes ereignet hatte.

»Schon gut, Senta.« Theo Prunk versuchte, seine Schwägerin schnell wieder hinauszubewegen, sie blieb in der Tür stehen und zeigte eine unverhohlene Neugier, als Per Kowalski sein Smartphone zückte und es hochhob wie eine Klageschrift.

»Du bist nicht an dein Handy gegangen, Jakob. Luis hat es sicher ein Dutzend Mal versucht. Ich ebenso.«

Jakob drehte sich und packte seine Jacke. Er holte sein Telefon heraus.

»Das Ding hat sich ausgeschaltet. Wie ist das denn passiert?« Er drückte seinerseits auf die Tastatur. Im Gegensatz zu den anderen weigerte er sich immer noch, sich ein Smartphone zuzulegen. »Scheiße!«

»Du hast auch deine Mails nicht gecheckt.« Per wandte sich an Prunk. »Herr Oberstaatsanwalt, Luis hat auch Ihnen die Mail geschickt, weil wir ja wussten, dass Sie beide hier zusammensitzen. Wenn Sie also Ihre neuesten Nachrichten jetzt abrufen würden, könnte sich Jakob alles sofort ansehen.«

Theo Prunk nickte und setzte sich an den Computer, ihn hatte ebenso die Neugier gepackt. »Ihr hättet hier bei mir durchklingeln können.«

»Ist meine Schuld.« Prunks Schwägerin meldete sich im Türrahmen wieder zu Wort. »Ich habe keine Anrufe durchgestellt, weil ihr ungestört sein wolltet. Kommissar Fahrenz hatte sich zweimal gemeldet.« Der Teint ihrer Haut passte sich ihrem Haarton an. »Er hat auch gesagt, dass es dringend ist, aber das sagen alle, die hier anrufen.«

»Schon gut, Senta. Alles gut! Wir sichten sofort die Mail.« Theo Prunks Ton wurde schärfer. »Und danke, Frau Wagenschild, das ist alles.«

Die Schwägerin und persönliche Sekretärin rümpfte ihre Nase, machte aber endlich die Tür zu und ließ die drei allein.

Theo Prunk gab sein Passwort ein, Jakob und Per standen hinter ihm.

»Öffnen Sie den Anhang.« Per hätte es am liebsten selbst gemacht. »Wir haben vorhin endlich die bearbeiteten Fotos der Schaulustigen vom Rudolfplatz bekommen. Und du wirst es nicht glauben, wen wir darauf entdeckt haben, Jakob.«

Das erste Bild zeigte eine bunte Menschenmenge. Die Qualität ließ immer noch zu wünschen übrig, aber der Techniker hatte es geschafft, die Helligkeit einzudämmen, sodass man Gesichter und Details erkennen konnte.

Jakob schüttelte sich innerlich. Was war für diese Leute bloß so spannend daran, sich ein Verbrechen direkt und hautnah anzusehen?

Das nächste Foto ging auf, darauf ein Ausschnitt der Menge aus nächster Nähe. Ebenso auf dem dritten und vierten Bild. Jakob fiel ein Jeck in der dritten Reihe auf, der eine Narrenkappe trug. Bereits Wochen vor dem 11.11. Aber in Köln gab es immer einen Grund, ein wenig Karneval ins Leben der Stadt zu holen. Und jeck waren sie doch alle.

»Hier!« Per zeigte mit dem Finger auf das vierte Bild. »Hier haben wir ihn.«

Hannes Probst war darauf zu sehen. Nicht völlig scharf, aber es genügte für eine Identifizierung. Seine dunklen Locken und seine Größe ließen ihn aus der zweiten Reihe herausstechen. Hätten sie die Bilder von Anfang an zu sehen bekommen, wäre der Mann, genauso wie seine Frau, schneller im Polizeipräsidium gelandet, als man »Polite Beauty« auch nur aussprechen konnte.

Der Arbeitgeber von Eberhard Dallinger hatte gelogen. Er war zur Zeit des Mordes am Tatort gewesen oder direkt davor. Es wäre ein Leichtes für ihn gewesen, sich mit seinem Kollegen in der Wohnung zu verabreden, ihn zu strangulieren, aus dem Fenster zu werfen und dann nach unten zu gehen und in der Menge unterzutauchen.

In Jakobs Kopf rannten die Vermutungen um die Wette. Warum war er vor Ort geblieben? Er hätte nach dem Mord direkt verschwinden können. Wollte er seine Tat von außen begutachten? Das Aufsehen, den Auflauf von Polizei, Rettung und Menschenmasse genießen? Es gab genug Fallbeispiele, in denen sich der Täter noch am Ort seines Verbrechens aufgehalten, ihn sogar mehrmals wieder aufgesucht hatte, wie magisch davon angezogen. Es konnte sein, dass Hannes Probst in diese Kategorie gehörte.

»Komisch, dass er dortgeblieben ist, wenn er der Täter war.« Per war auf einer Gedankenwelle mit seinem Boss.

»Er ist vielleicht auf die Reaktion gespannt, die seine Tat auslöst.« Auch Theo Prunk dachte in dieselbe Richtung.

»Auf jeden Fall ist sein Alibi falsch. Warum, wird sich herausstellen. Das alles können wir ihn fragen, wenn wir ihn abgeholt haben. In Handschellen.« Jakob klickte auf das nächste Foto.

Darauf war Hannes Probst noch besser zu sehen. Er hatte sich in die erste Reihe vorgedrängt und stand mit den anderen dicht am Band der Polizeiabsperrung. Sein Gesicht zeigte eine Mischung aus Trauer und Entschlossenheit.

»Ich stelle euch einen Durchsuchungsbeschluss für sein Haus aus.« Theo Prunk drückte auf einen blauen Knopf auf der Telefonanlage, die neben dem Computer im Besprechungszimmer stand. »Frau Wagenschild?«

Nur ein Rauschen.

»Hallo? Hallo, wo bist du denn, verdammt?«

»Ja, Herr Oberstaatsanwalt?« Die Stimme der Sekretärin wirkte gehetzt. Jakob fragte sich, ob sie wohl an der Tür gelauscht hatte und eben an ihren Schreibtisch zurückgehechtet war. Das Du und Sie der beiden mischte sich jetzt völlig.

»Senta, mach bitte einen Durchsuchungsbeschluss fertig. Kommissar Kowalski kommt zu dir raus und gibt dir die Daten. Ich unterschreibe dann.«

Per verließ das Büro, ließ die Tür offen.

Jakob klickte sich weiter. Auf dem nächsten Bild war nur Hannes Probsts Schulter zu erkennen. Rechts von ihm stand ein Mann mit einem so dicken Bauch, dass sich das Absperrband über seinem Parka spannte und nach innen gedrückt wurde. Dahinter eine sehr hübsche dunkelhaarige Frau. Sie trug eine Kappe, ihre Augen lagen im Schatten. Jakob kannte das Gesicht, konnte es aber im ersten Moment nicht zuordnen. Die meisten der Gaffer waren leider immer noch zu hell belichtet, um sie richtig sehen zu können.

In seinem Kopf begann Jakob Tatverdächtige durchzugehen wie in einem Dateikasten.

»Was siehst du?« Theo Prunk war Jakobs Zögern aufgefallen.

»Die Frau mit der Kappe.«

Jakob setzte sich auf einen der Drehstühle. Klickte weiter durch die nächsten Bilder. Viele nicht zu gebrauchen, ein paar etwas schärfer. »Ging es nicht besser?« Jakob rief nach draußen.

»Der Labortechniker hat getan, was er konnte«, gab Per zurück. »Immerhin haben wir Probst.«

Wieder war auf einem Bild verschwommen die Frau mit der Kappe zu erkennen. Jetzt hatte sie ihren Kopf seitlich nach oben gedreht, in Richtung des Fensters. Als ob sie zu dem Haus sehen würde, hochsehen würde zu der Wohnung, in der Eberhard Dallinger gestorben war.

Dann wusste Jakob es.

Die Dunkelhaarige hatte er erst vor wenigen Tagen gesehen, war im selben Raum mit ihr gewesen. Im Wartezimmer von Leo. War es nur ein Zufall, dass sie zu der Zahnärztin ging, die am Tag des Mordes am Tatort gewesen war? Oder waren sich die beiden dort begegnet? Er musste Leo anrufen, sie dazu befragen.

Etwas anderes fiel ihm wie Schuppen von den Augen. Leo hatte ihm erzählt, dass diese gut aussehende Frau in Wahrheit ein Mann war. Ein Transvestit. Ähnlich wie Eberhard Dallinger? Waren die beiden in der Wohnung verabredet gewesen? Ein Date unter Gleichgesinnten, das schiefgegangen war?

Immerhin würde er leicht herausbekommen, wie die Frau oder der Mann hieß, er konnte direkt bei Leo nachfragen, ganz offiziell natürlich, sie würde ihm den Namen aus der Patientenakte durchgeben.

»Sagst du mir, was du entdeckt hast, Jakob?«

»Warte!«

Jakob Zimmer nahm sein Handy und wählte Leos Nummer, sofort ging die Mailbox an. So ein Mist. »Ja, hier Jakob. Es ist dringend, bitte ruf mich zurück.«

Per Kowalski und Senta Wagenschild kamen ins Büro des Oberstaatsanwalts zurück. Theo Prunk unterschrieb, während Jakob die rassige Frau auf dem Foto Per zeigte. Er erzählte von seiner Begegnung in der Praxis. Davon, dass diese Sie ein gut aussehender, als Frau gestylter Kerl war und in der Kartei der Praxis zu finden sein musste. Per wackelte mit dem Kopf wie ein Wackeldackel.

»Vielleicht ist es eine Liebesgeschichte mit tödlichem Ausgang. Ist doch wunderbar, dass sie beziehungsweise er bei deiner Frau Doktor in Behandlung ist. Das erspart uns die Suche.«

»Hast du eine persönliche Frau Doktor?« Theo Prunk klopfte Jakob auf die Schulter und reichte ihm das unterzeichnete Papier.

Jakob ging auf die Bemerkung überhaupt nicht ein. »Auf jeden Fall haben wir einen Tatverdächtigen. Vielleicht bald zwei, und ich brauche wieder deine Unterstützung, Theo.«

Es passte ihm nicht, dass Leo wieder so nahe an dem Fall dran war. Wenn sie davon gewusst und mit ihm nicht darüber geredet hatte, was dann? Das alte Spiel?

Aber die Voraussetzungen waren jetzt anders, sie waren fast ein Paar. Dieses Fast fühlte sich wie ein Klumpen in seinem Bauch an, genau wie die Entdeckung der rassigen Dunkelhaarigen auf dem Foto.

»Wir fahren von hier aus direkt zu Hannes Probst. Überraschen ihn und seine Frau zu Hause. Sie hat ihm das falsche Alibi verschafft. Vielleicht hat sie auch bei anderen Dingen gelogen, steckt sogar mit ihm unter einer Decke. Später kümmern wir uns um den Hübschen auf dem Bild.«

»Ich finde es richtig gut, wie jetzt alles in Schwung kommt.« Senta Wagenschild, Chefsekretärin und Schwägerin des Oberstaatsanwalts, warf einen Blick auf die Fotos am Bildschirm. »Die Menschenmenge, ein verkleideter Mann, das ist wie beim Christopher Street Day. Das passt zu Köln.«

»Senta, ich bitte dich.« Theo Prunk legte seine Stirn in Falten. »Ich meine, liebe Frau Wagenschild, würden Sie bitte Ihre Meinung für sich behalten?«

ACHT

»Individuell vorangehen – was heißt das?«

Hannes Probst zupfte zärtlich an der Tischdecke. Während er weiterredete, begann er, die gerahmten Fotos auf dem Tisch hin und her zu bewegen. Im Kerzenlicht schimmerten die Gesichter der Berühmtheiten darauf wie unter Wasser.

Wasserleichen, dachte Leo und bekam eine Gänsehaut.

Ihr ging es nicht gut.

Schuld war der neue Zahnarzt. Oder der Mann, der der neue Zahnarzt werden wollte.

Olaf Jansen.

Seine Nichte Mirjam hatte noch einmal bei ihm nachgefragt, und er hatte gegen Mittag bei Leo angerufen. Nichts Auffälliges an seiner Stimme oder seinen Worten, ganz im Gegenteil. Er wirkte korrekt, fast bescheiden hatte er ihr von seinen vielen Wochenendweiterbildungen erzählt. Er wollte in seiner weiteren Karriere auch kieferorthopädische Operationen durchführen, versuchte, jedes Seminar darüber zu besuchen, und fuhr oft weite Strecken, wenn er einen Teilnehmerplatz ergattert hatte. Jung klang er, dynamisch und ehrgeizig, was seine Ziele anbelangte. Die Praxis in Eschweiler unterforderte ihn, er wollte da raus und auf jeden Fall nach Köln.

Ein gutes, ein harmloses Gespräch. Sie hatten ein Treffen in der kommenden Woche verabredet, sie würde zu ihm nach Eschweiler fahren, bei einer seiner Behandlungen mit dabei sein. Alles lief eigentlich gut.

Doch keine paar Minuten später hatten die Bilder in Leos Kopf zu laufen begonnen. Ihre Erinnerung schlug zu. Ihre Phantasie zeigte ihr den jungen Arzt in verschiedenen Varianten, einmal als Opfer mit aufgequollenem Gesicht, die Augen weit aufgerissen. Dann wieder als Täter, mit einem Messer in der Hand durch die Praxis laufend.

Gegen ihre Gewohnheit war sie in ihrer Pause in die Innenstadt gefahren, in der Fußgängerzone in den Kaufhof gestürzt und hatte wahllos Dinge eingekauft, um sich zu beruhigen. Drei

Paar Schuhe, zwei gleiche Mützen für ihre Töchter, obwohl die nie gleiche Sachen trugen, und Modeschmuck, den sie nicht einmal selbst tragen würde. Nachmittags hatten die Patienten sie abgelenkt.

Schließlich, schon wieder zu Hause, waren die Kopfschmerzen gekommen, und sie hatte zwei Aspirin gebraucht, die ihrem Magen nicht gutgetan hatten.

Trotzdem war sie heute Abend hier in der Glockengasse.

Mit Stefanie Zimmer. Und weiteren fünf Frauen. Mehr waren nicht gekommen. Zwei von den fünfen waren in Leos Alter, zwei um einiges älter, und nur eine wirkte jung genug, um auch ohne Cremes hübsch zu sein.

»Die zweite Stufe. Im Bewusstsein unserer einmaligen Schönheit schreiten wir also voran und beginnen zu strahlen. Aus unserem einzigartigem Inneren, aber auch, weil in der Serie ›Night Walk‹ von ›Polite Beauty‹ ein Schimmer von Gold integriert ist, der unsere Haut zu etwas Besonderem macht.«

Hannes Probst hob eines der Fotos an und zeigte auf Sharon Stones Gesicht. Leo konnte nicht erkennen, ob es schimmerte oder nicht, denn das Bild war zu klein und das gedämpfte Licht ließ die Züge der Schauspielerin unscharf wirken.

»Wunderschön erscheinen. Das tun alle diese Frauen, die Sie, meine Damen, hier Ihnen gegenüber auf diesem Tisch sehen, ebenso an der Wand betrachten können, und die sich alle, das wage ich zu behaupten, für die Serie ›Polite Beauty‹ – PB – entscheiden.«

»Warum hat man von der Serie noch nichts gehört außer heute bei Ihnen, wenn doch auch Stars mit im Boot sind?«

Hannes Probst lächelte die brünette Frau in Leos Alter, die diese Frage gestellt hatte, zuckersüß an.

»Wir sind hier die Pioniere, Frau Schwarz. Mit uns geht es los in Germany, und ich kann Ihnen versichern, bald werden wir tausende Frauen überzeugt haben.«

Überhaupt wirkte Hannes Probst heute viel sicherer als in der Praxis. Er trug eine schwarze Hose und ein weißes Hemd und unterschied sich im Outfit nur durch einen dunkelroten Seidenschal von einem Oberkellner. Unbeirrt beantwortete er weitere Zwischenfragen von einer anderen, hellblond gefärbten Frau.

Leo spähte zu Stefanie Zimmer neben ihr. Ob es die richtige Entscheidung war, die Mutter von Jakob hierher mitzuschleppen? Ihr Profil drückte weder Langeweile noch Enttäuschung aus, Leo konnte nicht einschätzen, ob es ihr gefiel.

»Jetzt kommt das, was unsere Serie besonders auszeichnet. ›Polite Beauty‹ lässt Sie einfach Sie selbst sein in all Ihrer persönlichen Schönheit, korrigiert, was sich an Lebenserfahrung zu tief in Ihre Haut gegraben hat, unterstützt die Regeneration, ohne zu verfremden. Sie bleiben Sie, nur sieht man Ihnen die Jahre nicht an.«

Die Junge zeigte auf. Welche Jahre sollte man ihr nicht ansehen? Dachte Leo. Wenn diese Kosmetik das Mädchen jünger machen würde, wäre es ein Schulkind.

Leo spürte wieder ihren Magen. Der starke Geruch nach Blüten, Lavendel, Zimt und wer weiß was sonst noch tat ihrer Nase weh. Sie wünschte sich nach Hause auf die Couch, vor den Fernseher.

Was hatte sie sich erwartet? Einen Vortrag über ein Schönheitsprodukt und dann ein Geständnis? Wenn Hannes Probst überhaupt etwas mit dem Tod seines Partners zu tun gehabt hatte. Inzwischen war ihr innerer Verdacht wieder verpufft. Sie stellte sich Eberhard Dallinger an der Seite von Hannes Probst vor, diese beiden großen Männer, Hanni und Ebbi, die Weiblichkeit anpriesen und ihre zarten Seiten hier auslebten. Hatte auch Hannes Probst eine Vorliebe für Frauenkleider?

»Kann kommen, was mag, dieses Produkt lässt Sie nicht im Stich.«

Klar, dachte Leo, so ein Cremetiegel kann ja auch nicht wegrennen.

Fast musste sie über ihren Witz laut lachen, aber sie beherrschte sich und gluckste nur leise. Stefanie Zimmer drehte ihren Kopf in Leos Richtung und lächelte ihr mit einem Augenzwinkern zu. Es schien, als würde sich Jakobs Mutter hier doch amüsieren.

»Was jetzt fehlt, ist nur noch Ihr Engagement, meine Damen. Ihre Freude, Ihr Enthusiasmus, das Neue auszuprobieren und zu testen. Kaufen und bestellen Sie, Sie werden es nicht bereuen. Im Gegenteil: Sie werden einen Nachschlag wollen.«

Erst jetzt trat Hannes Probst zu dem Regal neben der Tür und nahm den ersten Tiegel in die Hand. »Heute natürlich zum Vorzugspreis von nur neunundfünfzig Euro neunzig für jedes Produkt aus der Serie. Ich garantiere vollste Zufriedenheit.«

Wieder meldete sich die Brünette vom Anfang. »Wenn ich es nicht vertrage auf meiner Haut, wenn es nicht das hält, was es verspricht, wen kann ich dann belangen?«

Hannes Probst legte seine freie Hand auf seinen Schal und sein Herz. »Mich. Selbstverständlich. Ich bin hier, ich stehe Rede und Antwort. Und ich werde mich bei Beschwerden sicher nicht aus dem Fenster stürzen.«

Leo stockte für eine Sekunde der Atem. Hatte Hannes Probst das wirklich gesagt? Nach allem, was passiert war?

Jetzt schien auch er seine Worte zu begreifen, sein linker Mundwinkel verzerrte sich nach unten, und seine Gesichtszüge verloren ihre weiche Form. Seine Lippen wurden zu Strichen, und genau in dem Moment konnte sich Leo wieder vorstellen, dass er seinem Mitarbeiter etwas angetan hatte.

Eine der anderen Frauen stand auf und begann am Regal entlangzugehen. »Gibt es auch Proben, die man heute mitnehmen kann?«

Hannes Probsts kurze Entgleisung war vorbei. Er hob einen verschlossenen Pappkarton aus der untersten Reihe des Regals hoch.

»Auf diese Frage habe ich gewartet, Ladys! Und ja! Hier kommen sie, frisch eingetroffen. Ich lasse Sie nicht von hier fort, ohne Ihnen allen jede Menge kleiner Tübchen und Pröbchen mitgegeben zu haben. Schon nach einer Woche werden Sie mich um die großen Tiegel anflehen.«

Gelächter unter den Frauen.

Hannes Probst stellte den Karton auf den Tisch, eines der Fotos kippte um. Er begann, das Ende des durchsichtigen Klebebandes zu suchen, mit dem der Karton umwickelt war.

»Ich glaube, meine dicken Männerfinger haben da keine Chance.«

»Soll ich?« Es war das erste Mal, dass Stefanie Zimmer etwas sagte, und es war praktischer Natur. Das passte zu ihr.

»Liebe gnädige Frau.« Hannes Probsts Stimme war ein Säuseln. »Sie würden sich nur die Nägel ruinieren. Ich hole eine Schere aus dem Büro.« Er ging zur Tür neben der Sitzgruppe. »Zwei Sekunden, meine Damen.«

Leo stand ebenfalls auf und rieb sich den Magen.

»Hunger?«, fragte Stefanie Zimmer.

»Nicht wirklich. Aber hinterher eine Kleinigkeit essen ist sicher für meinen Magen nicht schlecht. Dann strahle ich auch individuell.«

Die Junge war neben ihnen aufgetaucht und drehte einen der Tiegel in ihren Händen.

»Also, Sie brauchen so etwas auf keinen Fall«, sagte Stefanie Zimmer zu ihr und sprach Leo aus der Seele.

Die Ältere mit den hellblonden Haaren nahm sich eine Nachtcreme aus dem Regal. Es kam Bewegung in die kleine Gruppe. Keine saß mehr.

»Ich bin Ina«, stellte sich die Brünette vor. »Komisch, dass wir am Beginn keine Vorstellungsrunde gemacht haben. Ich bin heute das dritte Mal hier, und eigentlich hat uns Eberhard immer alle miteinander bekannt gemacht. Wo ist der denn?«

Es wunderte Leo, dass die Frau nichts über den Mord zu wissen schien.

»Tot und begraben.«

Alle drehten sich um.

Hannes Probst stand in der offenen Tür, die zum Büroraum führte. Jetzt sah er weder gelassen noch weich aus. Auf seinen Wangen schimmerten Tränen. In der einen Hand hielt er die Schere. Er trug seinen Schal nicht mehr.

»Meine Damen, ich breche hier ab. Ich schaffe das nicht. Es tut mir leid.«

Genau in diesem Moment klingelte es an der Eingangstür. Lang und intensiv. Alle zuckten zusammen, auch Leo merkte, wie ihr Herz schneller zu schlagen begann. Das Klingeln setzte wieder an. Brach ab. Noch einmal. Und sofort, mit einer Sekunde Pause, ein viertes Mal.

»Da hat sich eine Dame sehr verspätet«, versuchte die brünette Ina zu scherzen. Nach dem Klingeln setzte ein hartes Klopfen an der Wohnungstür ein.

»Kripo Köln! Herr Probst, bitte machen Sie auf.« Eine Männerstimme von draußen.

»Was ist denn das?« Die Junge machte einen Schritt Richtung Fenster, weg von dem Lärm.

Leo und Stefanie Zimmer sahen sich an, Jakobs Mutter zog die Schultern hoch, Leo schüttelte den Kopf. Sie fühlte etwas ihren Magen hochsteigen und hielt sich die Hand vor den Mund. Die anderen Frauen sahen verängstigt in Hannes Probsts Richtung. Die brünette Ina schrie auf.

Hannes Probst hatte seine Schere erhoben und starrte völlig fassungslos Richtung Tür.

»Herr Probst, was machen Sie denn da mit der Schere?« Es war Stefanie Zimmer, die mit einem strengen Tonfall die Situation zu retten versuchte.

»Öffnen Sie bitte die Tür, Herr Probst. Wir wissen, dass Sie da sind.« Das Klopfen setzte wieder ein.

Hannes Probst schien mit jedem Pochen irritierter zu werden. »Was ist das? Was soll das?«

Leo war sich nicht sicher, ob ihm überhaupt bewusst war, dass er die Schere immer noch in seiner Hand hielt und dadurch bedrohlich wirkte. Die Frauen drängten sich jetzt alle am Fenster.

»Hilfe!« Es war die Hellblonde, die als Erste schrie. Sofort schloss sich ihr die brünette Ina an. Eine rothaarige Kleine, die bis jetzt überhaupt nichts gesagt hatte, quiekte neben Leo auf.

All das machte Hannes Probst immer verwirrter, er fuchtelte wild in der Luft herum. »Ich will nur den Karton mit den Pröbchen öffnen. Keine der Damen geht heute ohne ihre Proben nach Hause.« Seine Sätze waren an niemand Bestimmtes gerichtet, seine Augen weit aufgerissen, seine Locken standen zu Berge, und er wirkte noch größer. Mit der Schere in der Hand auch gefährlicher.

»Polizei! Hilfe!« Eine weitere Frau rief jetzt.

Draußen wurde das Klopfen zu einem Dröhnen. »Öffnen Sie sofort, oder wir kommen rein!«

»Nun machen Sie schon die verdammte Tür auf!« Wieder war es Stefanie Zimmer, die sich nicht zu ängstigen schien.

Ein Krachen war zu hören.

Leo fasste Stefanie Zimmers Hand. Zwei Frauen hinter ihnen schrien auf. Die Wohnungstür gab nach, und der Erste, der durch den Eingangsbereich in das rosa Präsentationszimmer stürzte, war Luis Fahrenz. Er hatte seine Dienstwaffe gezückt und sah sich schnell im Raum um.

Die Frauen waren in dem Moment mucksmäuschenstill. Leo bekam einen Schluckauf.

Hinter Luis stand Birgit von Zeh, ebenfalls mit der Waffe im Anschlag. »Runter mit der Schere, Herr Probst!«

Dann war Jakob im Zimmer, und Leos Schluckauf kam in kurzen Abständen. Der Raum füllte sich. Der Abstand zwischen Hannes Probst und den Polizisten betrug nur einen halben Meter. Immer noch hielt er die Schere nach oben, in seinen Augen pures Unverständnis.

»Fallen lassen!«

Jakobs Stimme dröhnte, und endlich reagierte Hannes Probst. Langsam ging seine Hand nach unten. Luis machte zwei Schritte und nahm ihm die Schere aus der Hand. Schon stand Birgit neben Probst und legte seine Hände nach hinten auf den Rücken.

»Wahnsinn! Krasser Abend.« Die kleine Rothaarige.

»Ist alles in Ordnung mit Ihnen?« Jakob Zimmer drehte sich zu den Frauen hin. »Wir haben draußen Schreie gehört. Waren Sie in Gefahr?«

»Alles gut, Jakob. Ich glaube, Herr Probst hat einfach nur die Nerven verloren. Der wollte uns nichts tun. Nicht wahr, Leo?«

Erst jetzt realisierte Hauptkommissar Jakob Zimmer, dass es seine Mutter war, die ihn ansprach. Er öffnete den Mund, ohne etwas zu sagen, sah zu Leo hin und wieder zurück zu Stefanie.

»Frau Zimmer.« Birgit hatte Hannes Probst Handschellen angelegt, Luis war dabei, ihn aus der Wohnung zu führen. »Mit Ihnen hätten wir hier nicht gerechnet. Ach, und da schau, Frau Dr. Kardiff. Mal wieder dort, wo es brennt.« Ein kleines Grinsen stahl sich auf das Gesicht der sonst so ernsten Birgit.

»Was zum Teufel macht ihr hier?« Jakob hatte die anderen

Frauen völlig vergessen, selbst Hannes Probst interessierte ihn in diesem Moment nicht mehr. »Unfassbar, Leo. Das ist unfassbar! Das geht einfach zu weit.«

Sein ungewohnt heftiger Tonfall erschreckte sie jetzt mehr als alles davor. Leo wollte antworten, wollte ihm erklären, dass sie mit seiner Mutter einen netten Abend hatte verbringen wollen und es nicht so war, wie es aussah, nämlich, dass sie mal wieder ihrer Neugier gefolgt war und dabei auch Stefanie Zimmer mitgeschleppt hatte.

»Hicks!«

Der unkontrollierbare Schluckauf machte ihre Antwort zunichte.

NEUN

Leo und Jakob hatten sich in seinen Dienstwagen zurückgezogen.

Hannes Probst war festgenommen worden und auf dem Weg ins Präsidium, Per im Streifenwagen mitgefahren. Luis Fahrenz und Birgit von Zeh nahmen die Personalien der fünf Frauen auf, die zur Präsentation gekommen waren. Stefanie Zimmer, die ihrem Sohn einige strenge Blicke zugeworfen hatte, als der Leo vor versammelter Mannschaft doch ziemlich hart angegangen war, saß oben auf dem rosa Sofa und wartete.

Das Auto stand am Ende der Glockengasse, und Leo konnte die erleuchtete Auslage des 4711-Hauses sehen. Ein Schaufensterbummel, das war es, was sie mit einer Freundin machen sollte, wenn ihr Leben einigermaßen zur Ruhe gekommen war. Genussvoll, mit Ruhe. Allerdings würde sie dann bereits alt und grau sein, wenn das Tempo weiter anhielt.

»Was soll ich denn sonst sagen, Jakob? Entschuldige? Pardon, dass ich mich wieder in Dinge eingemischt habe. Dass sie mich nichts angehen, hast du ja drinnen schon so charmant erwähnt.«

Ihr war kalt, und sie war hungrig. Mehr, als ihr das schlechte Gewissen, das sich ungebeten einstellte, zu schaffen machte, war Leo beleidigt.

Klar hatte sie einen Fehler gemacht, und zweimal klar hätte sie mit all ihren Informationen zu Jakob gehen sollen, aber das war ja mittlerweile ein alter Hut.

»Pardon? Das ist alles, was dir dazu einfällt, Leo?« Jakob rieb sich die Hände und hauchte in die Kuhle hinein. Sein Atem war als feiner weißer Nebel zu sehen. Auch ihm war kalt. Diese Nacht war eine der ersten in diesem Herbst, in der die Temperaturen gegen null gingen.

»Das vorhin war richtig gemein von dir.« Leo konterte mit einem Vorwurf.

Ihr war es so peinlich, vor all den anderen von Jakob angeschnauzt worden zu sein. Er hätte sie von Anfang an nach draußen bitten können. Sie sah von der Auslage weg zu ihm hin, doch sein Blick war nach unten gerichtet, verlor sich in der Fußmatte unter dem Vordersitz.

»Bevor ich auf dein Schmollen eingehe, möchte ich, dass du mir erzählst, warum du heute Abend hier bist. Noch dazu mit meiner Mutter. Mir kommt es vor, als hättet ihr euch beide gegen mich verschworen.«

Jakob klopfte auf das Lenkrad und holte tief Luft. Leo konnte seine Ungeduld und seinen Ärger spüren. Wenn nicht einer von ihnen nachgab, würde es hier in einem Streit enden. Sie holte Luft.

»Also, das mit Stefanie tut mir leid. Ich wollte ursprünglich allein hierher. Dann meldete sich deine Mama bei mir und bat mich um einen Termin als Patientin. Da habe ich sie spontan gefragt.«

»Weil du an Cremes von ›Polite Beauty‹ interessiert bist?«

Leo biss sich auf die Lippen. Hatte sie sich nicht dort am Rudolfplatz, gleich nachdem es passiert war, geschworen, sich auf keinen Fall in diesen Fall einzumischen, der nur die Polizei etwas anging? Jakob hatte recht mit seinem Unmut, aber so ganz wollte sie ihm das nicht zugestehen.

»Ich wollte dir von Hannes Probst erzählen, aber du warst zu beschäftigt.«

»Ich habe dir auf die Mailbox gesprochen und nichts von dir gehört.«

»Ich habe mein Handy auf lautlos gestellt. Das macht man so.«

»Ist jetzt alles meine Schuld?«

»Nein. Natürlich nicht. Aber ich bin wie ein Korkenzieher.«

»Bitte was?«

»Wenn die Leute auf meinem Stuhl sitzen, dann fangen die meisten an, mir irgendwelche Geheimnisse zu erzählen. Ein wenig wie beim Friseur, nur sind die Geheimnisse dunkler, weil die Leute aus Angst vor der Spritze oder dem Bohrer quatschen und nicht vor Freude an einer neuen Frisur von ihrer letzten Schwärmerei erzählen.«

Jakob atmete einmal durch. »Von vorn, Leo. Was hat Hannes Probst erzählt?«

»Davon, dass er an dem Tag am Rudolfplatz war. Von dem

Schreck, den er bekommen hat, als die Polizei ihn angerufen hat mit der Meldung, dass Eberhard Dallinger tot ist. Dass er mich dort hinter der Absperrung mit Birgit hat reden hören und mitbekommen hat, dass ich Zahnärztin bin, und dann zu mir in die Praxis gekommen ist. Weil er tatsächlich ein zahnmedizinisches Problem hatte. Das konnte ich feststellen. Da hat er nicht gelogen.«

»Wenn du mir davon erzählt hättest, wüssten wir schon längst, dass sein Alibi falsch ist und er zur Tatzeit am Tatort war. Seine Frau hat ihn laut erster Aussage gedeckt, aber mit ihr konnten wir heute noch nicht sprechen. Nachdem keiner der beiden zu Hause war, sind wir direkt hierhergefahren. Wenn er etwas mit dem Mord zu tun hat, dann haben wir wertvolle Zeit verloren.«

»Ich glaube nicht, dass er es war.«

»Überlass das bitte den Profis, ja?«

Leo schnappte nach Luft. Ihr Magen schmerzte. Der billige Prosecco ließ sie noch einmal übel aufstoßen. Diesmal keine Eskalation, bitte. Sie tätschelte ihre Wange, eine richtige Selbstohrfeige wäre jetzt zu viel gewesen, seufzte, sah ihren eigenen Atem wie einen Geist aus einer Flasche aufsteigen.

»Er hat seinen Kollegen sehr gerngehabt, glaube ich. Und er hat sicher gewusst, dass Eberhard lieber Ebbi gewesen wäre. Ein Mann, der sich in hübschen Kleidern wohlgefühlt hat. Kein Typ, der männlich auftrat und mit Frau und Sohn prahlte.«

Auch Jakob atmete einmal tief durch, sah Leo endlich direkt an. »Meinst du, Dallinger war im falschen Körper geboren?«

Dass er Leo jetzt um ihre Meinung fragte, ließ ihren eigenen Ärger ebenso verrauchen.

»Nein, das glaube ich nicht, kein so großes Drama. Ich denke, Eberhard Dallinger war viel zärtlicher und femininer, als es die Gesellschaft im Allgemeinen von einem Mann erwartet. Deshalb kam er auch so gut bei den Frauen an. Er hat richtig gute Geschäfte gemacht. Ich glaube auch, dass Hannes Probst hetero ist, obwohl man bei seinen gefärbten Locken nicht darauf schwören sollte.«

Ein schnelles Schmunzeln zwischen ihnen kam auf.

»Deshalb haben sich die beiden auch so gut verstanden. Vielleicht trägt ja auch Hanni manchmal die Unterwäsche seiner Frau.«

»Wenn du mit Dallinger recht hast, Leo, dann wäre auch nach außen hin alles kein echtes Drama gewesen. Nichts, wo man Angst haben muss, dass es herauskommt.«

Leo strich mit ihrer Hand über seine. Jakob ließ es zu.

»So denkst auch nur du, Jakob. Dir ist es egal, was die anderen von dir halten. Du lebst dein Leben und löst deine Fälle. Bist nicht angreifbar.«

Jakob sah in dem Moment seine Ex-Frau Claudia vor sich, genauso blond und hellhäutig wie Leo, aber mit einem Sarkasmus ihm gegenüber, der jeden ihrer Sätze bis heute zu einem Vorwurf machte. Verletzte ihn das wirklich nicht? In Wahrheit dachte er nie über solche Dinge nach, oder er war einfach am Ende der Tage so müde, dass sein Körper ihm keine Chance ließ, seinen Geist damit zu beschäftigen.

Leo redete schon weiter. »Aber das sind alles nur Vermutungen von mir, Jakob. Und Vermutungen sind keine Beweise, wie du sie brauchst.«

»Noch mal ganz in Ruhe: Warum bist du heute hierhergekommen?«

»Ich wollte mir ansehen, was Eberhard Dallinger so gemacht hat, wer zu den Präsentationen kommt. Ich habe gedacht, ich erfahre von Hannes Probst mehr über seinen armen Partner. Oder ich irre mich in meiner Einschätzung, und er ist doch selbst der Killer und outet sich.«

»Das ist nicht wahr.«

»Jakob. In meinem Kopf kreisen ständig solche komischen Gedanken. Es springt und hoppelt da drinnen herum wie in einem überfüllten Kaninchenstall.« Sie tippte sich an die Stirn. »Im Moment denke ich an deine Mutter, wie sie sich wohl fühlt und ob sie sich je wieder mit mir treffen wird. Zugleich an Hannes Probst, ob er nun der Mörder ist oder nicht, und wenn ja, was ihn dazu getrieben hat. Mein Vater fällt mir ein, wie er seinen Zeigefinger hebt und sagt, ich soll lieber mit meiner Puppe Popsi spielen, statt mich unter seinem Schreibtisch zu verkriechen. Dazu sehe ich noch Eberhard Dallinger aus dem Fenster stürzen und seine herausquellenden Augäpfel. Und ich habe schrecklich Angst, dass du nichts mehr mit mir zu tun haben möchtest. Alles in diesem Moment.«

Jetzt musste Jakob breit lächeln. »Weißt du, warum ich vorhin etwas ausgeflippt bin und dich böse angemacht habe?«

Sie zog die Schultern hoch.

»Ich hatte Angst um dich. Ich habe mir vorgestellt, dass unser Hannes Probst tatsächlich der Mörder ist und sich durch deine Anwesenheit zu etwas Dummem verleiten lässt, wie zum Beispiel, dich auch zu erwürgen.«

»Vor all den anderen? Quatsch.«

»Sag bloß, du hattest nicht vorgehabt, mit ihm später unter vier Augen zu reden?«

»Nein, deine Mutter war ja dabei, mit der wollte ich hinterher was essen gehen. Noch was, Jakob!«

»Schieß los!«

»Sagt mir einer mit einer Waffe im Holster.«

»Komm schon, jetzt alles auf den Tisch. Egal, wie unbedeutend es sein mag.«

»Im Café Rico habe ich noch mal Mirjam Jansen getroffen und mir ihr geredet.«

»Warum das denn, Leo? Wir haben die Aussage der Kellnerin aufgenommen, sie konnte die zweite Person oben am Fenster nicht beschreiben, genauso wenig wie alle anderen Zeugen im Café und auf der Straße, die wir auftreiben konnten. Hat sie dir etwas anderes gesagt?«

Leo nickte, schüttelte aber sofort danach den Kopf. »Nichts Wichtiges, aber ich wollte es nur erwähnen. Eigentlich hat sie wegen ihres Onkels angerufen, der Zahnarzt ist, und ich suche doch im Moment gerade einen, den ich neu anstellen kann. Mir wächst alles über den Kopf, trotz Aufnahmestopp hatten wir allein an dem Montagmorgen nach diesem schrecklichen Ereignis vier neue Patienten. Alle haben mich am Rudolfplatz gesehen und gehört, dass ich Zahnärztin bin. Und natürlich haben die mich gegoogelt, und da taucht unter meinem Namen immer noch als Erstes der Kernbach-Mord auf und meine Beteiligung daran. Nicht etwa meine gut gehende Praxis oder meine Kompetenz oder meine Jameda-Bewertungen.«

»Stopp, Leo. Deine Gedanken-Kaninchen vermehren sich wieder abartig schnell.« Jakob legte seinen Zeigefinger auf ihre Lippen, das kitzelte. »Beantworte meine Fragen mit einem Satz, okay?«

Leo nickte wieder.

»Was hat dir Mirjam Jansen über den Fenstersturz erzählt?«

»Dass sie gesehen hat, wie jemand seine Hände um Eberhard Dallinger geschlungen und ihn dann hochgehoben hat.«

»Konnte sie diesen Jemand nun erkennen oder nicht?«

»Nein.«

»Hatte der Jemand Handschuhe an?«

»Keine Ahnung.«

»Weiter: Welche vier neuen Patienten waren bei dir?«

»Hannes Probst, Serafina Spilotta, die italienische Kölnerin, die, wie du weißt, ein wunderschöner Mann ist, sehr witzige Geschichte, denn als sie den Mund aufgemacht hat, war ihre Sprache so was von Kölsch –«

»Ein Satz, Leo!«

»Unterbrich mich nicht, dann kann ich nichts zu Ende denken … Ein Barney Barlost, der auf Schmerzen steht oder so was in der Art, und ein Österreicher, der Gernot Murbach heißt und in den sich meine Britti verknallt hat. Soll ich dir aus den Karteikarten die Personalien schicken?«

»Ja, unbedingt. Aber offiziell, ich stelle einen Antrag bei Prunk. Wir haben heute erst auf den Fotos Hannes Probst und diese männliche Italienerin entdeckt. Deshalb sind wir sofort losgefahren. Darum solltest du mich zurückrufen. Ich werde die anderen zwei, die du eben erwähnt hast, genauso überprüfen lassen. Ich finde es seltsam, dass sich jemand nach einem derartigen Ereignis entschließt, eine völlig fremde Zahnärztin aufzusuchen.«

»Du würdest dich wundern, wie die Leute so auf mich kommen. Zahnweh macht erfinderisch, Angst auch, da kann ich dir von meiner Spritzenphobie Sachen erzählen –«

»Leo, ich muss dich jetzt rauswerfen.«

»Was?«

»Der Fall. Die Kollegen warten auf mich. Meine Mutter auch. Sicher wird sie mir von dir vorschwärmen.«

»Nach heute Abend?«

»Wie ich sie kenne, hat es ihr hundert Prozent gefallen.«

»Ich mag sie auch.«

Jakob lächelte Leo sehr innig an. »Soll ich dir ein Taxi rufen?«

»Nein, ich kann allein laufen. Auch wenn alle immer denken, die mit ihren hohen Schuhen kommt ja keinen Meter weit, ich gehe damit besser, als man denkt. Gut, ich habe ein Hühnerauge, schon seit Monaten, aber … entschuldige. Ein Satz, ich weiß.«

Wäre er nicht im Dienst gewesen, hätte er sie geküsst.

ZEHN

In allen Hollywood-Blockbustern, Thrillern und Detektivgeschichten, in jedem Kinofilm der Gattung Crime, ja selbst in jedem Krimi auf den TV-Programmplätzen am Abend darf eines nicht fehlen – die intime Begegnung zweier Protagonisten, die entweder offiziell, meistens aber im Geheimen in Liebe, Lust und/oder Leidenschaft zusammenkommen.

Alles gab es schon an Varianten zu sehen: vorsichtig angedeutet, erotisch verschleiert, fast offen ausgeführt mit schockierender Direktheit, versteckt hinter diversen Kulissen, bildlich genial umgesetzt und filmisch artifiziell, erotisch, langweilig oder anregend.

Und im wahren Leben?

Auch da gibt es diese Verbindungen, diese Affären, die Liebesgeschichten, die sexuelle Begegnung. Manchmal ein Drama, manchmal Ekstase, zuweilen ein totaler Reinfall oder auch nur banales Beiwerk. Im Hellen, im Dunklen, an Orten, die man täglich nutzt, wie das Bett, oder Plätzen, die ungewohnt sind und gerade dadurch verboten, sexy wirken. Wo es möglich ist, wird es auch gemacht, manchmal mehr als ein Mal.

Was folgt auf der Leinwand wie in der Realität?

Die Zigarette, das Gespräch danach, die Glückseligkeit hinterher, das Einkuscheln, das Wegschlafen, das Abwenden, die Trennung, weil nun mal Sex bekanntlich keine Beziehungsprobleme löst.

Und, nachdem über das eben erlebte intime Zusammensein in all seinen Varianten geraucht, geredet, geseufzt und getrennt wird, kommen die Gedanken. Im Dunklen oder Hellen, im Bett, auf der Couch, am Küchentisch.

Allerdings, nicht vergessen darf man eine Variante, die für die Beteiligten im Film wie im Leben immer etwas peinlich ist, sogar der Auslöser für eine schnelle Trennung sein kann.

Das Nichtkönnen. Der Flop. Das Versagen.

Die Gedanken kommen immer. Zu allen. Danach. Auch hier.

Er und sie. Im Dunklen.

Sie:

Oweia. Au Backe!

Warum das jetzt?

Dabei hatten wir sooo schön geschmust und gestreichelt und passen sooo gut zusammen.

Und dann: eine Niete? Er kann nicht?

Zu schnell. Es war zu schnell und zu spontan und sicher zu überwältigend für ihn. Zumindest hat er das gesagt.

Ich habe Bilder im Kopf, hat er gesagt, Bilder, die es nicht zulassen, dass ich … Was hat er damit gemeint? Hätte er es lieber anders? Aber er wollte doch das Licht ausmachen und unter die Decke schlüpfen, also die klassische Nullachtfünfzehn-Nummer. Ich hätte gern drauflosgevögelt, auch gleich auf der Couch oder auf dem Teppich. Gott, ich hatte noch nie Sex auf dem Teppich.

Nein, zu schnell.

Ich will es immer zu schnell. Hätte warten, mich zieren sollen. Zieren, was für ein Wort. Egal. Männer sind Jäger, und wenn ich mich als Beute, statt davonzulaufen, auf den Schoß des Jägers werfe, ist das eben kontraproduktiv. Ich sollte Greta anrufen. Oder Hannah. Zumindest würde ich ihnen gerne eine WhatsApp schicken.

Es ist stockdunkel in meiner Bude. Warum sollte ich das Licht ausmachen? Warum im Dunklen? Er hat einen tollen Körper, den hätte ich gerne gesehen. Abgesehen davon, dass auch mein Body nicht von schlechten Eltern ist. Wozu geh ich zum Zumba und zum Yoga? Trotzdem. Er ist soooooo süß. Vielleicht kein Held. Vielleicht nicht so leidenschaftlich, wie ich es mir gewünscht hätte, aber sooo niedlich. Darf man das über einen Kerl sagen? Doch, ja! Wie Eis am Stiel an einem heißen Sommertag. Wobei ich den Stiel nicht zu fassen gekriegt hab. Ich hätte warten sollen, bis er bereit ist. Warum musste ich es denn noch mal versuchen?

Komisch, ich bin sonst nicht so gierig auf Sex. Sonst ist das eher Männersache. Die Kerle wollen es doch meistens schon am ersten Abend. Immerhin, das Küssen war sensationell.

Wozu hab ich mir die Packung Kondome gekauft? Na gut, die halten lange, und die nächste Gelegenheit kommt sicher bald. Ich muss alles googeln, nachlesen, was man tun kann.

Gott, als Erstes muss ich mich drehen. Er hält mich so fest umfasst, dass mein Arm einschläft. Schläft er denn schon? Ich höre seinen Atem kaum. Immerhin, ein Schnarcher scheint er nicht zu sein, das ist viel wert bei einem Mann.

»Ich hatte schon lange keinen Sex mehr«, hat er gesagt. Ja ist das wahr? Bei seinem Aussehen und seinem Charme? Und wie lange ist schon lange bei einem Kerl? Ich muss meinen Kumpel Ralph fragen oder Greta. Verdammt, ich muss Greta anrufen, sonst platze ich noch.

Das wird. Sicher. Er kuschelt gern. Das ist ein gutes Zeichen. Und weich ist er. Trotz seiner Muskeln. Seine Haut ist weich. Er hat kaum Haare. Auf der Brust überhaupt keine, und unten konnte ich auch nur einen Flaum spüren. Schade, dass ich da auch sonst nichts spüren konnte.

Nächstes Mal klappt es.

Ich muss mich drehen. Wenn er nur nicht seinen Arm wie einen schweren Riegel über mich gelegt hätte. So kann ich nicht einschlafen. Und wenn ich aufs Klo muss, wie komm ich hier raus?

Soll ich allen wirklich sagen, dass es nicht funktioniert hat? Werden sie sich lustig darüber machen?

Oh weh, jetzt muss ich wirklich Pipi. Und ich spüre meinen Arm nicht mehr. Er quetscht mich.

Wie spät könnte es sein? Aus dieser Umklammerung heraus kann ich nicht mal meinen Funkwecker sehen. Auch erreiche ich mein Handy am Nachtkästchen nicht. Dreh dich doch mal. Du Doofi!

Jetzt werde ich etwas sauer. Hat mich traurig gemacht, dass ich anscheinend nicht attraktiv genug bin, um ihn sofort zu verführen. Passt zu diesem verkorksten Fast-Sex, dass ich eingeklemmt in einem Löffelchen mit voller Blase die Nacht verbringen muss. Heiß ist mir.

Ich reibe meinen Hintern ein wenig an seinem Bauch, vielleicht weckt ihn das auf.

Ups. Er bewegt sich. Sein Arm hebt sich. Er dreht sich. Weg von mir. Er dreht sich um. Er nimmt die Decke mit, und ich liege allein, nackt und unbefriedigt in meinem eigenen Bett.

Scheiße!

Das kann ich niemandem erzählen. Bis morgen muss ich mir eine romantische Geschichte ausdenken. So was wie: Er will bis zur Verlobung warten. Klingt auch scheiße. Aber besser.

Wenigstens kann ich jetzt meinen Arm bewegen und aufs Klo gehen.

Er:

In der Dunkelheit liegen.

Dösen.

Kann nicht schlafen.

Ich falle.

Hab ich das laut gesagt? Nein. Das zumindest nicht.

Scheiße.

Keinen hochgekriegt.

Dösen.

Was tun?

Dösen.

Töten.

Das ist es.

Ich werde sie töten. Wenn das eine nicht klappt, dann das andere. Ich drück sie so fest, bis sie nicht mehr atmen kann.

Dann ist sie wenigstens mal still. Alles hat sie zerredet. Daran lag es. Daran.

Sie bewegt sich. Reibt sich an mir.

Kann immer noch nicht. Auch ihr Schweigen hilft nicht.

Mein Ding bleibt tot. So tot wie sie bald.

Ein kleiner Scherz in all dem Mist.

Töten.

Muss sein.

Und jetzt?

Umdrehen.

Wegdrehen.

Dösen.

Ich falle.

TEIL 4

EINFACH MAN SELBST SEIN

EINS

Der sonst so große Mann saß mit gebücktem Oberkörper im Vernehmungsraum 4. Seine Schultern waren nach unten gezogen, er kauerte auf seinem Stuhl. Selbst seine dunklen Locken hatten ihren Halt verloren und hingen kraftlos an seinem Kopf. Hannes Probst hatte die Hände verkrampft auf dem Tisch gefaltet, und seine Augen waren auf die Tischplatte gerichtet. Auf dem Tisch lagen ausgebreitet vier der Bilder, die Hannes Probst in vorderster Reihe unter den Schaulustigen zeigten.

Hannes Probst gegenüber saß Hauptkommissar Zimmer. Mit ihm war Birgit von Zeh im Raum, die aber an der Tischkante stand und sich zu dem Verdächtigen hinüberbeugte. Hinter dem großen Einwegspiegel am Monitor im Überwachungsraum saß Per Kowalski.

Nur Luis Fahrenz war oben im Großraumbüro geblieben, er machte Druck, um nach über einer Woche nun endlich die Akte aus Bern zu bekommen – Tod durch Erschlagen in Kombination mit einem Fensterwurf.

»Wo ist Ihre Frau, Herr Probst?«

Birgit stellte diese Frage zum gefühlt zwanzigsten Mal. Verlieh ihr durch einen Schlag mit der flachen Hand auf die Tischplatte Nachdruck.

Hannes Probst hatte sich nach der Aktion mit der Schere widerstandslos festnehmen lassen, hatte nicht einmal nach einem Anwalt verlangt. Nachdem sie ihn ins Präsidium gebracht hatten, waren sie nochmals zu seinem Haus in Hürth gefahren, um Petra Köbes-Probst wegen ihrer Falschaussage zur Rede zu stellen, sie gegebenenfalls auch mit ins Präsidium zu nehmen. Aber bei ihrer Ankunft in der Kreuzstraße in Hürth war das Haus immer noch dunkel gewesen. Die Ehefrau des Verdächtigen war in der Zwischenzeit nicht zurückgekommen, hatte nicht schon geschlafen, sondern war überhaupt nicht erschienen. Auch bei ihrem Handy ging nur die Mailbox an.

Den Durchsuchungsbeschluss des Oberstaatsanwalts in der

Tasche, hatte Jakob schließlich beschlossen, dass sie hineingehen würden. Sie hatten Hannes Probsts Hemden und Shirts nach einem grünen Teil durchforstet, aber nichts entdeckt. Die Sachen von Petra Köbes-Probst schienen nicht zu fehlen, nur sie selbst.

Es war spät. Sie alle waren müde. Der Verdächtige sah nicht hoch. Jakob Zimmer war sich nicht sicher, ob der Mann kurz vor einem Geständnis war oder nach seinem Ausraster in der Glockengasse keine Kraft mehr hatte und sich seine überforderte Psyche in die Apathie geflüchtet hatte.

Birgit von Zeh war die Fragenstellerin.

»Wir wissen, dass Ihr Alibi falsch ist. Also, noch mal von vorn. Was haben Sie zur Tatzeit am Rudolfplatz gemacht? Wollten Sie sich mit Eberhard Dallinger treffen? Ist es in der Wohnung zu einem Streit gekommen? Haben Sie Eberhard Dallinger erdrosselt und aus dem Fenster geworfen? Je schneller Sie mit uns reden, desto leichter wird es für Sie. Also, was ist Sache?«

Hannes Probst schwieg.

Die Hauptkommissarin legte nach, ihre Stimme wurde leiser und schneidender. »Ihre Speichelprobe ist bereits im Labor. Wenn es eine Übereinstimmung mit der am Tatort sichergestellten DNA gibt, dann sind Sie sowieso des Mordes an Eberhard Dallinger überführt.«

Noch hatte Harro das DNA-Profil der Hautschuppe nicht geliefert, aber sie warteten stündlich auf seine Ergebnisse. Doch davon wusste Hannes Probst nichts.

Jakob konnte sehen, dass sich langsam ein feiner Speichelfaden aus dem Mund des Verdächtigen zu ziehen begann, über sein Kinn hinunter Richtung Tischplatte. Sonst keine Reaktion.

»Herr Probst. Möchten Sie ein Glas Wasser? Oder einen Kaffee oder auch eine Cola? Ich könnte Ihnen was aus dem Automaten im zweiten Stock holen lassen.«

»Nicht, bevor wir wissen, wo Ihre Frau ist, Herr Probst. Und warum Sie uns mit einer Schere attackiert haben.« Birgit von Zeh gab den bösen Bullen richtig gut. Wieder schlug sie auf die Tischplatte. Diesmal zuckten nur die Schultern des Verdächtigen.

»Herr Probst, wenn Sie reden, uns aufklären, hat diese elende Quälerei ein Ende.« Jakob jetzt ganz sanft.

Hannes Probst begann zu nicken. »Ja, ich sag alles.« Seine Stimme war leise, heiser, kaum zu hören.

Hinter dem Einwegspiegel beugte sich Per nach vorn. Das Spiel hatte er schon öfter gesehen, aber es faszinierte ihn jedes Mal. Jakob konnte mit seiner einfühlsamen Art manchmal erstaunlich schnell zu den Befragten vordringen. Vor allem, wenn einer von ihnen, in dem Fall Birgit, vorher dem Verdächtigen Druck gemacht hatte.

»Na dann, Herr Probst.« Jakobs Tonfall blieb sanft.

Hannes Probst zog den Speichelfaden wieder hoch. »Ein Kölsch? Könnte ich ein Kölsch haben? Gern ein alkoholfreies, aber ein Kölsch.«

»Ja, Herr Probst. Meine Kollegin von Zeh wird Ihnen eines bringen.«

Jakob gab Birgit einen Wink. Sie stand auf. Auch das war verabredet. Damit gab sie dem Verdächtigen das Gefühl, er könnte jetzt allein mit dem Hauptkommissar sprechen. Die meisten vergaßen, dass sie über die Kamera beobachtet wurden.

Kaum war Birgit aus dem Vernehmungsraum verschwunden, hob Hannes Probst den Kopf. »Sind Sie verheiratet, Herr Hauptkommissar?«

Er sprach so leise, dass Per Kowalski es schwer hatte, ihn im Überwachungsraum zu verstehen. Birgit war neben ihm aufgetaucht.

»Und das Kölsch?« Per zwinkerte Birgit zu.

»Dat kann warten, min Jung!«

Drinnen beugte sich Jakob Zimmer seinerseits über den Tisch. »Ich war es, Herr Probst. Fünf Jahre lang. Hat nicht geklappt. Meine Ex-Frau hat sich wohl mehr erwartet.«

Hannes Probst nickte Jakob heftig zu. »Ja, das ist es. Man will alles für sie tun, aber es ist nie genug.«

»Erzählen Sie.«

»Selbst ich würde ihm von meinen Eheproblemen berichten.« Sagte Birgit im Überwachungsraum zu Per. »Seine Art und seine Stimme geben einem Halt.«

Per holte Luft, Birgit kam ihm zuvor. »Wenn ich Eheprobleme hätte. Wenn!«

Drinnen begannen Hannes Probsts Augen zu wandern, während er redete. Leise, immer noch, doch schon besser zu verstehen.

»Meine Frau und ich sind schon sehr lange zusammen. Wir kommen aus einer Generation, wo der Mann die Brötchen verdient. Als ich arbeitslos wurde, war es ein Schock für mich. Ich wurde depressiv, weil sie plötzlich jeden Tag zur Arbeit ging und das Konto auffüllte. Dann kam diese Idee mit den Schönheitsprodukten. ›Polite Beauty‹, was für ein hirnverbrannter Name. PB, einfach dämlich. Aber am Anfang hat es tatsächlich funktioniert. Meine Frau hat zwar ihren Job nicht wieder aufgegeben, aber ich war wieder obenauf. War der Chef. Zwar nur vom Eberhard, aber immerhin.«

Jakob drehte seinen Kopf kurz nach hinten, sah direkt in den Spiegel, wandte sich danach wieder Hannes Probst und seiner Geschichte zu. Vielleicht würde es sogar ein Geständnis werden.

Per und Birgit wussten Bescheid. »Zeit, das Kölsch zu holen, Frau Hauptkommissarin. Unser Verdächtiger beginnt sich den Mund trocken zu reden.«

Birgit setzte einen kessen Blick ein. »Oh, lieber Kommissar Kowalski, ich weiß, dass du das für mich nur zu gerne übernimmst. Danach kannst du auch ins Verhörzimmer. Und ich gucke zu.«

Eine Sekunde zögerte Per, überlegte, sie seinerseits zu gängeln, aber dann stand er auf und setzte sich in Bewegung. So oder so war Birgit von Zeh die Ranghöhere, er hatte zu tun, was sie verlangte. Wenn er sprintete, würde er mit Glück nicht allzu viel verpassen.

Birgit behielt die Szene zwischen Jakob und Hannes Probst weiter im Auge.

»Dann begann das Geschäft einzubrechen. Warum verdammt auch immer, die Damen kauften immer weniger. Kaum neue kamen dazu. Es war schlimm. Für mich und den sensiblen Ebbi.«

Hannes Probst wischte sich drinnen über den Mund. Birgit hoffte, dass der Mann auch ohne einen Schluck einfach weiterreden würde.

Jakob gab ihm den nächsten Anschub. »Sie haben von Eberhard Dallingers Vorliebe für Feminines gewusst?«

»Ja, hab ich. Er war ganz vernarrt in unser Produkt. Er hat die Tiegel immer zum Einkaufspreis mitgenommen, hat erzählt, sie wären für seine Frau, aber er hat sie selbst aufgetragen. Das konnte ich an ihm riechen. Zimt. Als alles den Bach runterzugehen schien, hat er die Idee mit den Frauenkleidern gehabt.«

»Verstehe ich nicht.«

»Er hat sich eingebildet, dass es viel mehr Kundschaft in unsere Treffen spülen würde, wenn wir daraus ein kleines Event machen, eine Art Mini-Show. Ein Mann, der sich als Frau verkleidet und die Produkte anpreist. Dass unsere Kundinnen denken, ›Polite Beauty‹ lässt selbst einen Mann seine Weiblichkeit entdecken.«

Birgit musste im Beobachtungsraum laut auflachen. Das klang so schräg, dass es schon wieder wahr sein konnte. Obwohl die Idee bei ihr nie gezündet hätte. Sie wäre allerdings erst gar nicht zu einer derartigen Präsentation gegangen.

Drinnen war Hannes Probst nicht mehr zu stoppen. Die anfängliche Apathie hatte sich in einen seiner Redeflüsse zurückverwandelt.

»Er hat sich die teuren Sachen gekauft, Investition hat er es genannt, hat vor dem Spiegel zu Hause geübt, hat er erzählt. Hat sich überlegt, ob er nicht zu einem der Kölner Travestiekünstler gehen soll, um sich Anregungen und Tipps zu holen. Er hat begonnen, nach anderen Räumen zu suchen, einer Geschäftsstelle mit einem sogenannten Showroom, wo man eine kleine Bühne hätte aufbauen können. Mit dieser Idee hat er mich angesteckt. Und laut Beschreibung hätten die Räume am Rudolfplatz dafür ideal sein können. Da strömen die Damen wieder herein, hat er zu mir gesagt, da treten die uns die Bude ein. Er war völlig überzeugt und begeistert, er hat mich mitgerissen. Denn eigentlich waren wir kurz vor dem Ende mit dem Geschäft. Jetzt sind wir es ja sowieso.« Er verwendete das »Wir«, als liefe Eberhard Dallinger draußen noch herum.

»Warum hat Ihre Frau bezüglich Ihres Alibis gelogen?«

Hannes Probst wischte sich über die Augen. »Gott, das hat sie gar nicht. Auch hier ist die Wahrheit so banal und traurig, dass ich es nicht erzählen wollte. Wir haben uns auseinandergelebt. Sie geht ihrer Wege, ich meiner. Petra ist es scheißegal, was ich am Wochenende mache, und sie kümmert sich nicht darum, wann ich zu Hause bin und ob überhaupt. An dem Samstag bin ich nach der ganzen schrecklichen Sache am Rudolfplatz nach Hause zurückgefahren, keine zehn Minuten später ist sie vom Einkaufen gekommen. Ich hab ihr erzählt, dass ich von dem Mord im Radio gehört habe und noch gar nicht außer Haus war. Das hat sie ohnehin nicht interessiert. Als ihr dann gekommen seid, hat sie das ausgesagt mit dem Frühstück, weil auch sie nicht will, dass das Ende unserer Ehe öffentlich wird. Dass ich schon vormittags weg war, ist ihr überhaupt nicht aufgefallen. So sehr bin ich Luft für sie geworden.«

Per drückte im Beobachtungsraum die Tür auf. Er hielt vier kleine Flaschen alkoholfreies Früh-Kölsch mit beiden Händen umklammert.

»Wo warst du denn?«

»Ich bin in die Kantine. Mann, zuerst kein Kleingeld für den Automaten, dann drei vor mir an der Ausgabe. Was hab ich verpasst?«

»Er redet wie ein Wasserfall.«

»Hat er gestanden?«

»Nein. Aber ehrlich: Er war's nicht. Zumindest glaube ich nicht mehr daran. Geh aber trotzdem jetzt rein, vielleicht kann er uns einen Hinweis geben. Strohhalmtaktik. Du hast mir also auch was mitgebracht?«

Per stellte eine Flasche ab und hielt ihr den Flaschenöffner hin. »Ich weiß doch, wie man sich bei einer Hauptkommissarin einschleimt.«

Birgit machte die Flasche auf, es zischte, und Schaum kam auf ihre Jeans. Sie stieß ein kurzes »Scheiße« aus.

»Danke wäre mir lieber gewesen.« Und schon war Per wieder draußen, wechselte die Räume.

Drinnen im Vernehmungsraum ließ sich Hannes Probst durch Pers Auftauchen nicht unterbrechen und redete, als müsste er sein Schweigen von vorhin gutmachen.

»Ich habe selbst recherchiert und mir überlegt, wer es getan haben könnte. Ich habe Eberhards E-Mails gelesen, seinen Verlauf gecheckt, seine Seite des Schreibtischs durchsucht. Ich bin die

Liste unserer Kundinnen durchgegangen, die ich auch Ihnen gegeben habe, habe mir überlegt, ob er zu einer von ihnen vielleicht näheren Kontakt aufgenommen haben könnte. Ich hab mir einen Termin bei dieser Zahnärztin geben lassen, die da am Tatort war. Ihr ganzes Auftreten kam mir merkwürdig vor.«

Jakob Zimmer runzelte seine Stirn. »Sie haben Dr. Kardiff verdächtigt?«

Hannes Probst hörte die Frage gar nicht, er redete ohne Punkt und Komma, ließ auch das Kölsch, das ihm Per hingestellt hatte, unberührt.

»Nichts hab ich herausgefunden, gar nichts. Alles für die Katz. Meine Recherche und das Geschäft. Nicht einmal einen einzigen Cremetiegel hab ich bei meiner letzten Tour an die Frauen bringen können. Alles ist gelaufen. Sie haben ja gesehen, wie wenige zur Präsentation gekommen sind. Es ist vorbei. PB war ein Strohfeuer. Ich werde wieder vom Geld meiner Frau leben müssen, die übrigens jetzt gerade bei ihrem Liebhaber ist. Ja, alles kommt nun ans Tageslicht. Ich schweige nicht mehr, es ist ohnehin alles egal. Sie betrügt mich mit einem aus Düsseldorf, das auch noch. Wen die Götter strafen, strafen sie auf allen Ebenen. Oder? Dort ist Petra übers Wochenende hingefahren. Ganz offen hat sie es mir gesagt, nebenbei.«

»Wer wusste davon, dass Herr Dallinger am Samstag die Wohnung besichtigen würde? Eine der Kundinnen?«

»Nein, ich denke nicht. Das Ganze hatte sich kurzfristig ergeben. Das Verrückteste ist, Herr Hauptkommissar, dass ich glaube, es hätte funktionieren können. Ich meine, die Idee vom Eberhard. Das hat ihm auch dieser neue Freund gesagt. Der war ja so was von begeistert. Ich denke, dass der daran Schuld hat, dass der Eberhard an dem Tag in Frauenkleidern durch die City gelaufen ist.«

Jakob Zimmer und Per Kowalski horchten auf.

Birgit von Zeh stellte ihre Flasche ab.

Hannes Probst nahm endlich seinerseits sein Früh in die Hand und öffnete es. Ein leises Zischen, kein Schaum. Er nahm einen großen Schluck.

Jakob stand auf. »Welcher neue Freund, Herr Probst?«

Davon hörten die drei Ermittler zum ersten Mal. Unerwartet.

Hannes Probst trank und redete parallel. Dass der Ebbi, wie ihn Probst jetzt zu nennen begann, ihm etwas von diesen Begegnungen erzählt hatte. Der neue Freund stammte sogar aus der näheren Nachbarschaft von Eberhard, lebte dort seit Jahren, aber bis dahin hatten die beiden sich nicht näher gekannt. Paulus hieß er. Schon diesen Namen hatte Ebbi schön gefunden, seinen Sohn hätte er gerne so getauft, aber seine Frau war damals dagegen gewesen. Immer wieder hätten sich die beiden in den letzten Wochen vor seinem Tod getroffen und richtig gute Gespräche geführt, hatte Ebbi Hannes Probst erzählt.

»›So einen Menschen trifft man selten, einen, der dich sofort versteht, auf einer absoluten Wellenlänge mit dir ist und dir in allem, was du machen möchtest, Mut macht‹, das hat Ebbi mir im Vertrauen gesagt.« Hannes Probst wischte sich über die Augen, der ganze Stress und die Erinnerung machten ihm weiter zu schaffen.

»Auch die Idee mit der Präsentation in Frauenkleidern hat dieser Paulus vollkommen unterstützt und bestärkt. Aber schwul war der Ebbi nicht. Nur in seinem Wesen sehr zart.« Er begann leise zu weinen.

Jakob Zimmer brach das Verhör ab. Hannes Probst würde allerdings weiter in Gewahrsam bleiben. Es galt, die neuen Informationen zu besprechen.

Zuerst veranlasste Jakob, dass sich ein Kollege in Düsseldorf um den Verbleib von Petra Köbes-Probst kümmern sollte, ihr Mann hatte ihnen resigniert den Namen und die Adresse des Liebhabers genannt.

In der Zeit hatte Birgit am Computer den Vornamen Paulus und Meldeadressen in Sürth eingegeben. Es waren zweiundachtzig Pauls auf dem Bildschirm erschienen, kein einziger Paulus darunter.

Jakob rief Frida Dallinger an. Redete mit ihr. Legte auf und kratzte sich am neuen Bart.

»Und?« Birgit sah vom Computer hoch.

»Sie hat sich angesichts meiner Frage nach einem neuen Freund

Eberhards aus der Nachbarschaft erstaunt gegeben, betont, dass sie eben nicht alles über ihren verstorbenen Mann gewusst hätte, er ihr nicht alles erzählt hätte. Kurz angebunden war sie.«

»Du meinst, da ist noch mehr?«

»Wir laden Dallingers Witwe nochmals vor.«

»Diese italienische Lady ist ebenfalls dran.«

»Und dazu zwei weitere von Dr. Kardiffs Neupatienten.«

Jakobs Stimmung wirkte zum ersten Mal seit dem Fallbeginn gelöster. Sein Instinkt sagte ihm, dass sie einer Zielgeraden näher kamen.

ZWEI

Der nächste Tag brachte eine unerwartete Unterbrechung der Ermittlungen. Hauptkommissar Peter Kraus, ein geschätzter Kollege im Präsidium, bat Jakob Zimmer um kurzfristige Unterstützung bei einer Aktion gegen drei Terrorverdächtige. Der Einsatz war von langer Hand geplant, aber drei seiner Leute hatten sich mit einem Darmvirus gegenseitig angesteckt, und Peter Kraus wollte die Aktion nicht verschieben oder wegen Unterbesetzung scheitern lassen. Jakob Zimmer entschloss sich, dem Kollegen beizustehen, und stellte außerdem Per und Birgit zur Unterstützung frei.

Luis hielt die Stellung im Fall Eberhard Dallinger und machte sich wieder an seine Recherchearbeit.

Fast genau zu dem Zeitpunkt, als seine Kollegen im Einsatz waren, um das terrorverdächtige Trio zu fassen und einen möglichen Anschlag dadurch zu verhindern, erlebte Luis einen ganz anderen Fahndungserfolg.

Er hatte endlich die wichtige Fallakte aus Bern vorliegen. Nun hatte er alle ungelösten Fälle zusammengefasst, ausgedruckt und vor sich ausgebreitet.

Zu den fünf Fällen mit den nach unten geworfenen Leichen kamen die achtzehn mit dem übereinstimmenden Strangulationsmerkmal. Auch hier hatte Luis in der Zwischenzeit alle Berichte erhalten.

Aus den Aufzeichnungen hatte er die Todesursache, den Fundort der Leiche und die angegebenen Umstände herausgefiltert. Dazu den Ablauf aller Ermittlungen samt möglichen Verdächtigen und vier Verhaftungen, die später wieder rückgängig gemacht werden mussten.

Luis nippte an einer Wasserflasche, und seine Augen flogen über die ausgedruckten Blätter und den Bildschirm. Diesmal saß er am PC, der Bildschirm war einfach größer und das Hin-und-her-Springen zwischen den einzelnen Berichten leichter möglich als an seinem heiß geliebten iPad.

Luis hakte sich am Berner Fall fest. Das Opfer, ein junger

aufstrebender Bankangestellter, war nach seiner Tötung nach unten bewegt worden, durch einen Wurf der Leiche die Treppe hinunter.

Das Beste an dem Bericht war die Tatsache, dass die Schweizer Kollegen ein DNA-Profil des mutmaßlichen Täters erstellt hatten, sie hatten auf der Tatwaffe, einer Stahlstrebe, mit der der Mann erschlagen worden war, ein Haar gefunden, das nicht zu dem Opfer gehörte.

Eine Weile starrte er auf das mitgesendete Analysediagramm. Wenn es Harro gelang, seinerseits ein DNA-Profil von der Hautschuppe zu erstellen, hätten sie hier eine Vergleichsmöglichkeit.

Die Tat selbst war im Rohbau eines Hauses verübt worden, das sich der junge Mann kurz vor seinem Ableben gekauft hatte. Die Sache war nicht ganz sauber abgelaufen, zuerst hatte der Bankangestellte einem Ehepaar einen unlauteren Kredit aufgedrängt, als dieses dann pleiteging und die Raten nicht mehr zahlen konnte, hatte sich der junge Mann bei der Zwangsversteigerung des Grundstücks samt angefangenem Rohbau das Objekt geschnappt. Deshalb hatte auch das Ehepaar lange Zeit unter Mordverdacht gestanden, aber am Ende war ihnen nichts nachzuweisen gewesen.

Einer plötzlichen Eingebung folgend, formulierte Luis zwei weitere Vergleichsalgorithmen und gab sie in dieser neuen Kombination ins Intranet der Polizei ein.

Eins: die Fälle, in denen die Leiche, unabhängig von der Todesart, später noch nachweislich nach unten bewegt worden war. Egal, ob durch ein Fenster, eine Treppe hinunter, von einem Turm oder was auch immer.

Zwei: die Fälle, in denen es Verdächtige gegeben hatte, die im Zusammenhang mit dem jeweiligen Mord verhaftet worden waren, aber danach aus Mangel an Beweisen wieder entlassen werden mussten.

Er überlegte, den Namen Paulus hinzuzufügen, ließ es aber dann. Einen Eigennamen würde ein Täter niemals zweimal verwenden.

Kein leichtes Unterfangen, diese Vergleiche so zu formulieren, dass nicht in der nächsten halben Stunde eine halbe Million Fälle als Endresultat erschienen. Luis hatte die Eingabe mit den

Formulierungen hin und her gewälzt und sich am Ende ein klein wenig selbst übertroffen, wie er fand.

»Darauf ein Wasser, prosit!«, hatte er in das leere Großraumbüro hineingerufen.

Die Minuten danach zogen sich. Luis lief einmal aus dem Büro hinaus, stand schon am Aufzug, um kurz frische Luft zu schnappen, ging wieder zurück, nachsehen, ob es ein Resultat gab. Er setzte sich, riss ein Blatt Papier in Streifen, formte Kügelchen daraus und nahm den Papierkorb als Ziel.

Endlich gab der PC einen Ton von sich, und als Luis schließlich die ersten Ergebnisse zählte, fand in seinem Inneren ein kleiner Kampf statt.

Es gab zwölf weitere ungelöste Fälle, die zu seinen neuen Suchkriterien passten. Was konnte er damit anfangen? Wieder die gesamten Fallakten der neuen zwölf anfordern und wieder warten?

Luis sah sich die Informationen an. Überflog die jeweiligen Meldungen. In seinem Kopf ratterten die Gedankenräder wie bei einer alten Eisenbahn, fast meinte er, sich selbst beim Denken zuhören zu können. Lieber wäre er ein ICE gewesen, aber so schnell ging es wohl nicht.

Was hatte er?

Die achtzehn passenden Strangulationen plus die anfänglichen fünf Fälle plus die zwölf neuen, in denen das Abwärtsbewegen der Leiche mit den dringend Tatverdächtigen, die nicht überführt werden konnten, kombiniert war.

Fünfunddreißig. Wieder zurück und weiter aussortieren.

In jedem dieser Fälle war jemand brutal ermordet worden. Unterschiedliche Todesursachen. Unterschiedliche Tatorte, Zeiten und Umstände. Luis klickte sich durch mögliche Motive, die es in diesen Fällen gegeben hatte. Er reduzierte wieder. Auch wenn bei Eberhard Dallinger das Motiv noch im Dunkeln lag, verbiss er sich auch darin.

Luis verglich, bis ihm der Schädel rauchte.

Neun.

In neun Fällen hatte es entweder etwas zu erben gegeben oder jemand war in Untersuchungshaft gekommen, weil er nachweislich ein Motiv für einen Mord am Opfer gehabt hätte. Ein Streit, ein Betrug, eine Veruntreuung. Am Ende keine Überführung, kein Täter. Alles waren sogenannte Cold Cases geworden, die in echten und auch virtuellen Schubladen gelandet waren.

Und sie alle drehten sich um diese seltsame Gemeinsamkeit, diese Bewegung der Leichen nach unten, nie zwingend, aber immer vorhanden. Als wollte jemand den Toten explizit noch zum Fallen bringen. Symbolisch gedacht.

Luis las zwei Bemerkungen nach, die die Ermittler in Bern und zu seinem Erstaunen in einer der zuletzt angeforderten Akten zu den jeweiligen Berichten hinzugefügt hatten.

»Nicht auszuschließen wäre ein Auftragsmord. Doch dafür zu wenige Anhaltspunkte«, stand bei den Berner Kollegen.

Und im zweiten, ein Fall aus München: »Vom letzten Stand der Ermittlungen ausgehend, würden ich und mein Team auch eine in Auftrag gegebene Tötung nicht ausschließen. Die Bankkonten zweier Verdächtiger wurden überprüft, jedoch keine Unregelmäßigkeiten.«

Sein Kopf fühlte sich heiß an vom vielen Denken. Oder von der möglichen Erkenntnis.

Ein Auftragsmörder.

Einer, der sein Handwerk professionell durchzog. Einer, den man bestellen konnte, der die gehasste Person aus dem Weg räumte, ohne dass man sich selbst die Hände schmutzig machen musste oder sogar verhaftet wurde, weil man als Laie sicher Fehler beim Töten gemacht hätte.

Wie konnten Leute an so jemanden herankommen? Wahrscheinlich schneller als gedacht. Es gab heute nichts, was man nicht bestellen konnte.

Ein Mord war vielleicht nicht so leicht in Auftrag zu geben wie eine Pizza fürs Abendessen, das war klar, aber mit der nötigen Wut im Herzen oder mit unversöhnlichem Hass hatten Menschen immer schon Mittel und Wege gefunden.

Hatte jemand Eberhard Dallinger so gehasst, dass er einen Mord an ihm in Auftrag gegeben hätte?

Sie würden alles neu aufrollen müssen.

Aber folgte man dieser Annahme, konnte Eberhard Dallinger einer von vielen gewesen sein. Einer, der möglicherweise zu den anderen ungelösten Fällen, die Luis heute auf dem Bildschirm hintereinander geöffnet hatte, in Beziehung stand.

Konnte es sein, dass er da auf etwas Größeres als den Mord an Eberhard Dallinger gestoßen war? Oder war sein Hirn vom vielen Ausloten der Möglichkeiten überfordert und brachte Puzzleteile zusammen, die zu völlig verschiedenen Bildern gehörten? War er einer Fata Morgana gefolgt, die sich gleich wieder in Luft auflösen würde? Gab es ein unbekanntes Land hinter dem Berg, den er erklommen hatte?

Real oder Illusion, das war jetzt die Frage.

Genau in diesem Moment kam eine E-Mail aus dem Rechtsmedizinischen Institut herein. Harro war erfolgreich gewesen. Das DNA-Profil vom grünen Stofffetzen lag vor.

In Luis' Kopf gab es einen Laut, ähnlich dem Pling seines iPads, nur lauter und nachhaltiger. Das DNA-Profil aus Bern. Nichts einfacher, als diesen Code mit dem von Harro deNärtens erstellten zu vergleichen.

Luis riss sein iPhone vom Schreibtisch hoch. Seine Finger zitterten so, dass er es kaum schaffte, zu Harros Nummer zu scrollen.

»Die angerufene Nummer ist besetzt, Sie können aber –« Luis legte auf. Er leitete die Analyse der Rechtsmedizin Bern per Mail direkt an Harro deNärtens weiter. Wählte noch einmal die Nummer. Immer noch besetzt. Am besten, er fuhr direkt zu ihm in die Rechtsmedizin. Wann würde der Einsatz seiner Kollegen wohl beendet sein? Er hinterließ Jakob eine Nachricht auf der Mailbox.

Wenn die DNA aus Bern mit dem Profil der Hautschuppe auf dem grünen Stofffetzen übereinstimmte, dann konnten sie im Fall die Domglocken läuten lassen.

Luis überflog noch einmal die hintereinander geöffneten Akten auf dem Bildschirm. So viele Tote. Ihm lief ein Schauer über den Rücken.

Ein Auftragskiller.

Das hatte er noch nicht erlebt in den paar Jahren hier. Er musste los.

Er rannte aus dem Großraumbüro und direkt in seine drei Teamkollegen hinein.

DREI

»Eigentlich darf ich dich nach Ende der Öffnungszeiten nicht reinlassen, Liebling.«

Britti Poster stand unschlüssig an der Tür. Die hellen Lampen waren ausgeschaltet, nur die Notbeleuchtung brannte noch. Britti war die Letzte in der Praxis, musste nur abschließen, dann hatte sie Feierabend. Gernot hatte ihr angeboten, sie abzuholen.

»Schatzerl, Herzerl, unten ist es kalt und finster, und ich hab große Sehnsucht nach dir gehabt, du Süßerl, du!«

Britti kicherte und machte Platz für ihren Liebsten. Auch nach der etwas verunglückten ersten Liebesnacht stand für sie unwiderruflich fest, dass sie den Mann ihres Lebens getroffen hatte.

Ihr Blog bestand seither aus kleinen Gedichten und großen Gefühlen. Einige ihrer Leser hatten zwar unschöne Kommentare hinterlassen, weil sie es langweilig fanden, dass Britti solches »Zuckerwattenzeug« niederschrieb, wie es zum Beispiel Bella B. im Kommentar genannt hatte, aber andere waren dazugekommen und hatten sich auch als frisch verliebt geoutet.

Gernot hatte ihr verboten, seinen Namen zu nennen.

Nicht verboten, das klang zu grob, nein, er hatte sie darum gebeten. Er selbst schien wenig mit dem Internet am Hut zu haben und wollte nicht in die breite Öffentlichkeit eines Blogs gezogen werden. Wenn sein Name bekannt würde, hatte er ihr erklärt, würden sich seine Kunden bei den Anlageberatungsgesprächen von ihm nicht mehr kompetent betreut fühlen.

Also hatte sie ihn nur »meinen Liebsten« genannt und konnte sich weder an ihm sattsehen noch sattküssen noch sattschreiben. Und wenn es in der weiteren Folge auch mit dem Sex klappte, hätte sie Wolke sieben bereits überflogen.

»Zeig mir mal die Heiligtümer hier drinnen, Spatzerl.« Gernot war an der Rezeption angekommen.

Er hatte eine dunkle, hochgeschlossene Lederjacke an und sah verschärft sexy aus. Wie der junge Johnny Depp in »Edward mit den Scherenhänden«. Der Film lag schon Jahre zurück, aber Britti hatte sich alles von Johnny Depp angeschaut, mehrfach.

Gernot hatte wie dieser Edward im Film seine Finger versteckt, nicht hinter Scheren, sondern unter Lederhandschuhen, die er auch in der Praxis nicht auszog. Nur am Kopf glich er dem Edward aus dem Film nicht, seine dunkelblonden Haare waren heute Abend unter einer Kappe verborgen.

»Du warst doch schon mehrfach hier, Liebling. Anders als bei deinen Terminen sieht es nach Feierabend auch nicht aus.«

Gernot drehte sich zu Britti um, nahm sie in den Arm, hob sie wie eine Feder hoch und drehte sie einmal im Kreis. Sie stieß einen Jubel aus, der in der leeren Praxis ein kleines Echo hervorlockte.

»Küss mich, Liebster!«

Gernot setzte sie wieder auf den Boden, den Marmorboden ab. »Die feuchten Busserl gibt es erst, wenn du mir alles gezeigt hast.«

Er ließ sie los und ging den Gang zu den Behandlungsräumen entlang, machte die Tür zu Zimmer 4 auf. Britti folgte wie ein kleines Hündchen.

»Du darfst da nicht hinein.«

»Dann vielleicht in den?«

Gernot öffnete die nächste Tür. Und die nächste. Als er auf die Klinke von Raum 7 drückte, bewegte sich die Tür keinen Millimeter.

»Hier ist immer abgeschlossen.«

»Warum das denn?«

Britti wollte ihrem Gernot alles erzählen. Das meiste hatte er ohnehin schon aus dem Internet und auf ihrem Blog gelesen, aber es gab ein paar Details, die sie ihm noch verschwiegen hatte, schließlich hatte sie bei der Sache damals keine gute Figur gemacht.

»Wenn du jetzt mit mir nach draußen gehst, dann sag ich es dir.«

Statt sich zurückzuziehen, betrat Gernot den Raum 6, neben dem verschlossenen 7er. »Komm schon, Herzerl. Erklär's mir«

Britti seufzte und kam hinter Gernot her. Sie machte in dem

Zimmer das Licht wieder an, die Helligkeit stach in ihre Augen. »Was willst du denn wissen?«

Gernot durchquerte das Zimmer und lehnte sich hinter dem Behandlungsstuhl an die Dentalzeile, den niedrigen Schrank mit den Dentalschubkästen, den Unterschränken und dem Einbauwaschbecken. Für eine Sekunde stellte Britti sich vor, wie sie beide es auf der Arbeitsplatte trieben, und musste kichern.

»Was denn, mein hübsches Weiberl?« Gernot zog sie in seine Arme und drückte sie an seine Schulter, ohne sie zu küssen. Britti fühlte das kalte Leder seiner Handschuhe auf ihrem Nacken.

»Spatzerl. Wann hat denn schon mal ein Normalsterblicher mit einer Heidenangst vorm Zahnarzt die Gelegenheit, sich in den heiligen Hallen alles zeigen zu lassen? Ich könnt meine Phobie vor einer Behandlung weiter abbauen, wenn du mir alles erklärst. Was is denn in diesen Schubladen zum Beispiel?«

Britti schüttelte den Kopf, und ihr Pagenschnitt wippte hin und her. Gernot hob mit seinem Lederhandschuhfinger ihr Kinn an.

»Bitte, Mauserl. Ich bin ein armer Phobiker. Du tust was Gutes. Und danach gehen wir zum Italiener, schön was essen.«

Britti seufzte intensiver. »Ich kann dir nichts abschlagen, Gernot, Liebster. Aber wenn das herauskommt, dass ich dir hier eine Privataudienz gebe, dann wird Dr. Leo sehr böse sein.«

»Aber geh. Die rennt doch schon wieder einem Verbrecher hinterher, die hat dafür gar keinen Kopf.«

Plötzlich tat es Britti leid, dass sie Gernot erzählt hatte, dass ihre Chefin bereits ihre zweite Leiche gefunden hatte, sie ihr quasi vor die Füße gefallen war. Andererseits, wenn sie beide zusammenbleiben wollten, wenn es eine Zukunft für Britti und Gernot geben sollte, musste sie ehrlich und offen über alles reden können.

Sie wollte nicht so eine Ehe führen wie ihre Eltern, da wusste ihre Mutter nicht einmal, dass Papas Lieblingskekse die Dinkelkekse vom Aldi waren, und kaufte ihm die teuren im Bioladen. Dreißig Jahre Ehe hin oder her, so sollte ihre Traumbeziehung auf keinen Fall werden.

»Gut, du hast gewonnen. Schau hier.« Sie begann die Dentalschubladen aufzuziehen.

Die Instrumente lagen in ihren sterilen Hüllen ordentlich

aufgereiht wie Zinnsoldaten in einer Formation. »Sonde, Scaler, Excavatoren, Fühlungsinstrumente, scharfe Dentallöffel zum Ausheben eines Zahnes, Wurzelheber gerade und gebogen, kurzes gebogenes Skalpell, Mikroschere, Kofferdamm –«

»Skalpell gebogen, gefällt mir.« Gernot hatte es schon in der Hand.

»Oh nein, nichts anfassen!« Britti griff beherzt zu und nahm ihm das verpackte Instrument wieder aus der Hand. »Wenn du hier etwas kontaminierst, bin ich dran.«

»Das klingt wie in einem Horrorfilm. Die Kontaminierten wurden nach und nach zu Zombies. Aaarghh!« Gernot hob seine Hände, machte Krallenfinger mit den Handschuhen und verzog sein hübsches Gesicht zu einer Grimasse.

Britti bekam eine Gänsehaut. »Hör auf. Du machst mir Angst!«

»Das hier macht mir Angst.« Gernot holte eine Zange heraus. Er öffnete seinen Mund und deutete das Ziehen einer seiner Zähne an. »Oh Schmerz. Oh Graus. Und das ohne Betäubung. Schnell, Schwester, eine Spritze.«

Immerhin musste Britti darüber kichern. Sie nahm eine der Injektionsspritzen in die Hand und zielte spaßeshalber damit auf ihren Liebsten.

»Ein Piks und der Schmerz ist weg.« Dann drehte sie die verpackte Spritze in der Hand. »Kaum zu glauben, dass sich meine Chefin davor so fürchtet, dass sie schon mal in Ohnmacht gefallen ist.«

»Beruf verfehlt!«, konstatierte Gernot. »Wo sind die Betäubungsfläschchen dazu? So leer sind die Spritzen ja wertlos.«

Während Britti weiterredete, machte sie automatisch einen der Unterschränke auf. Die Glasfläschchen glitzerten im hellen Licht. »Nein, auf keinen Fall. Da irrst du dich, Liebster. Dr. Leocardia Kardiff ist eine der besten Zahnärztinnen, die ich kenne, hier in Köln und darüber hinaus. Die Leute rennen ihr die Bude ein. Wenn du mit deiner Behandlung fertig bist und deine neue Krone hast, wirst du auch begeistert sein.«

Gernot hatte sich gebückt und eines der Fläschchen herausgenommen. Er stellte es auf der Tischplatte ab. »Kann man damit einen Menschen k.o. bekommen? Was meinst', Mauserl?«

Britti lachte so laut, dass sie in der leeren Praxis wieder dieses Echo erzeugte. Wie in einem großen Tanzsaal oder einer Kirche. »Quatsch, Gernot. Wenn du ihm die kleine Glasflasche über den Kopf ziehst, hat er höchstens eine Mini-Platzwunde und ist megasauer auf dich.«

Wie eine dunkle Wolke am Himmel aufzieht, zog sich Gernots Stirn in Falten. Seine Mundwinkel gingen nach unten. Er sah weniger wie Johnny Depp alias Edward, mehr wie der eifersüchtige Jim aus, der böse Verlobte von Kim Boggs. Seine Kappe ließ seine Augen im Schatten verschwinden.

»Ich finde es scheiße, dass du über mich lachst. Du weißt ganz genau, dass ich es anderes gemeint habe.«

Sein Tonfall hatte sich schlagartig verändert. Britti dachte, dass mit einem Mal noch etwas anderes fehlte, konnte es aber nicht einordnen.

»Entschuldige, Liebster. Ich wollte nicht lachen. Komm, lass uns endlich gehen.« Britti machte das helle Licht aus. Die Notbeleuchtung ließ Raum 6, den Behandlungsstuhl und auch Brittis Liebsten in ihrem matten Licht wie ausgebleichte Schwarz-Weiß-Bilder erscheinen.

Sie blinzelte und wurde keck. »Statt zum Italiener gehen wir zu mir, bestellen uns eine Pizza, kuscheln und machen endlich Liebe. Zweiter Versuch?«

Gernots behandschuhte Faust hatte sie völlig unvorbereitet getroffen. Von einer Sekunde auf die andere war Brittis Welt gekippt, körperlich und geistig.

Körperlich fuhr ein heftiger Schmerz von ihrem Oberkörper hoch bis in die Haarwurzel. Der Fausthieb hatte ihre Brust getroffen, die Stelle zwischen den Brüsten. Der Schlag war durch die Lederhandschuhe abgemildert worden, aber trotzdem brachte er sie aus dem Gleichgewicht und nahm ihr die Luft. Tränen schossen ihr in die Augen, sie konnte ihren neuen Liebsten vor sich nur mehr verschwommen erkennen.

Geistig bekam sie Gernots Verwandlung von Dr. Jekyll in Mr. Hyde nicht auf die Reihe. Auch später, in ihrer Erinnerung, war ihr immer wieder, als wäre sie in dem Moment in eine Twilight-Zone gefallen und ihre Realität hätte einen unnatürlichen Sprung bekommen.

Ihr Liebster konnte sie gar nicht geschlagen haben, nicht der süße, lustige, zärtliche Gernot.

Britti krümmte sich nach unten, gleichzeitig begann sie wild zu blinzeln, sie musste sehen, wer anstatt Gernot ihr eben den Fausthieb verpasst hatte. Da musste ein anderer vor ihr stehen. Einer, der sich eingeschlichen hatte, oder, um bei der Twilight-Zone zu bleiben, einer, der sich mitten im Behandlungsraum manifestiert hatte. Eine unbekannte Erscheinung. Lieber an etwas Unreales glauben als an Gernots Verwandlung.

Als sie wieder hochkam, konnte sie den Mann vor sich, der nicht Gernot sein konnte, besser erkennen.

Er hatte in seinen Lederhandschuhhänden die Spritze.

Er hatte sie aus der sterilen Plastikverpackung genommen.

Mit einer Hand hielt er das Fläschchen mit dem Betäubungsmittel, in der anderen die Spritze.

Er zog sie auf.

Britti fiel in ein Meer aus Fassungslosigkeit.

Wer war dieser Typ, der sie eben geschlagen hatte? Der eine Spritze aufzog? Um was zu tun?

Der Fremde machte weiter.

»Wenn du es mir nicht sagen willst, werde ich ausprobieren, was so eine Spritze auslöst, wenn sie nicht ins Zahnfleisch, sondern zum Beispiel in den Hals gestochen wird.«

Britti schoss es eiskalt in den Kopf. Der Mann vor ihr konnte schon allein deshalb nicht Gernot sein, ihr Freund, ihre neue Liebe, ihr Liebster, denn der Mann redete völlig dialektfrei, kein Österreichisch zu hören. Auch seine Stimmhöhe war plötzlich eine völlig andere.

Der fremde Mann vor ihr, den Britti nicht kannte oder niemals gekannt haben konnte, hob seine Hand und versenkte die Spitze der Spritze in Brittis Hals. Der Einstich fühlte sich wie ein Bienenstich an. Ihr wurde heiß, als das Betäubungsmittel ihr unter die Haut schoss. Auch schwarz vor Augen, aber das eher wegen der makabren Umstände als wegen der weiteren Wirkung.

Sie kippte wieder nach vorn, diesmal wollte sie fallen, ganz nach unten, denn sie musste aufwachen. Das war die bessere Erklärung, nicht die Twilight-Zone, es konnte nur ein schlechter Traum sein, was hier passierte, sie konnte nur in einem Alb gefangen sein. Wenn sie fiel, würde sie erwachen, so ihr spontaner Plan.

Doch der Mann fing sie auf, wie eine Feder, hob sie an und schleifte sie ein Stück nach vorn. Ja, schleifen, denn ihre Füße gehorchten Britti nicht mehr, sie konnte fühlen, wie ihre Schuhe über den Marmorboden glitten.

Dann wurde sie abgesetzt, rutschte nach unten. »Liebster, Liebster, Liebster!«, begann sie zu rufen. Gernot musste kommen und ihr helfen, da war ein Mann, ein lederbehandschuhter schwarzer Mann, ein Fremder, der ihr Böses wollte.

»Noch eine Portion gefällig?«

Wieder ein Einstich, diesmal an ihrem Arm. Wann hatte sie ihren Pullover hochgezogen? Sie japste nach Luft.

Unter sich fühlte sie kaltes Plastik, über sich sah sie eine Lampe, die ein wenig wie ein Ufo aussah. Hatten Außerirdische sie entführt? Selbst diese Erklärung wäre Britti jetzt recht gewesen.

Dritter Pikser, wieder der Arm oder wieder der Hals? Britti konnte es nicht mehr unterscheiden. Ihr gesamter Körper schien zu einem einzigen Klumpen verschmolzen zu sein.

Wo zur Hölle war Gernot? Warum kam er ihr nicht zu Hilfe? War er selber Opfer des fremden Mannes geworden?

»Gernot.« Schon seinen Namen auszusprechen tat ihr gut.

Der Mann tauchte über ihr auf. »Ja, Schatzerl?«

Da, jetzt war seine Stimme wieder weicher, sein Dialekt wieder der eines charmanten Mannes aus Schladming.

»Ich stech dich so lang, bis du ins Reich der Träume abrutschst, gell, Mauserl, da gehörst du doch hin.«

Gernot und der fremde Mann verschmolzen.

Brittis Welt versank in Trümmern, und ihr Reich der Träume war eine schmerzhafte Tiefe ohne Boden.

VIER

Leo fragte sich, warum zwischen all ihren laufenden Gedanken nicht der an ihren Autoschlüssel aufgetaucht war.

Sie hatte schnell noch Brötchen, Käse und Tomaten für den Abend eingekauft und dann eine kleine Weile vor ihrem Wagen gestanden und den unfassbar vielen Schmutz auf dem Dach und den Scheiben bestaunt. Hatten sich denn in den Stunden seit ihrem Arbeitsbeginn alle Formen an Dreck hier gesammelt? Zwischen herbstlich losen Blättern, die der Baum, neben dem ihr Auto parkte, bereits verloren hatte, zeigten sich Schlieren auf dem Lack, und auf ihrer Heckscheibe hatte sich mindestens ein Vogel erleichtert.

Es war peinlich, den eigenen Kindern laufend Vorträge über ordentliche Zimmer und saubere Fahrräder zu halten und selbst mit so einer Dreckkarre nach Hause zu kommen. Sie hatte beschlossen, direkt, ohne sich wieder von den vielen anderen Dingen abhalten zu lassen, durch die Waschstraße zu fahren, die auf ihrem Heimweg lag.

Doch dazu musste sie ins Auto kommen und losfahren.

Leo wühlte in ihrer Handtasche und fand vom Hühneraugenpflaster bis zu einem der Dentallätzchen alles, einen halben Haushalt und ein Kosmetikstudio noch dazu schleppte sie mit sich herum. Nur der Schlüssel war nirgends zu entdecken. Er musste also in der Praxis, wahrscheinlich in ihrem Büro sein.

Hatte sie nicht heute Mittag auch etwas gesucht und dafür einzelne Teile aus ihrer Tasche genommen und auf ihren Schreibtisch gelegt? Klar, da war sicher der Autoschlüssel mit dabei gewesen, und sie hatte ihn nicht wieder eingesteckt.

Wind war aufgekommen und zerzauste ihr Haar. Für ein paar Sekunden schloss Leo die Augen und wünschte sich ganz weit weg. Auf eine Insel mit Jakob oder auch ohne Jakob, einfach nur eine winzige Insel mit einem Liegestuhl in der Mitte und sonst nichts. Dort zu sitzen stellte sie sich vor, mit einem Buch in der Hand und Sonne auf der Nase. Sie musste niesen, einmal und noch einmal. Das dritte Mal so laut, dass sich ein älterer Mann nach ihr umdrehte. Sie kramte nach einem Taschentuch, fand natürlich keines, aber immerhin die Schlüssel für die Praxis waren da.

Leo machte sich auf den Rückweg. Die zwei Querstraßen von dort, wo sie ihr Auto geparkt hatte, zurück zum Nikolausplatz schienen ihr wie eine Wanderung. Sie beschloss, sich demnächst einen Parkplatz vor der Praxis anzumieten, wenn das möglich war, wusste aber sofort, dass dieser Plan auf ihrem inneren Gedankenfriedhof landen würde, gleich neben der Idee, sich einen ganzen freien Tag in der Woche zu leisten oder täglich noch vor dem Frühstück Yoga zu machen.

Im Haus kam der Aufzug nicht, dieser Feierabend hatte sich bereits gegen Leo verschworen, und schließlich stieg sie ächzend die Treppe hoch. Die Tür zur Praxis ließ sich nach einer halben Drehung des Schlüssels öffnen, war nur zugezogen, und das machte sie sauer.

Wie oft hatte sie ihren Zahnarzthelferinnen eingebläut, beim Verlassen der Praxis den Schlüssel mehrfach umzudrehen? Wer auch immer die Letzte war, die hinausging, hatte sich danach zu richten. Zwar war ein Sicherheitsschloss eingebaut, aber wenn die Tür nur zugezogen wurde, würde ein professioneller Einbrecher es trotzdem zu leicht haben. Die Letzte hatte die Tür abzuschließen und nicht nur zuzuziehen. Konnte man sich denn auf niemanden mehr verlassen?

Drinnen war nur die Notbeleuchtung an.

Noch zu Zeiten ihres Vaters war in jedem Zimmer jeweils eine Einbauleuchte unter der Decke installiert worden, die nachts ein weiches Licht abgab, und somit wurde es in der Praxis nie völlig dunkel. Hinzu kam die Straßenbeleuchtung vom Nikolausplatz. Leo drückte nicht auf den Lichtschalter, sie brauchte keine Festbeleuchtung, um sich zurechtzufinden.

Die hohen Hacken ihrer Schuhe klackten auf dem Marmor im Flur, wie eine Uhr, die die verlorenen Sekunden ihres Lebens herunterzählte. Tick, tick und tack. Leo spürte das nächste Niesen aufkommen, blieb stehen und rieb sich einen Nasenflügel. Laut ihrer Mutter sollte das Reiben gegen ein ungestümes Niesen helfen, und das tat es auch. Nur ein stilles Zucken verließ ihre Nase mit einem dicken Tropfen Rotz. Vielleicht eine nahende Erkältung, bitte nicht.

Leo stand im Flur, wischte sich mit dem Ärmel ihrer Jacke über Mund und Nase und atmete einmal durch. Dann hielt sie inne.

Irgendetwas stimmte hier nicht.

Es war nur der Hauch eines Gefühls. In etwa so, wie wenn man im Meer oder einem See schwimmt und eine kalte Strömung erwischt. Ihr wurde kalt, innerlich. Sie bewegte sich keinen Schritt mehr weiter und lauschte in die leere Praxis hinein.

Außer einem Knacken hinter der Rezeption, das von der Telefonanlage kam, war nichts zu hören. Sicher spielten ihre Nerven mal wieder verrückt. Nach allem, was in ihrem Leben wieder los war, kein Wunder.

Leo ging weiter, versuchte aber, so leise wie möglich aufzutreten. Statt dem Tick und Tack gab es ein leises Tock, Tock, aber immer noch erschienen die Töne Leo zu laut. Was war nur los mit ihr?

Sie wollte rufen. Vielleicht war eine ihrer Helferinnen noch in der Praxis oder Bulldogge Horst, aber in der letzten Sekunde stoppte sie die Luft, und ihre Stimmbänder schlossen sich.

Zwei Schritte und Leo war an der Rezeption.

Sie sah nach links und rechts, erwartete eine Gestalt oder eine Bewegung. Aber weder im Warteraum noch im Gang zu den Behandlungsräumen war jemand zu sehen.

Mit einem Mal tauchte das Bild ihres Ex-Kollegen Dr. Lang vor ihrem inneren Auge auf. War er hier? Sie sah ihn vor sich mit seinem schwarz-grau melierten Haar, seiner randlosen Brille, an seinem alten Schreibtisch.

Leo wirbelte auf ihren Hacken herum, war mit drei Schritten an der Tür zum Zimmer des früheren Kollegen und riss sie mit einem Ton, der wie Uff oder Wuff klang, auf.

Nichts. Nur ein großer, leerer, weiß gestrichener Raum mit der verschlossenen Feuertür, die auf den Fluchtweg hinausführte. Ein rotes Licht schimmerte darüber wie ein brennendes Auge.

Tür wieder zu. Ihr Herz und ihr Atem beruhigten sich etwas, und Leo lehnte sich an die Wand. Die Kühle lockerte ihre angespannten Nerven. Was für eine dumme Kuh sie doch war, überall erwartete sie das nächste Verbrechen, den nächsten schwarzen Mann.

Sie ging in ihr eigenes Büro, machte das Licht über dem Schreibtisch an und sah sofort die Autoschlüssel auf der Tischplatte liegen. Immerhin konnte sie jetzt schnellstens in ihren wohlverdienten Feierabend.

Leo war wieder fast an der Eingangstür, als sie das Stöhnen hörte. Mitten im Schritt stoppte sie ab.

Das konnte nicht sein, oder?

Wie ein Storch stand sie da, einen Fuß noch erhoben, schwankte ein wenig, aber hielt das Gleichgewicht.

Nichts.

Sie musste sich geirrt haben.

Genug für heute Abend. Es galt, noch die ganze restliche Woche durchzuhalten.

Da. Wieder.

Stöhnen.

Eindeutig.

Sie setzte ihren zweiten Fuß auf dem Boden ab.

Klock.

Leo wirbelte einmal um die eigene Achse und verlor fast das Gleichgewicht. Sie stöckelte nach links, dann nach rechts, als wollte sie einen schrägen Walzer tanzen, kam an der Wand zum Stehen. Sie atmete kurz ein und aus, hörte das Klopfen ihres Herzens, das Geschwindigkeit aufnahm.

Stöhnen. Von rechts.

Länger. Verzweifelter.

Von hinten. Aus dem Gang. Aus einem der Behandlungsräume.

Leo setzte ihre Handtasche und die Einkäufe am Boden ab. Sie brauchte jetzt, Gott sei Dank, nicht zu wühlen, ihr Smartphone steckte immer in einem Seitenfach. Sie holte es heraus und wählte Jakobs Nummer. Sofort ging die Mailbox an.

»Scheiße!«

Das war doch das Fatale an allen Männern. Sie boten ständig ihre Hilfe an, aber wenn es darauf ankam, waren sie nicht zu erreichen, mussten erst noch die Welt retten oder so.

Es piepte in ihrem Ohr. Leo hielt die Hand vor Mund und Telefon und flüsterte. »Äh ja, hier ist Leo. Also, da ist so ein Stöhnen … ich meine, ich habe mich in nichts eingemischt, nicht, dass du so was gleich wieder denkst, aber hier ist jemand … und ich … habe ein so komisches Gefühl. Und wenn du kommen könntest, schnell …«

Das Stöhnen kam wieder.

Sie musste eine Entscheidung treffen.

»Scheiße!« Zum zweiten Mal.

Sie beendete den Anruf. Legte das Smartphone auf der Handtasche ab. Leo zog die hohen Schuhe aus. Sie machte immer noch nicht die Hauptbeleuchtung an und ging auf Zehenspitzen zurück bis zur Rezeption.

Von dort ein paar Schritte weiter, rechts, in den Gang.

Sie lauschte.

Es knackte wieder hinter ihr. Von draußen kam Straßenlärm hoch.

Dann ein Fiepen.

Kein Stöhnen mehr, sondern ein völlig neuer Laut. So stellte sie sich den Hilfeschrei einer Maus vor, die in eine Falle geraten war und um ihr Leben fiepte.

Nicht aus dem Behandlungsraum 1 oder 2, nicht im 3er. Auch 4 und 5 schloss Leo aus. Raum 7 war verschlossen, also blieb nur Raum 6.

Los, Leo!

Sie trippelte den Gang entlang.

Für das Fiepen und Stöhnen konnte es auch andere Gründe als die eines Verbrechens geben. Es konnte sein, dass eine der Helferinnen gestürzt war oder einen Schwächeanfall erlitten hatte. Noch mal Gott sei Dank war Leo zurückgekommen und würde sofort helfen können. Falls nötig, würde sie den Notruf wählen. Jetzt schon umdrehen und das Smartphone aus der Handtasche am Eingang holen?

Nein, weiter jetzt.

Je näher sie dem Behandlungsraum kam, desto lauter wurde das Fiepen. Es hätte auch zu einem Vogel gehören können, der sich in die Praxis verirrt hatte und nicht mehr herausfand.

Leo kam an der Glastür zu Raum 6 zum Stehen, öffnete und erkannte ihre Zahnarzthelferin trotz des Dämmerlichts sofort.

Der Vogel war Britti Poster.

Britti hing im Zahnarztstuhl, ihre Beine und Arme von sich gestreckt wie eine Stoffpuppe. Ihr Kopf lehnte schief am Kopfteil, ihre Augen waren offen, und aus ihrem Mund kamen die Fieptöne.

Leo vergaß alles um sich herum. Sofort war sie bei der jungen Frau. »Britti, oh mein Gott!«

Brittis Kopf drehte sich hin und her, als hätte er kein Genick zur Stabilisierung mehr. Ihr rechtes Bein begann unkontrolliert zu zucken, und eine Spur Speichel rann über ihre Lippen. Die Hand der hübschen Helferin war eisig kalt. Als Leo sie berührte, begann Britti mit den Augen zu rollen.

Leo hob vorsichtig Brittis Kopf, sprach sie an. »Britti. Ich bin es, Leo. Was ist passiert? Hatten Sie einen Anfall oder was?«

In dem Moment sah sie es.

Aus Leos täglicher Routine heraus hatte sie sich automatisch auf den Drehhocker gesetzt, um Britti zu helfen, und ihr Blick war wie sonst bei jeder Behandlung auf das Instrumentenbord gefallen. Selbst im spärlichen Licht der Notbeleuchtung konnte Leo es erkennen.

Eine Spritze lag dort. Aus der Verpackung geholt. Benutzt.

Konnte das sein?

Leo bekam butterweiche Knie, es war gut, dass sie schon saß.

Ein Fläschchen mit Betäubungsmittel stand daneben.

Wie waren die Sachen hierhergekommen? Wer hatte sie herausgeholt? Und verdammt noch mal, warum?

»Britti, um Gottes willen, was ist hier los?«

Mit einem Griff nach oben machte Leo die Dentallampe an. Das grelle Licht schmerzte in ihren Augen, und sie brauchte einen Moment, um wieder etwas zu sehen.

Tatsächlich lag da eine bereits gebrauchte Spritze. Leo hatte sich nicht geirrt. Auch das Fläschchen mit Betäubungsflüssigkeit stand da. Angebrochen. Jetzt fast leer. Fassungslos sah Leo zurück zu Britti.

Der Ärmel von Brittis Bluse war nach oben geschoben, und

Leo konnte Blut an einem Einstichloch sehen. Jemand musste ihr die Betäubungsspritze in den Arm gerammt haben. Jemand hatte statt in das Zahnfleisch in Brittis Oberarm gestochen. Jemand musste versucht haben, die Zahnarzthelferin schachmatt zu setzen. Dafür war eine einzige Dosis definitiv zu wenig. Dafür hätte es einige Male mehr gebraucht.

Leo packte Britti mit beiden Händen an den Schultern, sah ein weiteres blutiges Einstichloch am Hals der Helferin. Wahnsinn, was war hier bloß los? Sie zog Britti auf dem Zahnarztstuhl höher. Dann schlug sie ihr mit einer Hand fest ins Gesicht.

Statt des Stöhnens und Fiepens kam ein winziges »Oh« aus Brittis Mund.

Wieder schlug Leo zu, fester als beim ersten Mal.

Die Pupillen der Zahnarzthelferin bewegten sich, und endlich wurde ihr Blick etwas klarer.

Klatsch! Ein drittes Mal.

Und noch einmal.

Brittis Backe schwoll rot an, aber ihr Körper gewann an Kontrolle zurück. Leo konnte spüren, wie sich Britti langsam ins Bewusstsein kämpfte. Noch zweimal schlug sie zu.

»Aua!«

Britti war da. Nicht ganz klar, aber immerhin sah sie Leo an und erkannte sie. »Dokrrr. Leee.« Das Sprechen klappte noch nicht.

»Britti, was ist hier los zum Teufel?«

Britti japste und holte Luft. Sie krallte sich jetzt von sich aus an Leo. »Zmüssn rasch! Schll!« Ihr Gestammel unterstrich sie mit einer wilden Geste.

»Britti! Ich verstehe kein Wort. Was ist passiert?«

Leo stand auf und versuchte, Britti mit hochzuziehen. Doch Britti rutschte wieder ab und hing im Behandlungsstuhl wie ein Faultier.

Leos Blick fiel erneut auf die Spritze, und die Gänsehaut rannte einmal rauf und runter. Ihr wurde selbst mulmig. Das altbekannte Schwindelgefühl begann einzusetzen. Mit Verspätung, aber dafür stärker als die letzten Monate.

Bitte nicht jetzt!

»Ich hab mein Handy draußen im Flur. Kommen Sie, Britti. Wir holen Hilfe.«

»Wr mssn raus! RAUSSSS! Dr Mnn isn Irr'r.«

»Ich verstehe Sie nicht.«

Leo packte Britti fester, zog sie aus dem Stuhl hoch, drehte sich mit ihr Richtung Tür.

Dort stand er.

Ein Mann im Türrahmen.

Breit.

Lächelnd.

Bekannt.

Das war doch –

»Wir müssen raus. Raus! Der Mann ist ein Irrer.« Quäkend äffte er Britti nach. »Liebe Frau Dr. Kardiff, das versucht Ihnen Ihre hübsche Helferin zu sagen. Und sie hat recht. Nun ja, nicht ganz. Ich bin kein Irrer. Ich bin ein Killer.«

Britti begann in Leos Arme zu quieken.

Wieder kam Leo ein Vergleich mit einem Tier. Vom Faultier zum Ferkel heute nach Feierabend.

FÜNF

Jakob Zimmer und Birgit von Zeh fuhren mit Per zu Harro deNärtens ins Rechtsmedizinische Institut. Ein Wagen reichte. Einmal über den Rhein und schon im Stau.

Per fluchte. Köln und seine ständigen Baustellen. »Wenn es um Leben oder Tod geht, würden wir über eine der Brücken immer zu spät kommen.«

»Wenn es um Leben oder Tod geht, würde ich dir jetzt befehlen, die Sirene anzumachen und loszurasen.« Obwohl seine Stimme einen ironischen Unterton hatte, drückte Jakobs ganze Körperhaltung seine Anspannung aus. Seit Luis dem Team seine Vermutung oder besser Entdeckung mitgeteilt hatte, waren sie das alle.

Luis' Euphorie hatten allerdings weder Jakob noch Birgit geteilt. Beide wollten zuerst auf eine Rückbestätigung durch Harro deNärtens warten, was Luis' Mundwinkel nach unten gehen ließ. Er reagierte leicht säuerlich.

»Schon manche brillante Theorie konnte der Praxis nicht standhalten.« So hatte Birgit den Protest ihres jungen Kollegen abgeblockt. »Ich meine es nur gut. Je cooler du damit umgehst, umso kleiner ist die Enttäuschung, wenn du dich irren solltest.«

»Birgit hat recht. Deine Theorie klingt großartig; wenn wir es wirklich mit Auftragsmord zu tun haben, bist du der Matchwinner.« Jakob hatte Luis zugenickt. »Fahr du direkt in die Rechtsmedizin! Wir drei müssen uns noch bei der Einsatzleitung abmelden, aber kommen schnellstmöglich nach. Harro soll auch gleich die DNA-Probe von Probst einem Schnelltest unterziehen.«

Nun endlich im Wagen und auf dem Weg, hatte Birgit ihr Smartphone in der Hand. »Die könnten auch mal Bescheid geben. Sonst meldet sich Luis ständig per SMS.«

Vor ihnen bewegte sich die zähe Autoschlange wieder einen Meter nach vorn. Wenn es so weiterging, würden sie erst heute Nacht am Melatengürtel ankommen.

Im Radio wurde von dem erfolgreichen Terroreinsatz heute

berichtet. Jakob stellte es ab. Die Konzentration musste jetzt ganz auf den Dallinger-Fall gerichtet werden.

»Lasst es uns durchdenken«, sagte Birgit und beugte sich vom Rücksitz aus vor, zwischen die beiden Männer. »Wenn Luis recht hat und Eberhard Dallinger von einem Auftragskiller ermordet worden ist, der schon länger im deutschsprachigen Raum sein Unwesen treibt, wäre das eine sensationelle Wendung.«

Jakob lachte auf. »Dieser Satz, liebe Birgit, könnte wortwörtlich in einer Jerry-Cotton-Story stehen, die meine Mutter so gerne liest.«

»Du liest die doch auch, sonst wüsstest du kaum, dass solche Sätze darin vorkommen.«

»Du hast mich überführt, Kollegin.« Jakob wandte sich Birgit zu. »Los, denken wir so, als ob wir schon ein positives Ergebnis hätten und die sensationelle Wendung eingetreten wäre.«

»Was würde es bringen?«, fragte Per am Steuer und wechselte die Spur. Es ging hinter der Deutzer Brücke zumindest zähflüssig voran.

»Wir hätten die Gewissheit, dass Eberhard Dallinger einem Komplott zum Opfer gefallen ist. Jemand aus seinem Umfeld hat ihn beseitigen wollen und hat sich entweder selbst nicht getraut oder wollte sich nicht die Hände schmutzig machen.«

Birgit seufzte. »Im schlechtesten Fall bringt es uns trotzdem nicht dem Täter näher, auch wenn diese Erkenntnis der Hammer wäre.«

»Das Gute daran wäre, dass wir damit die Chance hätten, mehr als ein Dutzend anderer Fälle neu aufzurollen, wie Luis gesagt hat.«

»Aufrollen ja! Aber lösen nur, wenn wir den Mann finden, der die Morde begeht. Wenn ihm Hafterleichterung versprochen wird, nennt er sicher seine Auftraggeber.«

»Schade, dass es nicht Petra Köbes-Probst ist. Eine Auftragsmörderin würde mir noch besser gefallen. Aber das schwache Geschlecht ist zu mitfühlend für so was.« Per grinste in den Rückspiegel.

»Wer sagt, dass sie es nicht war?« Birgit knuffte ihn von der Rückbank in den Oberarm. »Frauen könnten das genauso gut wie

Männer, ja. Oder sie war es zusammen mit ihrem Düsseldorfer Liebhaber, und in Wahrheit hatte Hannes Probst, ohne es zu wissen, ihr ein Alibi verschafft. Aber ernsthaft, Leute. Für uns hieße das: alles auf Anfang. Überhaupt kein Alibi würde mehr gelten. So faszinierend ich Luis' These finde, wir brauchen am Ende einen Namen.«

Jakob sah auf die Uhr. »Halb neun. Der Feierabend hat längst begonnen. Ich frage mich, warum so viele Leute noch unterwegs sind. Hat denn keiner Familie?«

»Läuft schon.« Per gab Gas. Endlich.

Birgit beugte sich weiter vor, bis ihr der Sicherheitsgurt in den Hals schnitt. »Also, der Typ tötet Eberhard Dallinger. Das ist sein Auftrag, dafür ist er bezahlt worden oder wird noch bezahlt. In den Wochen davor hat er sich in die Nähe seines Opfers begeben und sich mit ihm angefreundet, sodass Eberhard keinen Verdacht schöpft, sich auch allein mit ihm trifft. Ihn vielleicht sogar zu mögen beginnt.«

»Wir gehen also davon aus, dass dieser neue Freund, von dem uns Hannes Probst beim Verhör erzählt hat, der Mörder ist? Dann lebt er seit Jahren unerkannt in der Nachbarschaft.« Jakob überlegte. »Unwahrscheinlich.«

»Hannes Probst könnte gelogen haben, diesen Paulus erfunden, weil er selbst den Auftrag erteilt hat.«

Die Ampel wurde rot, Per fluchte und trat auf die Bremse. Birgit wurde nach vorne gedrückt, der Sicherheitsgurt rastete ein, sie ließ sich in ihrem Redefluss nicht stoppen.

»Jungs, lasst mich weiterspinnen. Der Killer, wer er auch sein mag, erfüllt seinen Auftrag. Die Strangulation ist vorbei. Die leere Wohnung, das Treffen, das war für den Mörder die richtige Zeit, der richtige Ort. Eberhard Dallinger ist tot. Warum wirft er den Körper danach aus dem Fenster?«

»Aufsehen erregen?« Per drehte sich während der Rotphase nach hinten zu Birgit.

»Eine schlechte Idee für einen Auftragsmörder. Er sollte im Verborgenen agieren.«

»Oder eine gute! Das Aufsehen, das dieses Verbrechen auslöst, verschleiert die wahren Hintergründe.«

Jakob hob seinen Zeigefinger. »Oder es ist etwas Pathologisches. Auftragskiller hin oder her, tatsächlich könnte unser Täter einen psychischen Knacks haben, und dieses Fallen ist für ihn zwingend. Luis hat doch gesagt, dass bei all den Fällen die Leichen nach unten bewegt worden sind. Die nächste spannende Frage an den Psychologen.«

»Jemand, der andere gegen Geld umbringt, hat per se einen Schaden.« Birgit lockerte ihren Gurt, kam mit dem Oberköper wieder nach vorn. »Fahr, Per, es ist längst wieder grün.«

Die Straße war frei, in wenigen Minuten würden sie am Melatengürtel sein.

»Ich bin da bei dir, Jakob. Ich könnte mir auch gut vorstellen, dass der Mann Dallingers Körper aus einem Zwang heraus nach unten befördert hat«, spekulierte Birgit weiter.

»Und danach?«

»Danach ist er auf die Straße, hat sich unter die Schaulustigen gemischt. Er konnte sich in der Menge sicher fühlen. Hat seelenruhig der Polizeiarbeit zugesehen. Hat vielleicht gehört, wie Dr. Kardiff und ich uns unterhalten haben.«

»Also doch einer der Patienten, die danach in die Zahnarztpraxis gekommen sind?« Jakob machte sich eine Notiz. »Wir werden uns auch Speichelproben von den drei anderen Neupatienten besorgen, die außer Probst zu Dr. Kardiff gekommen sind.«

»Wo ist der Täter jetzt?« Per stellte die Frage, überfuhr eine Ampel, die eben von Gelb auf Rot gesprungen war.

Birgit überlegte. »Schon mit seinem nächsten Auftrag beschäftigt. Freundet sich mit dem neuen Opfer an. Ist uns näher, als uns lieb ist. Lebt ein durchschnittliches Leben mit all den Problemen, die wir auch haben. Geht einkaufen, lernt Leute kennen, geht bei Zahnschmerzen zum Zahnarzt.«

Sie bogen auf den Gürtel ein. Jakob drehte sich zu Birgit um. »Oder er ist längst weg, in einer anderen Stadt. Bei keinem der Fälle, die Luis aufgetan hat, kommt ein Ort zweimal vor.«

In dem Moment meldete sich Birgits Handy. Alle drei zuckten zusammen. Birgit reagierte nach dem zweiten Klingeln, ließ die anderen mithören.

»Luis, wir sind gleich da. Keine zwei Minuten mehr.«

»Warum geht denn Jakob nicht an sein Handy? Ich habe es mehrfach bei ihm versucht und erreiche immer nur die Mailbox.« Luis' Stimme dröhnte blechern.

Birgit hielt ihr Smartphone hoch. »Wir sitzen alle in Pers Wagen, Luis. Es reicht doch, dass du jetzt einen von uns erwischt hast, oder? Also schieß los!«

»Es passt, Leute. Der Vergleich war positiv. Die Rückbestätigung ist da. Das DNA-Profil von Bern und das von der Hautschuppe auf dem grünen Stück Stoff sind identisch.«

Im Hintergrund erklang Harros tiefer Bass. »Hallo. Ja, es stimmt überein. Jetzt müsst ihr nur noch den Menschen hinter dem Profil finden, aber ich wollte den euphorischen Schub unseres dynamischen Kollegen nicht komplett abstoppen.«

»Große Klasse! Ich gratuliere. Wir haben das Institut quasi schon in Sichtweite.«

Jakob hatte inzwischen sein eigenes Handy gezückt, tatsächlich hatte er vergessen, es nach dem Einsatz heute wieder laut zu stellen. Neben den Nachrichten von Luis war auch eine ihm nur zu bekannte Nummer unter den nicht beantworteten Anrufen. In der letzten Minute bevor sie ankamen, hörte Jakob Leos Nachricht ab.

Per blinkte und fuhr den Wagen direkt auf den Parkplatz des Instituts. Immerhin gab es hier keine Probleme, so spät am Abend waren nur noch zwei weitere Autos dort abgestellt.

»Wir sind da. Wir sind gleich bei euch drinnen.« Birgit steckte ihr Smartphone weg, machte den Gurt los, öffnete die Tür, stieg aus. Die Innenbeleuchtung ging an. Per stellte den Motor ab, machte sich auch frei.

Nur Jakob Zimmer auf seinem Sitz bewegte sich nicht.

SECHS

»Die Bezeichnung ›Selbsterhaltungstrieb‹ ist eine Metapher für die beobachtbare Tatsache, dass jedes Lebewesen zu überleben versucht, sprich: sich gegen Angriffe anderer wehrt oder etwa flieht«, steht bei Wikipedia.

Die beobachtbaren Reflexe sind in den tieferen Regionen des Hirns angesiedelt. Die damit verbundene Reaktionsgeschwindigkeit überholt das vernunftgesteuerte Denken um ein Vielfaches.

Leo steht auf und versucht, Britti mit hochzuziehen. Doch Britti rutscht wieder ab und hängt im Behandlungsstuhl wie ein Faultier.

Leos Blick fällt erneut auf die Spritze, und die Gänsehaut rennt einmal rauf und runter. Ihr wird selbst mulmig. Das altbekannte Schwindelgefühl beginnt einzusetzen. Mit Verspätung, aber dafür stärker als die letzten Monate.

Bitte nicht jetzt!

»Ich hab mein Handy draußen. Kommen Sie, Britti. Wir holen Hilfe.«

»Wr mssn raus! RAUSSSS! Dr Mnn isn Irr'r.«

»Ich verstehe Sie nicht.«

Leo packt Britti fester, zieht sie aus dem Stuhl hoch, dreht sich mit ihr Richtung Tür.

Dort steht er.

Ein Mann im Türrahmen.

Breit.

Lächelnd.

Bekannt.

Das ist doch –

»Wir müssen raus. Raus! Der Mann ist ein Irrer.« Quäkend äfft er Britti nach. »Liebe Frau Dr. Kardiff, das versucht Ihnen Ihre hübsche Helferin zu sagen. Und sie hat recht. Nun ja, nicht ganz. Ich bin kein Irrer. Ich bin ein Killer.«

Britti beginnt in Leos Arme zu quieken.

Wieder kommt Leo der Vergleich mit einem Tier.

Vom Faultier zum Ferkel heute nach Feierabend.

Aber unter diesem Gedanken schnellt etwas hervor, eine Idee, eine Möglichkeit, ein winziger Plan, etwas, das so tief in Leo drinsitzt, dass sie es mit dem Verstand gar nicht wahrnehmen kann. Dieses unterbewusste Etwas überholt sogar die Phobie, lässt Schrecken und Schwindel hinter sich.

Der Mann, der im Türrahmen aufgetaucht ist, kann das nicht ahnen, nicht riechen, obwohl seine Instinkte präziser und tödlicher Natur sind.

Der Mann macht einen Schritt nach vorn. In seiner linken Hand hat er einen Gegenstand, den Leo genauso gut kennt wie eine Spritze oder den Sauger oder eine Zange.

Es ist das kurze gebogene Skalpell.

Aus seiner sterilen Hülle befreit. Vom Instrument zur Waffe umfunktioniert. Wenn er es gleich benutzt, werden sie beide hier drinnen sterben.

Die Idee, die Möglichkeit, der Plan, etwas formt sich. Leo erinnert sich, wo die Spritze liegt.

Die Spritze, die, wie jetzt das Skalpell, auch nicht ordnungsgemäß benutzt wurde. Die statt in das Zahnfleisch eines Patienten in den Oberarm, in den Hals der Zahnarzthelferin gestochen wurde. Leo braucht nicht hinzusehen. In der Spritze gibt es keine Betäubungsflüssigkeit mehr, aber das macht nichts.

Es gibt die Spritze.

Es gibt eine Möglichkeit.

Alles läuft wieder in Zeitlupe.

Leo hält Britti im Arm, holt Luft, gibt Kraft in ihre Muskeln.

Leo drückt, stößt, wirft Brittis schlaffen Körper nach vorn. In Richtung des Mannes.

Der lächelt ob dieser sinnlosen Tat. Er macht einen Schritt zur Seite, steht fast vor ihr. Was für eine dumme Aktion, was für ein saudummes Weib. So was muss er denken. Leo kommt es vor, als könnte sie seine Gedanken in ihrem eigenen Kopf hören.

Britti taumelt an ihm vorbei, gegen die Wand.

Leo sieht in seine Augen, die im Licht der Dentallampe glitzern. Sie hält seinen Blick.

Sie greift zu. Ohne hinzusehen, im Blindflug.

Sie zieht hoch.

Der Arm des Mannes hebt sich wie ihrer.

Auge in Auge.

Gebogenes Skalpell gegen Spritze.

Zahnärztin mit Spritzenphobie gegen Auftragsmörder mit Fallträumen.

Leo ist schneller.

Die Spitze der Spritze bohrt sich in den Hals des Mannes. Bleibt dort stecken. Er schreit mehr wütend als erschrocken auf. Aber seine Finger öffnen sich. Das Skalpell fällt zu Boden. Sein Blick folgt dem Instrument.

Leo drückt sich mit den Fersen in den Strumpfhosen am Drehhocker ab. Hätte sie noch ihre High Heels an, hätte sie keine Chance. Aber so geht es. Leo kommt nach vorn. Seitlich an dem Mann vorbei. Seitlich an Britti vorbei. Packt im Sprinten Brittis Schulter. Rutscht ab. Packt wieder zu. Fasst Brittis Unterarm. Zieht sie mit nach draußen.

Im Gang rutscht Leo weg. Jetzt ist es Britti, die sie packt, hochzieht. Beide wissen, dass sie es nicht den Gang entlang, nicht an der Rezeption vorbei, nicht durch die Eingangstür, nicht ins Treppenhaus schaffen können.

Drinnen dreht sich der Mann. Zieht sich die Spritze aus dem Hals.

Der Überraschungseffekt ist vorbei.

Den Frauen bleiben nur Sekunden.

Gegenüber von Behandlungsraum 6 ist der Röntgenraum. Es ist das einzige Zimmer in der Praxis mit einer schweren Tür. Leo und Britti haben dieselbe Eingebung in derselben Sekunde.

»Da rein!«, kreischt die eine.

»Dort hinein!«, quiekt die andere.

Sie sprinten. Sie rennen. Sie hetzen den Gang entlang.

Der Mann ist im Flur.

Er weiß nichts vom Röntgenraum, hat damit gerechnet, dass die Frauen nach draußen fliehen wollen. Dadurch schlägt er die falsche Richtung ein, kommt er ein paar Meter ins Hintertreffen, ein paar Sekunden zu spät.

Er dreht seinen Kopf in die andere Richtung, sieht die Frauen in dem Raum verschwinden, sieht sie die Tür zuschlagen. Schon als er hinterherstürzt, weiß er, dass er seine Chancen auf ein schnelles Ende verspielt hat.

Für den Moment.

SIEBEN

Hauptkommissar Zimmer war unterwegs.

Das heißt, den Wagen fuhr Kommissar Kowalski, sein Boss hatte ihn am Rechtsmedizinischen Institut gar nicht aussteigen lassen. »Per, du fährst sofort wieder los – sofort! Der Killer könnte es auf Leo abgesehen haben.«

»Was? Woher?«

»Ich hab eins und eins zusammengezählt. Und einen Anruf von ihr auf der Mailbox. Fahr.«

Per hatte augenblicklich gehorcht, war gestartet, aus dem Parkplatz herausgeschossen, auf den Gürtel eingebogen, hatte auf die Tube gedrückt. Sie hatten die völlig verdutzte Birgit zurückgelassen.

Neben ihm auf dem Beifahrersitz rutschte Jakob Zimmer hin und her. »Sie geht nicht ran. Verdammte Scheiße!«

Per konzentrierte sich aufs schnelle Fahren. »So schlimm?«

»Ich habe keine Ahnung. Aber je schneller wir sie finden, desto besser.«

Jakob unterdrückte seine innere Panik. Es konnte gut sein, dass sich die Angelegenheit inzwischen schon geregelt hatte und Leo zu Hause angekommen war, sie einfach nur das Klingeln nicht hörte. Aber das bestätigte sein Bauchgefühl nicht. Absolut nicht.

Sie waren an der Kreuzung Aachener Straße/Gürtel. Geradeaus ging es zu Leos Praxis nach Sülz, nach rechts würden sie abbiegen müssen, wenn sie zu ihrem Haus in Junkersdorf wollten.

»Was jetzt?«

»Scheiße. Scheiße, Scheiße!« Jakob brüllte.

»Luis kann ihr Handy orten.« Es wurde grün, und Per schaltete das Blaulicht ein, damit keiner der anderen Wagen auffahren würde.

Jakob holte tief Luft. »Danke, Per, du bist spitze.«

Jakob bekam Luis an die Strippe, Per zugleich Birgit. Sie redeten parallel. Dann fuhr Per auf den Seitenstreifen, ließ das Blaulicht weiter kreisen.

Jakob neben ihm sah aus, als hätte er ein Gespenst gesehen.

»Verdammte Neugier! Ich könnte sie eigenhändig erwürgen.« Jakob zog und zupfte am neuen Bart.

Sie mussten warten.

In Harro deNärtens' Wirkungsstätte war Luis Fahrenz aufgesprungen und aktivierte sein iPad.

Dr. Kardiffs Handy zu orten würde eine Fingerübung für ihn sein, zumal sie höchstwahrscheinlich keine Sicherheitsmaßnahmen gegen eine Erfassung ergriffen hatte, dann würden sie wissen, wo sie sich tatsächlich aufhielt. Oder zumindest ihr Handy. Doch eine gewisse Zeit dauerte es einfach, bis das Signal durchkam.

Birgit checkte in der Zeit an Harros PC die Praxiszeiten, ein abendlicher Notdienst war heute nicht angegeben. Unter der Festnetznummer sprang sofort die Mailbox der Praxis an. Dann rief sie intern die Akten zum Fall der Pudding-Witwe Hedda Kernbach auf, dort würde sie die Nummern finden, die sie brauchte.

Sie erreichte Gerda Horst zu Hause. Die Dame vom Empfang konnte nur erzählen, dass in der Praxis heute alles wie immer abgelaufen war und sie seit zwei Stunden ihren wohlverdienten Feierabend genoss. Als sie gegangen war, waren sowohl Britti Poster als auch die Frau Doktor noch dort gewesen. Beide hatten sich darauf vorbereitet, die Praxis zu verlassen. Aber, und das hatte Gerda Horst mit leicht säuerlichem Unterton ergänzt, Frau Doktor mache manchmal Ausnahmen und nehme Patienten auch außerhalb der Öffnungszeiten an. Natürlich könne man einen der Praxisschlüssel bei ihr abholen. Birgit schickte einen Beamten los, auch wenn Jakob so lange niemals gewartet hätte.

Dann war Britti Posters Nummer an der Reihe. Doch sie ging genau wie Dr. Kardiff nicht an ihr Handy, dafür aber Greta Lutzinger, die ihren Dienst am heutigen Tag jedoch bereits mittags beendet hatte.

Birgit rief Nathalie Kardiff auf deren Mobilnummer an.

Leos Töchter waren zu Besuch bei einer Freundin, wollten eben nach Hause aufbrechen. Sie meinten, dass ihre Mutter seit ein paar Monaten öfter, als allen lieb war, bis spätabends weiterarbeitete und darüber die Zeit vergaß.

Birgit versuchte, die Mädchen nicht zu beunruhigen, und erwähnte etwas von einem versäumten Termin. Sie bat sie, sich zurückzumelden, wenn sie zu Hause angekommen waren.

Jakob saß im Auto auf glühenden Kohlen.

»Boss, wir könnten den Fifty-fifty-Joker nutzen.« Die Nervosität seines Bosses steckte Per immer mehr an. »Dann wären wir wenigstens aktiv.«

»Soll ich eine Münze werfen, ob wir zuerst nach Junkersdorf oder nach Sülz fahren?«

Per zuckte die Schultern. »Du könntest einen Streifenwagen nach Junkersdorf schicken, und in der Zeit fahren wir nach Sülz. Die Wahrscheinlichkeit, dass sie in der Praxis ist, ist auf jeden Fall größer, denke ich.«

»Ein Streifenwagen? Mit welcher Begründung? Ich glaube, meine Freundin hat ihre Nase mal wieder in Dinge gesteckt, die sie nichts angehen?«

In dem Moment war Luis dran. »Ich hab sie geortet. Zumindest ihr Handy. Es ist in Sülz. Nikolausplatz oder Umgebung.«

»Vamos!«, schrie Jakob und fing sich einen verdutzten Blick seines Kollegen ein.

»Das ist das einzige Wort, das ich auf Spanisch kenne, Junge. Und es bedeutet: Mach zu! Gefahr im Verzug!«

Per machte neben dem Blaulicht auch die Sirene an. Er fuhr bei Rot über die Ampel, weiter den Gürtel entlang zu Leos Praxis. Die Autos vor ihm fuhren anstandslos zur Seite und ließen den Wagen durch.

Ein winziges inneres Glücksgefühl konnte Per in diesem Moment nicht unterdrücken, er liebte es, mit vollem Karacho durch die Stadt zu brausen. Am liebsten hätte er dazu das Fenster geöffnet und sich den Fahrtwind um die Ohren wehen lassen, aber das hätte Jakob in der Situation falsch verstanden.

Per drückte das Gaspedal durch, fast stahl sich ihm ein Grinsen aufs Gesicht.

Am Nikolausplatz gab es keinen Parkplatz.

»Lass mich raus.«

Per hatte noch nicht ganz angehalten, als Jakob schon aus dem Auto hechtete. Als wären sie in einem Actionfilm. Er sah seinen Boss auf das Haus zulaufen und machte den Motor aus. Der Einsatzwagen konnte in zweiter Reihe stehen bleiben. Als er selbst an der unteren Eingangstür ankam, war Jakob bereits im Haus verschwunden. Im Flur konnte er es oben läuten hören. Einmal, noch einmal, dann Sturm.

Beim Treppenhochlaufen tauchte in Per der Gedanke auf, wie anstrengend es sein musste, eine Freundin zu haben, die sich gern in brenzlige Situationen zu begeben schien. Da lobte er sich eine Liebste wie Else Fröhlich, die am liebsten vor dem Fernseher kuschelte. Ihr einziges Manko war, wie Per fand, dass sie keine Zeichentrickserien mochte, sondern französische Filme bevorzugte.

Er stand neben seinem Boss, als dieser gerade mit der Faust gegen die Tür klopfte.

»Aufmachen! Polizei!«

Nichts rührte sich. Die Tür blieb zu und stumm.

»Vielleicht ist sie längst aus der Praxis raus und sitzt hier in der Ecke in einem Lokal. Luis hat ja nur die Umgebung um den Nikolausplatz geortet.« Per versuchte, ganz ruhig und leise zu sprechen.

Jakob hatte wieder sein Handy gezückt. Er hob den linken Zeigefinger und drückte ihn auf seine Lippen.

Zuerst blieb alles still im Treppenhaus, dann hörten sie eine Melodie, gedämpft, aber eindeutig. Die Titelmelodie aus den Miss-Marple-Filmen. Die Töne kamen eindeutig aus der Praxis.

»Ist das ihr spezieller Klingelton, wenn du anrufst?«

Ohne zu antworten, brach Jakob den Anruf ab. Die Melodie hörte auf. Er griff in seine Jackentasche und entsicherte seine Waffe. »Wir werden die Tür eintreten müssen, Per.«

»Schon wieder?«

Jakob nickte schnell.

Es war nicht mal ein halbes Jahr her, dass sie die Praxistür schon einmal gewaltsam geöffnet hatten, um Dr. Kardiff das Leben zu retten. Insgeheim machte Per das genauso viel Freude wie die Fahrt mit Blaulicht und Sirene. Schließlich war er nicht ohne guten Grund zur Polizei gegangen.

ACHT

»Er hat gesehen, dass wir hier hineingelaufen sind. Er wird gleich hier sein. Er ist ein Mörder. Ein Killer. Oh Gott, oh Gott, oh Gott!«

Britti ist völlig bleich im Gesicht, selbst ihr brauner Pagenkopf scheint seine Farbe verloren zu haben und wirkt gräulich. Sie lehnt an der Tür, wird gleich an ihr herunterrutschen.

Sie ist mir keine wirkliche Hilfe.

»Britti, reißen Sie sich zusammen. Wir müssen als Erstes den Eingang blockieren. Schnell.«

Ich drehe mich einmal im Kreis. Da ist das große Röntgengerät, der Scanner, davor der runde Hocker, auf dem die Patienten Platz nehmen. Beide sind fest im Boden verankert, beide haben zu viel Gewicht, also keine Chance.

Aber neben der Tür hat eine der Helferinnen einen Klappstuhl aufgestellt, weil die weiblichen Patienten meistens ihre Handtaschen mit hereinschleppen.

»Der Klappstuhl, Britti!«

Statt mir den Stuhl zu geben, seufzt Britti schwer und lässt sich endgültig fallen. Gleitet an der Tür nach unten. »Killer, Killer, Killer. Bäriger Killer aus Schladming.« Sie plappert vor sich hin.

Ich reiße sie hoch und gebe ihr eine weitere Ohrfeige. Bei mir hilft das immer. »Britti!«

Meine Zahnarzthelferin sieht mich an, als wäre ich ein gefährliches Alien und sie hätte mich gerade in der Fluchtkapsel entdeckt. Dabei treibt sich da draußen das Ding herum, das bereit ist, uns beide zu töten.

Ich könnte einfach irrwitzig zu lachen beginnen, darüber, wie absurd ich mir hier drinnen vorkomme, aber im Moment ist es eher weniger komisch. Vielleicht werde ich später darüber lachen können, mit Jakob bei einem Brunch ohne Leiche.

Ha, ha – das ist jetzt doch komisch!

Jakob!

Wann wird ihn meine Nachricht erreichen? Wie lange wird

er diesmal brauchen? Was habe ich eigentlich da auf die Mailbox gestammelt?

Ich weiß es nicht, und ich kann nicht warten.

Wir wissen es nicht, und wir können nicht warten.

Immerhin hat sich Britti etwas von ihrem Schock erholt. Ich kann meine Fingerabdrücke auf ihrer bleichen Backe sehen. Hab ich wirklich so fest zugeschlagen?

»Der Klappstuhl, Britti. Wir müssen die Tür verbarrikadieren.«

Jetzt versteht sie und springt hoch, klappt den Sessel zusammen, versucht, ihn unter den breiten Türgriff zu klemmen.

Es ist ein Segen, dass diese Tür schwer ist, wenn es klappt mit der Höhe des Stuhles, wird uns das einen Vorteil verschaffen. So leicht kann auch ein starker Mann sie dann nicht aufdrücken.

»Passt!«, sagt Britti, nein, schreit sie in dem Moment.

Danke, Gott!

Ich komme zu ihr, und ja, das hat sie genau richtig gemacht, der Klappstuhl klemmt fest unter dem Griff. Ich trete noch mal gegen ihn, er schiebt sich ein Stück weiter unter die Klinke, jetzt müsste die Verbarrikadierung halten.

Keine Sekunde zu früh.

Jemand versucht die Tür zu öffnen, ich kann sehen, wie der Griff halb nach unten geht.

Britti schreit wieder. Ich drehe mich um und klebe ihr noch eine. Hysterie ist das Letzte, was wir hier drinnen brauchen.

Und das sage ausgerechnet ich. Der nächste Irrwitz!

»Wir können hier nicht ewig bleiben, Frau Dr. Leocardia Huberta Kardiff.«

Dass mich Britti in dieser Situation beim vollen Namen nennt, unterstreicht das völlig Absurde dieses Geschehens.

»Ich habe auf die Mailbox von Hauptkommissar Zimmer gesprochen.«

Selbst jetzt huscht ein schnelles wissendes Lächeln über Brittis Gesicht. »Der Hauptkommissar und Sie. Ich hätte so gerne mehr gewusst, bevor ich sterbe.« Britti kann, glaube ich, nicht anders.

Im nächsten Moment kreischt sie. »Da!«

Ein Gesicht ist vor dem ovalen Glasfenster aufgetaucht, das

einen Meter neben der Tür eingesetzt ist. Ein kleines Sichtfenster, damit wir überprüfen können, ob es den Patienten drinnen gut geht und ob sie wohl in der richtigen Position für das jeweilige Röntgen geblieben sind.

Der Killer schaut da zum Fenster herein. Er grinst und wirkt sehr gut gelaunt. Überhaupt nicht aufgeregt oder wütend, eher amüsiert.

Er klopft hart an das Glas.

Britti kreischt wieder. Kreissägenartig.

Ich gebe ihr tatsächlich zwei weitere saftige Ohrfeigen, links und rechts, und weiß, dass ich all das mit keiner Gehaltserhöhung wiedergutmachen kann.

»Meine Damen!«

Ich kann ihn hören, auch wenn seine Stimme nur gedämpft hereindringt. Immerhin bleibt Britti jetzt still. Ihre Augen sind riesengroß, das Rot von meinen Schlägen leuchtet auf ihren Wangen.

»Gehen S'. Machen Sie mir doch nicht solche Schwierigkeiten, meine hübschen Damen! Man kann über alles reden. Setzen wir uns z'sammen und besprechen die Knackpunkte.«

Wie kann es sein, dass seine Stimme so beschwingt klingt?

Ich will ihn aus der Reserve locken. »Ich hab die Polizei verständigt. Sie muss jede Sekunde hier sein.«

Der Killer zuckt mit dem linken Auge, das kann ich sehen. Sein Grinsen bleibt. Aber mein Herz schlägt schneller.

»Geh weg!«, sagt Britti so leise, dass er es draußen nicht hören kann. »Geh weg, du Schuft. Du bist gar kein Österreicher.«

Das hört sich rührend an, ich lege meinen Arm um ihre Schultern.

Das Gesicht am Sichtfenster verschwindet.

Die breite Türklinke wird wieder bewegt.

Der Klappstuhl hält.

Trotzdem lasse ich Britti los, springe dorthin und lehne mich zur Sicherheit mit all meinem Gewicht dagegen.

Die Klinke hört auf, sich zu bewegen.

Einige Sekunden passiert nichts.

Dann donnert etwas gegen das Sichtfenster, und diesmal

schreien Britti und ich im Takt, und keiner ist da, um uns beiden eine Ohrfeige zu geben.

Ich bekomme mich als Erste in den Griff. »Britti! Das Glas ist verstärkt, das schafft er nicht!«

Wieder donnert es an der Scheibe.

Es dröhnt in meinen Ohren.

Wieder und noch einmal.

Dann Stille.

Wir beide warten zitternd.

Ich riskiere einen Blick aus dem ovalen Fenster.

Da steht der Mann. Ich kann in seiner Hand eine Chromstange an einem Sockel erkennen, ich glaube, der Killer hat eine der Stehlampen aus dem Aufenthaltsraum genommen.

Er holt wieder hoch aus.

Ich ducke mich weg.

Er donnert den Sockel gegen das Glas.

Wieder und wieder.

In meinen Ohren rauscht es, mein Herzschlag hat sich verdreifacht.

Britti ist plötzlich nicht mehr neben mir. Ich drehe mich einmal im Kreis. Da hinter dem Röntgengerät hockt sie mit angezogenen Knien und hat beide Hände an ihre Ohren gelegt.

Es donnert und donnert, und plötzlich bin ich mir nicht mehr so sicher, ob das Glas diese Schläge wirklich noch lange aushalten wird.

Und dann?

Der Killer wird sich höchstens durchzwängen können, er passt in seiner Breite nur mit Glück durch das Sichtfenster. In so einer Position könnten wir die Bleischürze nehmen und zusammen damit auf ihn einschlagen, ihn erledigen. Oder ahnt er, dass uns die Angst lähmen wird und wir beide wie die Kaninchen vor der Schlange bewegungsunfähig warten, bis er sich hereingequetscht hat?

Nein, Leo!

Meine innere Stimme ist mutiger, als ich es bin. Ich hole tief Luft. »Sie Arschloch haben keine Chance gegen uns! Verpissen Sie sich! Hier kommen Sie nicht rein, Sie … Perverser!«

Das Donnern hört auf.

Ich kann einen Sprung an der Scheibe erkennen und beginne zu zittern.

Drei oder vier weitere Stöße, und das Glas wird brechen.

Also weiter.

»Das ist wie Panzerglas, Sie Arsch. Und die Tür ist auch verstärkt! *No chance, killer.*« Das Letzte könnte von meinen Töchtern stammen. Oder aus einem Quentin-Tarantino-Film.

Es bleibt ruhig.

Keine weiteren Donnerschläge.

Nur mein Herz donnert gegen meine Brust.

Irgendwo weit entfernt höre ich eine Melodie spielen. Ich konzentriere mich, schließe die Augen. Ja, da ist eine Musik, die von draußen kommt. Das Miss-Marple-Thema? Jakob, der zurückruft? Und ich kann nicht rangehen. Was wird er tun?

Ich sehe zu Britti. Sie hat die Hände von den Ohren genommen, kauert aber immer noch hinter dem Röntgengerät. In dem Moment beginnt es um uns herum zu summen. Dann ein lautes Knacken. Der Killer versucht uns zu röntgen.

Immerhin ist es jetzt an mir, zu grinsen.

Ich rufe nach draußen. »Das können Sie gern die nächsten Stunden so machen, es hat keine Wirkung. Da müssten wir schon tagelang andauernd bestrahlt werden. Blödmann!«

Blödmann von einem Killer!

»Sie haben recht, Dr. Leo, er ist ein Idiot!« Britti sieht aus ihrer Ecke hoch, sie hat ihre Sprache wiedergefunden. Das freut mich.

Es summt und knackt erneut. Vielleicht hat er mich draußen nicht gehört, oder er glaubt mir nicht.

Britti steht auf, kommt wieder an meine Seite. Ihre Gesichtsfarbe ist immer noch weiß, aber ihre Augen sehen mich klar an. »Haben Sie vorhin das Lied gehört?«

»Hab ich, Britti. Das kann nur mein Handy gewesen sein.«

»Ihr Hauptkommissar? Unsere Rettung?«

»Ich weiß es nicht, ehrlich. Wir sollten beten.«

Britti faltet tatsächlich die Hände vor der Brust. Dann öffnet sich ihr Mund, sie hebt den Zeigefinger. »Es gibt einen Sprung im Glas! Oh Gott, oh Gott, oh Gott!«

»Hab ich schon bemerkt. Bleiben Sie ruhig, Britti. Wir müssen ihn hinhalten. Und wenn es hart auf hart kommt, schlagen wir ihn mit der Bleischürze.«

»Wann kommt denn Ihr Held endlich, Frau Doktor?«

Jakob hat die Nachricht mit Glück zwischen seinen Ermittlungen abgehört. Er wird die richtigen Schlüsse ziehen.

»Jakob ist auf dem Weg, wetten, Britti?«

Britti sagt dazu nichts, ich wette mit mir selbst. Wie hoch ist die Quote?

Da!

Geht die Melodie draußen erneut los?

Jakob, bitte.

Ich imaginiere einen Polizeiwagen mit Sirenen und Blaulicht. Meinen Jakob mit gezückter Waffe, allerdings ohne den neuen Bart. Eine Prise Humor, aber vor allem Hoffnung.

Draußen ist es jetzt verdächtig still. Die Melodie, aber auch das Summen und Knacken haben aufgehört.

Eine Weile geschieht nichts. Britti und ich hören uns gegenseitig atmen.

»Frau Doktor? Meinen Sie, er ist weg?«

»Ich gehe nicht nach draußen. Das machen nur blond gelockte Frauen in Horrorfilmen.«

Britti lächelt zaghaft.

Wir warten.

Nichts weiter geschieht.

Keine von uns beiden sagt etwas. Es ist ungewohnt, dieses Schweigen. Vielleicht die Ruhe vor dem nächsten Sturm?

Dann wieder Lärm vor der Tür.

Britti quiekt auf.

Ich stöhne.

Die Türklinke bewegt sich nach unten.

Es geht wieder los.

Jemand klopft wild.

Zugleich taucht ein Gesicht an der Scheibe auf. Britti klammert sich an mich, mein Herzrasen nimmt wieder Fahrt auf.

»Leo, Leo, bist du da drin?«

Die Stimme ist die von Hauptkommissar Jakob Zimmer.

Das Gesicht an der Scheibe ist das von Kommissar Per Kowalski.

Ich könnte vor Erleichterung ohnmächtig werden. Doch da keine Spritze weit und breit zu sehen ist, halte ich mich aufrecht.

Mein Held ist da.

NEUN

Britti Posters Klagegesang klang durch die Praxis.

Diesmal kein Schreien, kein Fiepen, kein Quieken. Ein schlichtes und herzergreifendes Schluchzen, durchzogen von unverständlichen Satzanfängen und einzelnen Wörtern.

Leo hatte sich in den Wartebereich für die Patienten zurückgezogen. Am liebsten hätte sie sich die Ohren zugehalten.

»Brauchen Sie auch eine Beruhigungsspritze?« Einer der Sanitäter mit einer knallig orangen Weste war vor ihr aufgetaucht.

Leo wurde wütend. »Ich bin Ärztin, danke, ich weiß selbst, wann ich etwas brauche. Und ganz sicher keine Spritze!«

Dann wurde ihr schlagartig bewusst, wie sie überreagiert hatte. Ungerecht. »Tut mir leid. Ich bin fertig. Keine Spritze, nein. Aber danke. Mir geht es relativ gut. Werden Sie Frau Poster in ein Krankenhaus bringen?«

Der Sanitäter drehte seinen Kopf in Richtung der unverständlichen Töne. Sicher hatte er einiges an Erfahrung mit hysterischen Frauen gesammelt. Auch wenn die Hysterie von Leos Zahnarzthelferin hier und heute Abend durchaus angebracht war.

»Das entscheidet der Notarzt. Der ist noch bei ihr. Ich könnte Ihnen aber zumindest einen Tee bringen.«

Er lächelte sie an, und Leo zwang sich, zurückzulächeln. »Das wäre lieb.«

Nach dem Sanitäter kam Birgit von Zeh. »Sie bringen sich wohl gern in Gefahr.« Die Stimme der Hauptkommissarin war streng, aber ihr Blick zeigte auch Mitgefühl.

Leos Mundwinkel gingen wieder nach unten. »Tja, wer hätte gedacht, dass mich die Sache mit dem verkleideten Mann vom Rudolfplatz derart in Bedrängnis bringen würde. Wollen Sie meine Aussage aufnehmen, Frau von Zeh?«

Birgit holte einen kleinen Block aus ihrer Jacke. »Für die digitale Variante ist mein Kollege Luis zuständig. Der hat übrigens Ihr Handy geortet und Jakob und Per hierher gelotst. Ich bin eben erst dazugestoßen.«

Der Sanitäter war zurück und hielt einen Pappbecher mit einer dampfenden Flüssigkeit in der Hand. »Ihr Tee, Mylady!«

Leo begann zu kichern, und das tat gut. Kichern war besser, als in Geheule auszubrechen wie Britti. Obwohl sich Britti in der Situation gegen Ende gut geschlagen hatte, war sie nach der ersten Frage von Jakob Zimmer zusammengebrochen.

»Wie gut haben Sie den Mann gekannt?« – Das hatte für Britti wohl bedeutet, dass ihr Traum von der großen Liebe zerplatzt war wie ein Luftballon. Leo ging davon aus, dass dieser Umstand für Britti schlimmer war als alles andere.

Wenn sie an die leuchtenden Augen dachte, als ihr ihre Zahnarzthelferin von dem knackigen Österreicher erzählt hatte, konnte Leo es ein klein wenig verstehen. Auch sie hatte sich schon großen Hoffnungen hingegeben und war schwer enttäuscht worden. Immerhin war keiner ihrer Lover ein Killer gewesen.

»Was können Sie mir über den Mann sagen?«, fragte Birgit. »Ihre Arzthelferin konnte uns den Namen nennen, dann war sie nicht mehr in der Lage, weiter auszusagen.«

Leo nahm einen Schluck Tee. Das heiße Getränk brannte in ihrer Kehle, doch es tat gut. Gern hätte sie sich bei dem Sanitäter bedankt, aber der war wieder verschwunden.

Langsam kam sie ins Reden. Sie erzählte von der ersten Begegnung mit Gernot Murbach in der Praxis, von der Art seiner Zahnschmerzen, den Terminen und seinem seltsamen, etwas penetranten Humor.

»Ich dachte, so wäre eben die österreichische Art. Und Britti hat es gefallen. Wer hätte gedacht, dass es die eigenartigen Witze eines Psychopathen waren?« Leo kicherte wieder. Das Kichern schien einen Zusammenbruch zu verhindern.

»Da wäre ich vorsichtig.« Birgit von Zeh legte den Block auf einen der freien Stühle. »Unserer bisherigen Erkenntnis zufolge könnte der Mann ein Auftragsmörder sein.«

Leo sah Birgit an. Ihr fehlten die Worte. Sie sah das kurze gebogene Skalpell in der Hand des Österreichers vor sich.

»Das ist jetzt vertraulich, Frau Dr. Kardiff, also behalten Sie es für sich. Auftragsmörder sind im Übrigen keine Psychopathen im herkömmlichen Sinn. Sie sehen das Töten als Job an. Dafür bekommen sie Geld, leben davon. Oft sind es sogar lächerlich geringe Summen. Man kann jemanden bereits für schlappe fünfhundert Euro umbringen lassen, auch das haben wir tatsächlich erlebt. Aber natürlich muss man eine psychopathische Veranlagung haben, um so einen ›Beruf‹ zu ergreifen.«

Leo trank, ließ das Gehörte einsickern. »Woher weiß die Polizei Bescheid?«

»Unser Luis, der mit dem angewachsenen iPad unterm Arm. Er hat Fälle verglichen und kam auf einen gemeinsamen Nenner. Dazu konnte unser Rechtsmediziner Harro deNärtens das DNA-Profil unseres Täters vom Rudolfplatz mit dem aus einem anderen Fall vergleichen. Es hat gepasst.«

»Ich habe ebenso in die Richtung spekuliert, dass einer der neuen Patienten mehr über den Mord wissen könnte. Sogar selbst vielleicht … Aber das hier erschüttert mich.«

Leo verschluckte sich. Musste husten.

Birgit klopfte ihr auf den Rücken. »Sind Sie sicher, dass ich nicht den Notarzt zu Ihnen schicken soll?«

»Nein, danke, es geht. Wo ist Jakob überhaupt?«

Leo sehnte sich plötzlich wild nach ihrem Hauptkommissar. Sie wollte ihm unbedingt sagen, dass sie sich weitere Gedanken zu seinen Kieferschmerzen gemacht hatte und die höchstwahrscheinlich stressbedingt waren. Keine zahnärztliche Behandlung am Stuhl. Sie würde ihm ein paar Übungen zeigen, wie man die Muskulatur entspannen konnte. Wenn sie beide es endlich schafften, Zeit miteinander zu verbringen.

»Jakob ist mit einer Eingreiftruppe zu der Adresse von Gernot Murbach nach Nippes unterwegs, die wir aus Ihrer Patientenkartei haben. Wahrscheinlich auch gefakt, aber einen Versuch wert. Selbst wenn er wirklich dort lebt, wird er einen Teufel tun, nach Hause zu fahren und da auf die Polizei zu warten. Zumindest können Jakob und die Kollegen vielleicht vor Ort Beweise sichern.«

Über den Flur herüber hörten sie Britti wieder aufschluchzen.

»Sie hat sich ziemlich in ihn verknallt.« Leo hatte das Gefühl, sich für den großen Ausbruch ihrer Helferin entschuldigen zu müssen.

»Sie hat ihn kaum gekannt, oder?« Birgit von Zeh schien von solcher Romantik nicht viel zu halten.

Das war sicher besser so, dachte Leo. Frauen wie Britti oder auch Leo selbst machten ihre größten Fehler immer, wenn sie sich zu sehr ein Leben wie im Traum wünschten. Die Realität ließ für solche Teenagergefühle keinen Platz.

»Ich hab Ihnen eine Decke gebracht.« Der Sanitäter kam mit einer gelben warmen Wolldecke, die er Leo um die Schultern legte. »Noch Tee, Mylady?«

Den Kerl nehme ich, dachte Leo in dem Moment, und diesmal kam das Kichern zurück. Der ist lustig, der kümmert sich um mich, und der ist so jung, dass alle meine Ex-Männer neidisch werden. Nur einen Moment später kam die Sehnsucht nach Jakob hoch, und Leo kuschelte sich in die gelbe Decke, wenigstens die war im Moment uneingeschränkt für sie da.

»Weiter im Text!« Birgit von Zehs Stimme hatte einen ungeduldigen Unterton bekommen. »Sie reden, ich notiere weiter.«

Leo redete. Sie erzählte alles, woran sie sich noch erinnern konnte, merkte aber, dass es nicht mehr allzu viel war.

Ein weiteres Mal wurden sie gestört. Doch diesmal war es nicht der Sanitäter, sondern die völlig verheulte Britti mit dem Notarzt an ihrer Seite. Um ihren Hals war ein Verband angebracht worden. Auch sie hatte sich eine gelbe Decke um die Schultern gewickelt.

»Ich wollte zu Ihnen, Frau Dr. Leo.« Brittis Gesicht war aufgequollen, ihre Mundwinkel zuckten. »Schließlich haben wir zusammen dem Bösen getrotzt.«

Ja, noch eine Mylady mit zu romantischen Vorstellungen von der Liebe und dem Leben im Allgemeinen.

Britti Poster setzte sich neben Leo, und Leo sah, wie Birgit von Zeh trotz der Situation schmunzeln musste. Sicher wirkten Leo und Britti mit ihren gelben Decken und ihren Kommentaren auf die taffe Hauptkommissarin wie ein Frauenpendant zu den beiden Alten aus der »Muppet Show«.

Dann verschwand das Schmunzeln auf Birgits Lippen. »Frau Poster, sind Sie jetzt in der Lage, mir Fragen zu dem Mann zu beantworten?«

Sie bejahte und drückte sich mitsamt ihrer Decke an ihre Chefin. Irgendwie habe ich Britti geerbt, oder sie ist mir zugelaufen wie ein streunender Hund, dachte Leo. Nach diesem gemeinsamen Erlebnis würde es wohl eine neue Nähe zwischen ihnen geben.

Britti holte tief Luft und begann, in einer unfassbaren Geschwindigkeit die Liebesgeschichte zwischen Gernot Murbach und ihr zu erzählen. Leo wurde jetzt erst klar, dass nicht viel gefehlt hätte und die Zahnarzthelferin wäre mit Sack und Pack zu dem Typen hingezogen. Und das nach nur zwei Wochen. Wenn er sie gefragt hätte. Wenn sie überhaupt die richtige Adresse wusste.

Birgit von Zeh kam mit ihren Notizen kaum hinter Brittis Redefluss her.

»Jetzt komme ich mir vor wie eine von König Heinrichs getöteten Frauen. Ich meine Heinrich VIII., über den es eine Fernsehserie gibt.« Sagte sie zum Abschluss.

Der Vergleich hinkte, aber er schien für Britti richtig zu sein, denn nachdem sie diesen Satz ausgesprochen hatte, lächelte sie zum ersten Mal, seit die Sache passiert war.

Leo mischte sich ein. »Heißt der Mann denn überhaupt Gernot Murbach?«

Birgit von Zeh sah von ihren Notizen auf. »Im Moment können wir dazu überhaupt nichts sagen. Wenn Jakob sich meldet, werden wir wissen, ob wir seiner habhaft werden konnten oder zumindest an der Adresse etwas gefunden haben. In der Zwischenzeit werden wir in der Praxis nach Spuren suchen.«

Wie aufs Stichwort kam ein Uniformierter in den Wartebereich. Leo und Britti sahen erschrocken zu ihm hoch. Birgit von Zeh stand auf.

»Hauptkommissarin von Zeh?«

Birgit ging einen Schritt auf den Mann zu.

»Harro deNärtens ist eben eingetroffen.«

»Es gibt hier aber keine Leiche.« Birgit von Zeh flüsterte zwar, aber das Wort Leiche verstanden Leo und Britti sehr wohl, und jetzt war es Leo sogar ganz recht, dass sich ihre Helferin an sie drückte.

»Herr deNärtens wollte mögliches DNA-Material, das die Spurensicherung hier findet, direkt mitnehmen, um es mit seiner Probe zu vergleichen. Geht das in Ordnung?«

»Ich bin gleich draußen bei ihm.« Birgit von Zeh drehte sich zu den beiden Frauen mit den gelben Wolldecken auf den Schultern um. »Danke für Ihre Aussagen. Wir kommen später auf Sie zurück.« Dann ging sie in Richtung Rezeption.

»Frau Dr. Leo.« Britti stöhnte laut auf. Ihre Augen füllten sich wieder mit Tränen. »Ich bin ein saudummes Mädchen. Sie dürfen mich gerne entlassen, weil ich nach Dienstschluss einen Fremden in die Praxis gelassen habe.«

Leo war so eine Idee gar nicht gekommen.

Klar, dass das Verhalten der Helferin gegen die Regeln verstoßen hatte. Nicht jeder, der hier arbeitete, konnte seine Freunde oder Verwandten mal zu einer Besichtigung einladen. Noch dazu hatte sie sich mit einem Patienten eingelassen. Aber wenn man bedachte, wie schlimm die Sache für Britti ausgegangen war, würde sie vielleicht aus diesem Schaden klug werden. Eine weitere Maßregelung war nicht angebracht.

»Britti.« Leo versuchte es mit ihrer weichen Stimme, die sie immer benutzt hatte, um Nathalie oder Luise als kleine Mädchen zu trösten. »Auf keinen Fall werden Sie Ihren Job bei mir verlieren. Wer würde mich denn dann auf seinem Blog erwähnen?«

Das brachte immerhin die Tränen zum Stoppen. »Ich werde nie wieder etwas ins Netz stellen.«

Daran glaubte Leo auf keinen Fall.

Es war wie bei ihren eigenen inneren Schwüren. Ich werde mich nie mehr einmischen, ich werde nie mehr Nachforschungen anstellen, mich nie mehr in eine Ermittlung einklinken. Ihre inneren Versprechen waren zu den Schnüffeleien der letzten Tage mutiert.

Leo war sich sicher, dass ziemlich bald der nächste Blogbeitrag von Britti Poster online gestellt werden würde. Sie hätte sogar etwas darauf gewettet, dass es sich um genau diese Liebesgeschichte mit dem Österreicher handeln würde. Wenn der Mann überhaupt Österreicher war.

Birgit von Zeh kam zurück.

»Frau Poster. Ich würde Sie bitten, mit mir zu kommen. Es besteht die geringe Chance, dass Sie selbst DNA-Material von Herrn Murbach an sich haben.«

»Ich hatte hier in der Praxis doch keinen intimen Kontakt zu dem Mann. Eigentlich noch gar keinen richtigen Sex.« Sie wurde rot.

»Ich meinte das im Zusammenhang mit den Attacken auf Sie. Auch wenn er Handschuhe und Kappe getragen hat, können in der Hitze des Gefechts Spuren übertragen worden sein.« Birgit von Zeh lag wieder dieses kleine Schmunzeln auf den Lippen. »Ihr Sexualleben geht uns im Moment nichts an. Erst wenn es tatsächlich dazu dienen könnte, den Mann zu fassen, würde ich diesbezüglich wieder auf Sie zukommen.«

Das ist ironisch gemeint, dachte Leo, aber Britti hatte für solche Färbungen kein Ohr. Sie warf sich die gelbe Decke von der Schulter und rannte an Birgit von Zeh vorbei Richtung Rezeption.

Leo sah zu Birgit auf. »Haben Sie die Spritze gefunden, die ich ihm in den Hals gerammt habe? Da ist mit Sicherheit DNA dran.«

»Nein, leider nicht.« Birgit schüttelte den Kopf. »Soll ich Sie verständigen, wenn Jakob sich meldet?«

»Das wäre nett, danke!«

Leo blieb allein im Warteraum sitzen.

Aus dieser Perspektive hatte sie die ihr vertraute Umgebung noch nie gesehen. Wenn sie in den letzten Jahren selbst eine Zahnbehandlung gebraucht hatte, war sie nie wartende Patientin gewesen, es war Dr. Lang, der ihr direkt geholfen hatte. Früher ihr Vater. Zu wem sollte sie jetzt gehen, wenn sie eine Füllung brauchte oder ebenfalls eine neue Krone?

Der neue Angestellte musste her. So dringend wie nur möglich. Bald würde sie den Onkel von Mirjam Jansen treffen. Der könnte der Richtige sein.

Fragen tauchten auf.

Wie ging es hier weiter? Musste die gesamte Praxis wegen der polizeilichen Untersuchungen geschlossen bleiben? Wenn ja, wie lange?

Leo nahm sich zur Ablenkung eine der Zeitschriften, die in

einem großen Korb abgelegt waren. Sie blätterte nervös durch die Klatschgeschichten, konnte sich aber nur die Bilder ansehen, für das Lesen der Artikel war sie zu unruhig und aufgewühlt.

So fühlte man sich also, wenn man auf etwas wartete, von dem man nicht wusste, ob es Schmerzen oder die Angst vor einer langwierigen Therapie bedeuten würde.

So fühlte man sich als normaler Patient.

ZEHN

Er, Gernot Murbach – nicht sein richtiger Name, aber für den Moment gut genug – hatte taumelnd die Praxis von Dr. Kardiff verlassen.

Nachdem er eingesehen hatte, dass in den Raum mit dem ovalen Fenster und den Geräten darin nicht leicht einzudringen war, und das Handy der Zahnärztin immer wieder vom Flur her diese penetrante Melodie zu spielen begann, war er schließlich aus der Tür hinausgewankt. Sein inneres Fallen machte ihm zu schaffen, er war die Treppen nach unten gegangen, nicht gerannt, um nicht im Schwindel zu stürzen.

Keine Minute zu früh. Kaum war er über den leeren Kinderspielplatz am Nikolausplatz gelaufen, bog ein Wagen mit Blaulicht und Sirene um die Ecke und erschreckte das abendlich ruhige Viertel. Er war weitergegangen, hatte sich durch ein paar Querstraßen in Sülz bis zum Gürtel bewegt, sich die schmerzende Stelle am Hals gerieben, wohin ihn die Zahnärztin gestochen hatte. Unerwartet mutig war sie gewesen, hatte sich und ihrer Helferin damit das Leben gerettet.

Erst jetzt entsorgte er die Spritze, umwickelte sie zusätzlich mit Zeitungspapier aus einem Mülleimer, niemand würde sie je wiederfinden.

Ihm fiel mit Grausen das Provisorium ein, das nächste Woche durch die richtige Krone ersetzt werden sollte. Was zur Hölle sollte er jetzt machen?

Er haderte wie so oft in diesem Herbst mit sich und seinen Entscheidungen.

Ruhig Blut, sagte seine Omi in seinem Kopf, hol dir was Süßes, dann geht es wieder.

Er stoppte am ersten Büdchen an der Haltestelle. »Zwei Gummimäuse und eine Lakritzschnecke.«

Kaum biss er in die erste Maus, flammte ein Schmerz auf, wie er ihn noch nie gespürt hatte. Er spuckte das Mäuseteil aus und lief weiter. Er spürte eine Schwere hinter seinen Augenlidern.

Was hatte er sich dabei gedacht? Wollte er nach all den Jahren scheitern, gefasst werden, versagen?

Stopp, sagte seine Oma in seinem Kopf.

Nein, es war seine eigene Stimme, die er manchmal nach ihr klingen ließ.

An der Straßenbahnhaltestelle setzte er sich auf die Bank, neben ihm eine alte Frau mit einer riesigen Handtasche, die ihn gleich wieder an seine Oma erinnerte. Das beruhigte ihn.

Er holte die zweite Gummimaus aus dem Tütchen, und statt zu beißen, lutschte er daran wie ein Kleinkind ohne Zähne.

Durchatmen, nachdenken, innehalten. Süßes fühlen.

Gedanken ordnen.

Einerseits gab es sicher genug Zahnärzte, die von ihm als gesuchtem Killer keine Ahnung hatten, er konnte sich zum Beispiel in der Eifel eine Praxis suchen und den Zahn weiter versorgen lassen. Neuen Ausweis mit neuen Daten, verändertes Aussehen.

Zwar würde Dr. Kardiff sicherlich der Polizei seine begonnene Behandlung samt seinem Gebissabdruck übermitteln, aber es würde dauern, bis er damit im System aufscheinen würde. Außerdem würden die Behörden zuerst nach einem österreichischen Staatsbürger, einem geborenen Schladminger aus der schönen Steiermark, fahnden, das verschaffte ihm noch mal Zeit. Also drohte ihm bei einem anderen Zahnarzt wenig bis gar keine Gefahr, erkannt und gemeldet zu werden. Und auch im benachbarten Ausland gab es mehr als genug Praxen.

Andererseits gab es da seine Zahnarztphobie, und er konnte es drehen, wie er wollte, durch diese verschrobene Dr. Kardiff mit ihrer eigenen Spritzenphobie hatte er besser mit der Panik umgehen können. Er wäre bereit gewesen, sich mehr als nur diesen Zahn richten zu lassen. Jetzt würde er bei jedem anderen Zahnarzt wieder von vorn beginnen und höchstwahrscheinlich flüchten, bevor der Arzt auch nur sein erstes Instrument in die Hand nahm.

Er konnte eigentlich froh sein, dass er die Zahnärztin vorhin nicht getötet hatte, so bestand wenigstens noch die Möglichkeit, zu seiner neuen Krone zu kommen.

Aber wie? Was tun?

Mit dem Provisorium eine Zeit lang leben, auch nach seinem anstehenden Umzug. Umziehen musste er jetzt, so schnell wie nur möglich, wie schade, das Haus in Sürth war so gemütlich.

Stopp.

Musste der Umzug wirklich sein? Seine Gedanken jagten, während er an dem Mäuschen leckte.

Was, wenn er es darauf ankommen ließ und abwartete? Nicht mal Britti kannte seine richtige Adresse. Das hatte er zumindest gut eingefädelt. Er würde sich also die nächste Zeit hauptsächlich zu Hause aufhalten.

Bis Gras über die Sache gewachsen war, keiner mehr mit seinem erneuten Auftauchen rechnete. Zum richtigen Zeitpunkt unerwartet wieder auftauchen, rein in die Praxis am Nikolausplatz, am besten nachts bei einem der Notdienste? Dr. Kardiff bedrohen und sie zwingen, seinen Zahn fertig zu behandeln?

Er schüttelte auf der Bank seinen Kopf.

Der Schwachpunkt war, dass die Zahnärztin seine neu angefertigte Krone sicher nicht aufbewahren würde.

Nächstes Gedankenspiel.

Schon nächste Woche dreist bei der süßen Britti auftauchen, ihr erneut mit dem Tod drohen und so wieder an Dr. Kardiff herankommen? Doch er allein auf dem Zahnarztstuhl, da war er diesen Frauen ausgeliefert, und es wäre ein Leichtes für die beiden, ihn zu betäuben und dann die Polizei zu rufen. Plan verwerfen.

Verdammte Scheiße aber auch, welcher Teufel hatte ihn geritten, sich auf einen Auftrag in Köln einzulassen? In Köln??? Mit drei Fragezeichen und einem Idiotenzeichen auf seiner Stirn dazu.

In seinem Kopf schimpfte er sich aus, außen saß er ruhig auf der Bank, immer noch die Gummimaus zwischen den Lippen. Eine Bahn kam, die alte Frau neben ihm stieg ein, ein Pärchen aus, Gernot bewegte sich nicht. Die Möglichkeiten liefen vor seinem inneren Auge vorbei.

Es war wohl zu gut gelaufen die letzten Jahre.

Hieß es nicht, dass sich viele Verbrecher irgendwann einmal selbst verrieten und Fehler begingen, die unweigerlich zur Verhaftung führten? War er an dem Punkt? Hatte er deshalb die goldene Regel missachtet und dort hingeschissen, wo er in den letzten Jahren immer gern gegessen hatte?

Alles Quatsch, sagte Omi in ihm.

Nur jetzt keine überstürzten Schlüsse oder Taten. Nur nicht stolpern oder gar fallen. Hatte ihn nicht dieses ständige innere Fallen langsam zermürbt? Das Fallen, das zur Falle geworden war?

Es war nicht die erste schwierige Situation, nicht der erste Kontakt zur Polizei.

Acht Jahre.

Acht Jahre und immer noch auf freiem Fuß und immer noch aktiv im Geschäft.

Er mochte seinen Job. Ja, er liebte ihn. Liebte seine Opfer, liebte den Moment, wenn der Zeitpunkt gekommen war. Außerdem, was hätte er sonst machen sollen? Ihm fiel nichts ein, bei dem man mit so wenig Aufwand so viel Geld verdienen konnte und dazu noch in den Genuss wunderbarer Begegnungen kam.

Er mochte auch seine Auftraggeber.

Menschen, die durch die Schuld anderer in Not geraten waren, oder Partner, die sich endgültig und ohne Zahlungen trennen wollten, oder einfach nur Leute, die einen ultimativen Racheakt an einem Gegenüber verüben wollten, ohne sich selbst die Hände schmutzig zu machen.

Er mochte den Groll, den Hass, die Frustration, die Gier und auch die wunderbare Rachsucht, die diese Leute antrieb und bis zur vorletzten Konsequenz weitermachen ließ. Niederen Instinkten nachzugeben war seiner Meinung nach wie an einer Gummimaus zu lutschen, schlecht für die Zähne, aber gut für die innere Balance.

Ihre Feigheit, die sie daran hinderte, den letzten Schritt zu tun und die Arbeit selbst zu erledigen, war geradezu perfekt.

Am meisten bewunderte er es, dass sie ihn immer ausfindig machten.

Was der Polizei bis heute nicht gelungen war, schafften diejenigen, die ihn anheuerten, immer. Im Darknet fanden sie ihn. Natürlich ohne IP-Adresse und über viele Zwischenserver laufend, aber mit weniger Klicks als angenommen konnte man einen Kontakt zu ihm herstellen.

Den Auftraggebern vermittelte er den Eindruck, dass er aus Russland komme und ein Söldner sei, bereit, für die anonyme digitale Währung, die Bitcoins, sprichwörtlich über Leichen zu gehen. Hätten sie gewusst, dass er in einem hübschen Häuschen in Köln in der Nähe des Rheins wohnte, idyllische Umgebung, konservative Nachbarschaft, sie hätten sich nicht so vor ihm gefürchtet, vielleicht sogar nicht mal ihre Schulden beglichen. Herrlich, wie sich Menschen an der Nase herumführen ließen und zu was sie fähig waren, wenn der Hass, der Neid oder die Rachsucht in ihnen brannte.

Er urteilte nie, er zog jeden Auftrag immer durch.

Das machte einen guten Killer aus.

Das hatte ihn ausgemacht. Bis jetzt.

Wenn ihm jetzt in Köln nicht auch noch diese anhängliche Britti in die Quere gekommen wäre. Dass es ihm nicht gelungen war, sie vorhin zu killen, empfand er als persönliche Schmach.

Warum überhaupt diese Frau? Hatte er sich verliebt? Zugegebenermaßen ein wenig. So süß er ihre Bemühungen gefunden hatte, ihm seine Angst zu nehmen, so dämlich war er gewesen, sie in ihrer rasanten Zuneigung und Anhänglichkeit zu nahe an sich heranzulassen. Er wäre sie niemals anders losgeworden. Nach ihrem Ende in der Zahnarztpraxis hätte er sie vom Stuhl plumpsen lassen, abwärts auf den Marmorboden. Schade, dass Dr. Kardiff, die die kleine hübsche Zahnarzthelferin in ihrer Neugier noch übertraf, plötzlich aufgetaucht war. Jetzt tummelte sich das Plappermaul immer noch auf dieser Welt und hing ihm wie ein Popel an der Nase.

Doch früher oder später würde der richtige Zeitpunkt kommen. Für seinen Zahn und dann für beide Frauen. Wenn er mit ihnen fertig wäre, würde er ihre Körper fallen lassen, aus dem Fenster, über die Treppe, egal, nur hinabstürzen mussten sie, damit er wieder er selbst werden konnte.

Ja, es war beschlossen. Er würde nicht fliehen. Bleiben und warten.

Zuerst die kleinen Vorsichtsmaßnahmen für die nächste Zeit.

Gut, dass er in der Praxis und bei Britti den Österreicher gespielt hatte. In Sürth ging er statt mit der lässigen Jeans und dem karierten Hemd nur in Stoffhosen, leichten Pullovern und Sakkos auf die Straße.

Hier sprach er nie Dialekt.

Keiner würde auf die Idee kommen, dass er Österreicher war. Wenn er sich die Tage eine Brille besorgte, langsam sein Haar wachsen ließ, vielleicht auch einen Spitzbart dazu, dann würde sich sein Auftreten hier noch mehr von Gernot Murbach unterscheiden.

Er würde die Figur des Schladmingers vermissen.

Das Steirisch war klasse gewesen, das hatte er schon beim Einüben gemocht. Es war perfekt angekommen, immerhin vier Aufträge hatte er mit Bravour und viel Sympathie als Gernot erledigt.

Nun zum Auftrag Eberhard Dallinger.

Damit war er ebenfalls noch nicht durch.

Da musste ebenso nachgebessert werden. Auch hier war er in selbst gebundene Fallstricke gerannt. Immerhin das erschien ihm im Moment einfach zu lösen.

Die nächste Bahn kam.

Er stand auf. Kurz hatte er das Gefühl, in eine bodenlose Tiefe zu fallen, hielt sich an der Lehne der Bank fest und atmete tief ein und aus. Die Türen öffneten sich, und er schaffte es in die Bahn hinein, setzte sich sofort wieder hin.

Während der Fahrt begann er zu überlegen, mit welcher Figur er an die neuen Aufträge herangehen sollte. Eine Anfrage auf seiner Mailbox wartete immer noch auf die Rückbestätigung. Ein Auftrag aus Berlin. Den konnte er dazwischenschieben. Auch eine gute Idee, sich in der Hauptstadt eine Weile herumzutreiben. Vielleicht als Mann aus der Provence. Mit französischem Akzent in Berlin. Verführerisch. Würde zu einer randlosen Brille passen.

ELF

Eine Szene wie aus einem Drehbuch:

Aufblende
Innen / Abend / Totale
Langsame Kamerafahrt durch einen Raum.
Szenerie: ein Wohnzimmer. Zu überladen, um wirklich gemütlich zu wirken. Die erste Einstellung fängt eine breite Terrassentür ein, die trotz des kalten Wetters halb offen steht. Weiße Stores heben sich leicht im Wind. Man sieht im Anschnitt draußen einen Baum, der fast alle seine Blätter verloren hat und dessen Äste nackt in einen dunklen Abendhimmel aufragen.
Der Schwenk durch den Raum geht weiter.
Auf der linken Seite ein hohes Bücherbord, davor ein Lesesessel, auf dessen Lehne eine blaue Strickjacke liegt. In der Bilderabfolge: ein Dreiersofa, ein Schaukelstuhl, ein Kachelofen mit Bank, ein kleiner Schemel, ein schmales Bord mit hübschem Nippes aus Porzellan, darüber ein Spiegel.
Im Spiegel ist ein Esstisch zu sehen, lang, aus hellem Holz, ein Spitzenläufer und eine Vase mit Herbstblättern statt Blumen darauf. Links und rechts je drei Stühle, am Kopfende ein Beistelltisch, leer. Dahinter eine Tür, angelehnt.
Lärm dringt aus der Tür, die zur Küche führt.
Schnitt vom Spiegel zu direktem Blick ins Wohnzimmer.
Die Kamera fährt näher, der Lärm wird zu verständlichen Worten, ganze Sätze sind zu hören. Eine Stimme hell, eine dunkel.
Während des Dialogs geht die Kamerafahrt ohne einen einzigen Zwischenschnitt so nahe an die Tür, dass am Ende das Schlüsselloch in Großaufnahme zu sehen ist.
Man kann nicht hindurchblicken, man sieht die Personen hinter der Tür nicht, man hört sie nur reden.
- Was ist das?
- Blöde Frage. Hast du in meinen Sachen gewühlt?
- Ich frage dich, was das ist?

- Nach was sieht es denn aus?
Ein Schlag ist zu hören. Eine Ohrfeige.
- Spinnst du?
- Das hast du verdient.
- Ich hasse es, wenn du in meinen Sachen wühlst. Dazu hast du kein Recht.
- Ich will eine Antwort, jetzt. Ist diese Waffe echt?
- Ich muss dir nicht antworten.
- Woher hast du sie? Um Gottes willen.
Eine Stille folgt. Dann ein Aufschluchzen.
- Ich hab dir nichts zu sagen. Hast du gedacht, ich hab es nicht von Anfang an gecheckt, dass du mein Zimmer durchsuchst? Verlogene Scheiße, das alles hier.
- Rede nicht so.
- Ich rede, wie es mir passt. Und wenn du mich noch einmal schlägst, dann –
- Was dann?
Kurze Pause.
- Scheiße! Das alles!
- Gib mir die Waffe.
- Nein.
- Gib sie mir, oder ich schlage dich nicht nur einmal, sondern prügle dich windelweich.
- Das traust du dich nie.
- Lass es darauf ankommen. Ist die Waffe geladen?
- Du bist nicht besser als er. Ich hasse dich.
Wieder ein Schlag.
Die Kamera beginnt langsam rückwärtszufahren. Weg vom Schlüsselloch.
Das Bild vergrößert sich.
Nächster Schnitt auf die Tür. Sie wird aufgestoßen.
Schnitt, bevor man die Person sehen kann, die ins Wohnzimmer tritt.
Schnitt auf den Tisch.
Eine Faust schlägt auf die Tischplatte.
Schnitt auf die Vase mit den Blättern.
Sie schwankt unter dem Schlag.
Schnitt auf die Vorhänge an der halb offenen Terrassentür.

Eine Windböe lässt sie nach oben wehen.
Schnitt zurück auf den Tisch.
Eine Kleinkaliber-Pistole liegt dort.
Abblende.

ZWÖLF

Kaum hatte er nach seiner Rückkehr aus der Zahnarztpraxis sein Zuhause betreten, hörte er aus seinem Arbeitszimmer eines seiner anderen Handys singen. Vier weitere lagen im Moment auf seinem Schreibtisch. »Dead to Me« von Melanie Martinez. Die Nummer war unterdrückt, aber er wusste sofort, wer ihn auf diesem Mobiltelefon anrufen würde. Er hatte mit diesem Anruf gerechnet. Wenn auch nicht heute Abend.

»Ja?«

»Hallo Lutz, ich bin es.«

»Liebelein!«

»Wo bist du?«

»Du wirst lachen, aber ich wollte eben bei dir anrufen. Gedankenübertragung.«

»Hättest du Zeit?«

»Liebelein, für dich immer! Bist du zu Hause?«

»Nein, ich bin im Römerpark, hatte Sehnsucht nach dem Ort unseres ersten Kusses.«

»Gott ja, der schönste Kuss meines Lebens. Was tust du denn abends noch dort? Das ist keine Ecke für dich.«

»Es hat mich hingezogen. Und ich hatte auf dich gehofft. Kommst du nach, Lutz?«

»Jetzt noch?«

»Ja, bitte.«

Er sagte zu. Legte auf. Irgendwie hatte er Lust, sich nach der Schlappe in der Zahnarztpraxis einen guten Abschluss für den heutigen Tag zu gönnen. Der Römerpark. Die dritte Bank im Arkadengang. Da hatte er die Frau das erste Mal geküsst.

Wenn er ehrlich war, hatte er da schon begonnen, seine eingefahrenen Pfade zu verlassen. Nicht nur ein Auftrag direkt vor der Haustür, sondern auch der Auftraggeber quasi nebenan.

War das nicht viel gefährlicher für ihn gewesen als die naive Britti? Diese Spielchen waren in Wahrheit seine ersten Schritte Richtung Abgrund gewesen.

Zum tausendsten Mal: Er hätte diesen Auftrag samt Auftraggeber ablehnen müssen. Er hätte niemals auch nur diesen winzigen Teil von dem, was er war, zu erkennen geben dürfen. Hätte sich niemals als der Problemlöser zeigen dürfen.

Niemals.

Und doch.

War es vielleicht eine Sehnsucht nach einer kleinen Liebe gewesen? Ganz anders als bei Britti. Nicht Liebelei. Echter. Ihm nahe. Zu nahe?

Scheiße.

Nicht dort hinscheißen, wo du isst! Wieder tauchte dieses uralte, wahrhaftige Sprichwort von Oma in seinem Kopf auf. Er fuhr sich mit der Zunge über das Provisorium.

Er hatte diese Regel missachtet. Mehr als diese eine.

Er sollte nicht mehr in den Römerpark fahren.

Andererseits zog es ihn hin. Zu sehr, um zu widerstehen.

Ihm fiel die Lakritzstange ein. Noch was zum Lutschen, bis er dort war.

Immerhin ein guter Abschluss für den missglückten Abend.

TEIL 5

KANN KOMMEN, WAS MAG

EINS

Im Torbogengang im Römerpark, der mit Efeu überwachsen war, war es dunkler als gedacht.

Unten an der Promenade waren ein paar der Straßenlaternen ausgefallen, und die Stadtverwaltung hatte nicht die Zeit und das Geld aufgebracht, die fehlende Beleuchtung zu ersetzen.

Er kam an einem schwulen Pärchen vorbei, das hingebungsvoll ineinander verschlungen war. Ebbi tauchte in seinem Kopf auf, mit diesem leichten Zittern im groben, großen Körper, der nicht zu seinem letzten Outfit passen wollte.

Selten hatte ihn eines seiner Opfer so berührt. Vielleicht hatte er deshalb so lange geredet, bis Ebbi sich in weiblicher Hülle zeigen konnte, bevor er seinen Auftrag vollendet hatte. Aus Eberhards Sicht hätte man sagen können, er hatte die Ebbi am Ende fliegen lassen, einem gefallenen Engel gleich.

In dieser Zeit zwischen Annäherung und Tod, die sie zusammen verbracht hatten, hatte er sogar mehrfach sein Vorhaben angedeutet, sich fast offenbart. Die Ebbi ahnte, was am Ende folgen würde, sehnte es sogar herbei, sie wäre bei dem Versuch, ihr Leben, wie es war, derart umzukrempeln, ohnehin gescheitert. Er hatte Ebbi den Todeswunsch erfüllt. Nur, wer der Auftraggeber war, hatte er verschwiegen, das hätte auch die gute Ebbi vom Hocker gehauen.

Weiter den Bogengang entlang wurden die Schatten immer tiefer, und die letzten paar Meter zum Treffpunkt musste er sich vorantasten.

»Liebelein?« Er ahnte die Gegenwart mehr, als dass er etwas erkennen konnte.

Ein Lichtstrahl blitzte auf und blendete ihn.

Damit hatte er nicht gerechnet. »Warum eine Taschenlampe? Mach aus, es blendet mich.«

Seine Irritation ließ ihn aus allen Rollen fallen, er war einfach nur ungehalten. Verunsichert plötzlich. Die Vorfreude war wie weggeblasen.

Er roch die Gefahr.

Schmeckte sie.

Anders als in der Zahnarztpraxis, als Gernot Murbach Pech gehabt hatte und statt eines sauberen Abgangs zwei unerledigte Frauen zurücklassen musste, lag hier etwas Unheimlicheres in der Luft.

Er hatte oft diese Begegnungen erlebt, in denen zwei sich trafen und nur einer wieder seiner Wege ging. Dieses High Noon ganz eigener Art. Ein Mörder, ein Opfer.

Er erkannte hier und jetzt die Spannung, die solchen Begegnungen zugrunde lag. Aber noch nie war er auf der Seite des Opfers gewesen. Noch nie hatte er die Ahnung eines bevorstehenden Todes von dieser Seite aus gefühlt.

War es ein Auftrag? Diesmal gegen ihn?

Er sollte sich umdrehen und rennen. Heute war definitiv nicht sein Abend. Die Einzigartigkeit dieses Moments hielt ihn zurück.

Zehntelsekunden später hörte er einen Knall, der ohrenbetäubend war.

In der Stille danach pochte sein Herz. Nein, es brannte.

Von weiter weg kam ein Schrei.

Noch einer.

Er begann zu fallen.

Diesmal endgültig.

Es zog ihn nach unten. Er dachte an seine Oma, an die letzten beiden Gummimäuse samt Lakritzschnecke und tatsächlich weiter an Ebbi mit ihren roten Haaren und dem kurzen Rock und ihrer Sehnsucht, in Weiblichkeit und Liebe zu sterben.

Er persönlich wäre lieber zu Hause gestorben.

Scheiß-Konjunktiv.

ZWEI

Jakob und Leo standen an einem der drei runden Bistrotische vor dem Büdchen gegenüber der Kirche St. Nikolaus in Sülz. Zwei lange Tage seit der Rettungsaktion hatte Leo ihren Hauptkommissar nicht zu Gesicht bekommen.

Schon in der Nacht, direkt nach den Geschehnissen, hatte Leo nichts mehr von Jakob gehört und war mit dem Telefon in der Hand schließlich eingeschlafen.

Nach Hause waren sie und Britti jeweils im Streifenwagen gefahren worden, nachdem der Notarzt sie beide doch durchgecheckt hatte. Außer dem Riesenschrecken waren sie unverletzt geblieben. Eine psychologische Betreuung sollte kommen, aber Leo hatte abgelehnt, sie brauchte nur Ruhe und wollte nach ihrer Aussage bei Birgit von Zeh an diesem Abend nicht wieder darüber sprechen.

Nathalie und Luise hatten sie empfangen, hatten sie so fest gedrückt, dass Leo das Gefühl hatte, ihre Rippen würden brechen, aber es war gut gewesen. Gut und wunderbar. Leo hatte alles erzählt, erst gegen zwei Uhr früh waren sie ins Bett gegangen.

Der Polizeiwagen war die ganze Nacht vor ihrem Haus geblieben.

Endlich um sieben Uhr morgens war eine SMS von Jakob gekommen, dass er mitten im Treiben sei und die Suche nach dem Auftragsmörder koordinierte. Mehr nicht, kein extra Kuss oder wenigstens ein liebes Wort. Daraufhin war Leo, schon in ihrer Küche Kaffee trinkend, in Tränen ausgebrochen. Sie war zurück ins Bett, hatte sich dort vergraben, bis es ihr am Nachmittag zu einsam, zu öde wurde und sie zurück in die Praxis gefahren war, nach dem Rechten sehen. Dazu kam, dass sie sich auch nach der schrecklichen Geschichte nicht die Freude an ihrem Arbeitsplatz nehmen lassen wollte. Es waren ihre Räume, ihr Umfeld, und Leo würde die Zähne zusammenbeißen und genau dort wieder weiterbehandeln, mit all ihrem Enthusiasmus und ihrem Engagement für Zahnschmerzgeplagte.

Bereits jetzt lief alles wieder fast routiniert. Fast. Das Behandlungszimmer 6 war von der Spurensicherung freigegeben worden, nur um den Röntgenraum außen zog sich noch ein Absperrband, was die Zahnarzthelferinnen und die Patienten gleichermaßen faszinierte. Polizei war in Abständen immer wieder aufgetaucht, auch Birgit von Zeh und Luis Fahrenz, aber Jakob Zimmer ließ sich nicht blicken.

Die Eingangstür wurde zum zweiten Mal repariert, der Schreiner freute sich über den Auftrag.

Leo hatte in ihren kurzen Pausen immer die News auf ihrem Smartphone gecheckt, auf eine Meldung gewartet, dass die Kölner Polizei einen Auftragskiller gefasst hätte. Doch keine der Meldungen lautete derart. Leo hatte ein komisches Gefühl im Bauch. Irgendetwas lief da im Hintergrund.

Als sich Jakob heute Nachmittag endlich persönlich bei ihr gemeldet und sich mit ihr auf einen Sprung am Büdchen verabredet hatte, stand ihr Entschluss fest, nicht nur zu schmollen, sondern ihn auch nach Details zu löchern.

Britti war gegen Mittag wieder nach Hause gegangen. Die Zahnarzthelferin hatte tapfer durchgehalten, war nach dem Erlebnis mit ihrem Gernot zur Arbeit erschienen, als ob nichts gewesen wäre. Ihr Pagenkopf wirkte wie frisch geschnitten, ihr Lächeln kokett wie immer.

Erst in der ersten kurzen Pause hatte sich Britti an Leo gewandt. »Ich habe niemandem hier auch nur ein Sterbenswörtchen gesagt. Meine Aussage bei der Polizei noch mal gemacht. Kleine Details, die mir nachts erst eingefallen sind.« Sie hatte sich stolz auf die Brust geklopft und war zur selben Zeit totenblass geworden. In der Formulierung »Sterbenswörtchen« schien ihr bewusst zu werden, wie nahe sie beide tatsächlich am Sterben dran gewesen waren.

Noch am Abend des Geschehens hatten sie vereinbart, den anderen in der Praxis nur zu erzählen, dass es einen Einbruch gegeben hätte. Leo wollte jedes größere Aufsehen vermeiden, es gab auch so schon genug Fragen, von Gerda Horst bis zu Herrn Weninger, der nach seinem Termin eine Weile länger blieb und sinnierend vor dem Absperrband stand.

Britti hatte also geschwiegen, weitergemacht bis zum Mittag.

»Ich glaub, mir wird übel.« Das hatte Britti heute gesagt, und dann war sie mitten in einer Behandlung aus dem Zimmer verschwunden, hatte den Sauger auf den Boden fallen lassen. Leo konnte sich nicht sofort um die Zahnarzthelferin kümmern, hatte für die nächsten drei Patienten Greta Lutzinger zu sich gerufen.

Selbst Greta hatte von der wahren Geschichte zwischen Britti und Gernot nichts gewusst, glaubte, dass Brittis neuer Schwarm immer noch aktuell war. Alle Achtung, das war eine Leistung von Britti Poster.

Leo vermutete, dass es mehr damit zusammenhing, dass Britti sich schämte, auf einen Killer abgefahren zu sein, und sich fragte, ob sein bäriges Aussehen oder mehr seine dunkle Seite sie angezogen hatte. Bevor Leo mit Britti reden konnte, hatte sie sich in den Krankenstand verabschiedet.

Leo hatte bis zum Treffen mit Jakob weitergearbeitet.

Zuerst schwiegen sie sich an. Leo trank eine Apfelschorle, Jakob einen Kaffee. Der Wind war frisch und böig, aber die Temperaturen für Oktober wieder bei Weitem zu mild. Sie schlugen Kapriolen wie Leos Leben. Sie holte tief Luft.

»Diesmal hatte es nichts mit meiner Neugier zu tun, ich bin zufällig in die Praxis zurück. … Du hättest dich eher melden können.«

Jakob überraschte sie mit einer schnellen Umarmung. Sein Bart kratzte an ihrem Hals. »Ich wäre fast zu spät gekommen. Das tut mir so leid.«

Leo machte sich los, sah, dass Jakob feuchte Augen hatte. Sie war nicht mehr sauer, nur gerührt. »Ich bin vielleicht manchmal eine sture Ziege, aber wie du siehst, bin ich nicht leicht zu killen.«

Jakob lächelte zumindest ein kleines Lächeln, nahm einen Schluck, stellte die Papptasse ab und strich Leo über ihre blonden Locken, die sich im Wind auf und ab bogen.

»Erstens: Ja, du bist oft eine sture Ziege, aber auch das mag ich an dir. Zweitens: Das hätte böse ins Auge gehen können.«

Leo überlegte. »Ich hätte mir von den vier neuen Patienten am ehesten den bösen Barney als Mörder vorstellen können. Gernot kam mir harmlos vor.«

»Der böse Barney?«

»Barney Barlost.«

»Der Typ, der auf Schmerzen steht? Was du für Leute in deiner Praxis hast. Dagegen ist mein Leben bei der Mordkommission langweilig.« Jakob nahm einen weiteren Schluck, schien sich seine nächsten Worte zu überlegen. »Aber Britti hat sich ziemlich in die Nesseln gesetzt.«

»Britti war von seinem österreichischen Charme geblendet. Er hat sie im Sturm erobert. Keiner hätte gedacht, dass meine Zahnarzthelferin einen Killer datet.«

Jakob nahm Leos Hand in seine. »Leo, das meine ich jetzt ernst. Was hast du mir noch verschwiegen?«

Da war etwas in seinem Blick, Leo war sich sicher, dass er ihr seinerseits etwas verschwieg. Aber er hatte recht, sie musste ihm alles erzählen. Ihre Fragen zurückstellen.

»Nichts verschwiegen. Ich bin nur nie dazu gekommen, es dir zu erzählen. Also, ich habe auch mit Frida Dallinger geredet, sie hatte mich um Mithilfe gebeten.«

»Dich und nicht die Polizei? Was soll das denn?«

»Jakob, du machst es wieder. Lässt mich nicht ausreden. Dann kann ich dir ja nicht alles beichten.«

»'tschuldige. Bitte.«

»Ja, okay. Ich entschuldige mich auch. Dass ich zu Probsts Präsentation gegangen bin, weil ich ihm auf den Zahn fühlen wollte. Ich hatte keine Ahnung, dass ausgerechnet der Österreicher der Killer ist.«

Jakob sah ihr in die Augen. Holte Luft. Dann hob er seinen Kaffeebecher kurz an, ohne zu trinken. Seine Stirn legte sich in Falten.

»Was ist es, Jakob? Du willst mir etwas sagen, raus damit.«

In dieser Sekunde befürchtete Leo plötzlich, dass er die Beziehung zu ihr abbrechen wollte, weil es ihm zu viel wurde. Ihr Herz machte einen kleinen Sprung. Alles, nur das nicht.

»Weswegen ich hier bin, Leo.«

»Ich weiß, ich habe es kapiert. Keine Alleingänge mehr, nicht mehr schnüffeln, nicht mehr nachhaken, nicht mehr Miss Marple spielen. Oder Lara Croft, so haben mich meine Töchter nach der Aktion im Röntgenraum genannt. Das Game spielen Nathi und Lulu am PC.«

Jakob lachte nicht über ihren Scherz. »Das ist es nicht, Leo.«

»Jetzt erzähl, Jakob. Zumindest, was du mir erzählen darfst. Wie läuft die Fahndung? Werdet ihr dem Killer bald Handschellen anlegen, oder ist er schon hinter Gittern?«

»Wir konnten Gernot Murbach nicht festnehmen.«

»Brauchen dann Britti und ich nicht Polizeischutz?« Leo sah das Gesicht des Mannes am runden Fenster im Röntgenraum vor sich, wie er gegrinst hatte.

»Leo, keine Panik.« Jakob begann ihre Hand zu tätscheln, sie zog sie unter seinen Fingern weg.

»Wenn er wiederkommt, was dann?«

»Glaubst du wirklich, ich hätte meine Männer abbeordert, wenn der Kerl weiter auf freiem Fuß wäre?«

»Was ist passiert?«

»Gernot Murbach ist tot, Leo.«

»Was? Wie?« Leo hielt sich an der runden Tischplatte fest. Die Flasche mit der Apfelschorle bewegte sich von links nach rechts.

»Erschossen.«

»Auf der Flucht? Habt ihr ihn erwischt?«

»Nein, als wir dazukamen, war es schon vorbei. Es ist in derselben Nacht passiert, nachdem er Britti und dich in der Praxis überfallen hat. Seither ruht er im Rechtsmedizinischen Institut auf einer der kalten Stahlliegen. So wie vorher seine vielen Opfer.«

»Wer hat es getan?« Leo konnte es kaum glauben. Nicht, dass sie Mitleid gehabt hätte. Wenn es nach Gernot Murbach gegangen wäre, wären sie und Britti jetzt bei Harro aufgebahrt.

»Das werden wir ermitteln. Wir haben seine Leiche im Römerpark gefunden. Die Tatwaffe muss der Täter mitgenommen haben, sonst bis zur Stunde keine weiteren Spuren.«

»Aber es kam nichts davon in der Presse.«

»Wir halten den Fall so weit als möglich noch unter Verschluss. Ein Bericht über eine unbekannte Männerleiche im Römerpark ist im Umlauf, aber nicht mehr. Es geht hier um Dutzende anderer Fälle, die neu aufgerollt werden müssen. Die haben jetzt Vorrang.«

Eine heftige Böe kam zwischen sie und wehte den Pappbecher um. Der letzte Rest Kaffee verteilte sich auf der Tischplatte. Leo drehte ihren Kopf von Jakob weg.

»Er hat es verdient.«

Jakob stellte den Becher wieder auf. »Ja, das mag sein, Leo. Aber wir leben nicht mehr im Wilden Westen. Keiner darf hier ungestraft jemand anderen umlegen, auch in so einem Fall nicht.«

»Trotzdem. Er war ein Arsch.«

Leo sagte dieses Wort mit solchem Nachdruck, dass Jakob ein weiteres Lächeln entkam. »Ja, da gebe ich dir recht. Ein gefährliches Arschloch.«

»Ich muss Britti verständigen.«

Jakob winkte ab. »Nein, tu das nicht. Du hast mir erzählt, sie würde alles ausplaudern oder sogar im Internet posten. Unsere Abteilung hat es bis jetzt geschafft, den Fall in den Medien herunterzuspielen.«

»Ich finde, sie sollte das wissen.«

»Bitte warte damit noch. Bis ich dir grünes Licht gebe. Versprochen?«

Leo begann auf ihrer Lippe zu nagen. »Vielleicht hat der Mörder des Killers auf ihn gewartet, als er aus der Praxis weg ist? Hat ihn dann verfolgt?«

»Vielleicht.«

»Vielleicht waren sie verabredet, und es gab einen Komplizen bei all seinen Taten. Der war es.«

Jakob räusperte sich. »Leo, hör auf.«

»Was denn?«

»Du versuchst zu ermitteln.«

»Nein, ich bin nur –«

»Leo, lass es, bitte.«

Die nächste Windböe ließ beide kurz schweigen. Dann nickte Leo und schob sich die Locken hinters Ohr. »Jakob, du hast recht. Das ist dein Job. Ich muss zurück zu meinem, da warten ein paar

Schmerzgeplagte auf mich. Wie geht es deiner Kieferverspannung? Noch Schmerzen in den Backenzähnen? Wenn du dir nicht bald meine Entspannungsübungen zeigen lässt, bestelle ich dich in die Praxis auf den Stuhl.«

»Dazu verweigere ich jetzt die Aussage, meine liebe Frau Doktor.«

Jakob drückte Leo fest an sich. »Ich muss auch weiter. Und mein Auto steht vorne an der Ecke im Parkverbot. Ich melde mich.«

Er setzte sich in Bewegung und lief auf die Berrenrather Straße zu.

»Ich habe übrigens ein Treffen mit einem Zahnarzt, den ich einstellen will.« Leo rief ihm die neueste Information hinterher.

Im Gehen drehte sich Jakob um und schickte ihr einen Kuss. »Gratuliere. Ein guter Schritt! Erzähl mir später davon. Ich melde mich, sobald ich Luft habe. Hoch und heilig versprochen.«

Leo fröstelte. Sie trank ihre Apfelschorle aus und machte sich ebenfalls auf den Weg.

Erst jetzt stellte sie sich die Szene vor, wie Gernot Murbach durch den Römerpark lief, und da stand der Mörder mit gezückter Waffe, vielleicht hinter einem der Steinbogen? Oder hinter einem Baum? Oder er war Gernot hinterhergelaufen? Wo genau im Park war der Mann eigentlich aufgefunden worden?

Schade, dass sie das alles nicht hatte fragen können.

Der Mörder war vielleicht hinter die wahre Identität von Gernot Murbach gekommen und hatte sich gerächt. Doch für welchen der Auftragsmorde? Oder jemand hatte jemandem den Auftrag gegeben, Gernot zu töten? Ein Killer für den Killer. Das klang nach einem schlechten Filmtitel zur Primetime.

Ihre Gedanken liefen. Kreuz und quer, auf und ab. Ihr innerer Ameisenhaufen hatte wieder Zucker bekommen.

Eines nach dem anderen. Erst die restlichen Patienten, dann nach Hause, unter die Dusche und vielleicht Britti anrufen. Nichts erzählen, nur sich nach ihrem Befinden erkundigen.

Ob Frida Dallinger wusste, dass der Mörder ihres Mannes ermordet worden war?

Du wirst dich auf keinen Fall bei ihr melden, Leo!

Ihre innere Stimme klang ein wenig wie die ihres Vaters Dr. Hubertus, ein wenig wie die von Jakob Zimmer.

Jetzt war sie wieder nicht dazu gekommen, Jakob alles zu berichten, was sie mit dem Fall Dallinger verband, fiel ihr ein. Damit hatte ihr Gespräch doch angefangen.

DREI

»Möchten Sie das Einspritzen übernehmen?« Olaf Jansen drehte sich zu Leo um, die mit verschränkten Armen hinter ihm stand.

Vor ihnen beiden auf dem Zahnarztstuhl saß Mirjam Jansen, seine Nichte und Kellnerin im Café Rico. Sie lächelte ein strahlendes Lächeln und nickte Leo ermunternd zu.

Leo sträubte sich.

Gestern war ihr die Einladung des Dentisten, ihn an seiner jetzigen Arbeitsstelle in Eschweiler zu besuchen, mühselig erschienen, aber als sie am Morgen losgefahren war, hatte sie es wie eine Mini-Auszeit empfunden. Den Kopf nach all den Ereignissen auslüften. Raus aus der Stadt, anderer Ort, andere Menschen, keine Gedanken an Mörder oder Mord oder Mordabsichten.

Olaf Jansen hatte seinen Chef Dr. Fink gefragt, ob er Dr. Kardiff für ein oder zwei Stunden zu den samstäglichen Behandlungsterminen dazuholen dürfte, um ihr seine Arbeitsweise zu zeigen, und der drahtige Mittfünfziger mit den langen Koteletten hatte nichts dagegen gehabt. Er befürwortete die Karrierepläne seines Kollegen, obwohl er selbst niemals sein Leben im beschaulichen Eschweiler aufgegeben hätte.

Als Leo eingetroffen war, hatte Dr. Fink ganz entspannt eine Flasche Apfelsaft vom eigenen Apfelbaum geköpft und jedem ein Glas in die Hand gedrückt. Hier hatte man anscheinend die Ruhe weg.

Die Hinfahrt hatte Leo noch genossen. Sie hatte das Autoradio voll aufgedreht und die CD von Adele eingelegt. Schon bei »Hello« hatte sie begonnen mitzusingen und gleichzeitig zu heulen. Schluchzend und röhrend hatte sie aufs Gaspedal getreten und sich all diese Vorkommnisse der letzten Wochen von der Seele gefahren. Wie befreit war sie angekommen.

Zu ihrer Verwunderung hatte sie später Mirjam im Wartezimmer entdeckt, die extra ihre Behandlung um einen Tag verschoben hatte, um Leo zu treffen und ihrem Onkel quasi als Vorführobjekt zu dienen.

Vor Mirjam waren drei andere Patienten an der Reihe gewesen, und Olaf Jansen machte seine Sache sehr gut. Er hatte eine angenehme Stimme, redete mit den Patienten kompetent und verständlich zugleich, und seine Behandlungen liefen einwandfrei.

Daran lag es also nicht, dass sich Leo im Laufe der letzten Stunde immer unwohler zu fühlen begann.

Während sie in der Zuschauerposition war, was für sie eine gänzlich neue Rolle darstellte, merkte sie, wie ihre Ängste völlig irrational zunahmen.

Als der erste Patient beim Entfernen des Zahnsteins leise stöhnte, fühlte sie eine Gänsehaut über ihren Rücken laufen. Beim Geräusch des Ultraschallinstruments beim zweiten wurde ihr leicht übel. Olaf Jansen auf seinem Drehstuhl sitzen und die Zähne der Schmerzgeplagten bearbeiten zu sehen, machte sie zunehmend nervös.

Die dritte Patientin war ein kleines Mädchen von etwa acht Jahren, das sich schrecklich vor dem Onkel Doktor fürchtete, und Leo ängstigte sich mit. Ihr kam es vor, als würde sie schrumpfen, und als Olaf Jansen dem Mädchen sehr einfühlend und liebevoll die Instrumente erklärte, hörte Leo zu, als hätte sie noch nie in ihrem Leben einen Vortrag über die Funktionsweise eines Saugers, einer Sonde oder eines Scalers gehört. Am Ende bekam das Mädchen ein zuckerfreies Bonbon, und Leo beneidete es darum.

Nummer vier.

»Ich habe ein hübsches Loch im Zahn und totale Angst vor Spritzen«, sagte Mirjam Jansen und strahlte dabei ihren Onkel an.

Das kann nie und nimmer stimmen, dachte Leo. Wenn die junge Kellnerin tatsächlich Angst davor hätte, müssten ihr jetzt schon die Schweißperlen auf der Stirn stehen, da kannte Leo sich aus.

»Es wäre Mirjam sicher recht, wenn Sie sie behandeln würden, Frau Dr. Kardiff. Latexhandschuhe sind hinten in der Schublade. Ein Mundschutz auch.«

Olaf befreite eben die Spritze aus ihrer Hülle. Die junge Helferin, die äußerlich ein wenig Ähnlichkeit mit Britti Poster aufwies, aber bis jetzt kein einziges Wort von sich gegeben hatte, reichte ihm das Fläschchen mit dem Betäubungsmittel.

»Und mir wäre es eine Ehre, Ihnen zusehen zu dürfen.«

Dieser Satz kam Leo etwas zu aufgesetzt und anbiedernd vor, aber das war in dem Moment ihr geringstes Problem.

Vor ihren Augen schien sich die Spritze auszudehnen, an Größe zuzunehmen. Sie wuchs wie in einem Zeichentrickfilm in Olaf Jansens Hand, nahm monströse Dimensionen an. Ihre Spitze glitzerte im Licht der Dentallampe, und es kam Leo vor, als wäre dieses Ding tatsächlich lebendig. Es hatte ein Eigenleben, und sein Daseinszweck war einzig und allein der, Schrecken zu verbreiten.

Leo hätte sich gern eine ihrer Selbstohrfeigen gegeben, aber diese schräge Nummer konnte sie hier nicht bringen, das war klar. Sie suchte in ihrem Kopf nach dem Beruhigungsmantra, das ihr ihr Hypnosetherapeut beigebracht hatte.

Augen schließen, tief einatmen, langsam bis fünf zählen, stoßweise ausatmen.

Doch das scheiterte bereits am Augenschließen. Sie konnte jetzt nicht die Augen schließen, Mirjam, Olaf und die Helferin sahen sie alle drei an. Starrten sie an, hatten sich gegen sie verschworen, wollten sie zwingen, die böse Spritze in die Hand zu nehmen.

Auch die Spritze sah sie an.

Leo hätte in diesem Augenblick geschworen, dass die Spritze Stielaugen bekam, die sich ihr zudrehten und funkelten. Ihr war schlagartig klar, dass sie kurz vor einer Ohnmacht stand und alles Weinen und Singen auf der Fahrt hierher nichts geholfen hatte. Die letzten zwei Wochen steckten ihr viel tiefer in den Knochen, als es ihr bewusst gewesen war.

Sie biss sich in die Backe. So fest wie nur möglich.

Der grelle Schmerz brachte sie zurück.

Da war nur eine kleine Spritze in der Hand des Dentisten, da waren nur drei völlig normale Menschen mit ihr im Behandlungszimmer, keiner wollte ihr etwas Böses. Trotzdem würde sie im Moment das Angebot von Olaf Jansen auf keinen Fall annehmen.

Die Tür ging auf, und die drei drehten ihre Köpfe.

Dr. Fink erschien im Türrahmen und trompetete durch den Raum. »Ich hab Berliner für alle bestellt. Schluss mit der Arbeit.«

Olaf Jansen hielt seinen Chef zurück. »Dr. Fink, ich möchte noch meine Nichte fertig machen.«

»Oh nein.« Jetzt hatte sich auch Mirjam Jansen im Stuhl aufgesetzt. »Ich möchte lieber zuerst einen Berliner essen, als dass mich Dr. Kardiff betäubt und ich dann stundenlang kein Gefühl in den Lippen habe.«

Leo sah den Rettungsreifen und griff zu. »Ich würde zustimmen, meine letzten Tage waren lang.« Sie beugte sich zu Olaf Jansen hin. »Lieber Herr Jansen, ich werde mich allerdings jetzt gleich auf den Rückweg machen. Aber keine Sorge: Sie sind eingestellt.«

Leo streckte ihre Hand hin, und Olaf Jansen ergriff sie strahlend. Mirjam klatschte in die Hände, und Dr. Fink klopfte an den Türrahmen.

»Na, da haben wir ja einen Grund zu feiern. Passt zum Feierabend, den ich hiermit einläute. Aber bevor Sie wieder fahren, werte Kollegin, spendiere ich zu den Berlinern eine Runde meines Apfelsafts.«

Leo machte während der Rückfahrt keine Musik mehr an, schaffte es aber, nicht an die Vorkommisse der letzten Tage zu denken.

Später musste sie dringend anhalten. Der Eschweiler Apfelsaft verließ sie einige Kilometer vor Köln.

VIER

»Boss, sitzt du gerade?«

Luis hatte Jakob Zimmer am Handy erreicht, als dieser nach einem kurzen Treffen mit Theo Prunk in der Staatsanwaltschaft ins Auto gestiegen war. Prunk und er waren sich schnell einig geworden, weiterhin eine Nachrichtensperre aufrechtzuerhalten. Erst heute Mittag hatten sie den tatsächlichen Wohnort des inzwischen toten Auftragsmörders ermitteln können.

Nach dem Auffinden der Leiche im Römerpark hatte es keine Stunde gedauert, bis Jakob und sein Team dazugeholt worden waren. Der Erschossene hatte noch seine Gernot-Murbach-Versichertenkarte im Portemonnaie gehabt, die Mordermittlung war sofort angelaufen.

Zuvor schon war das Team nach dem Zwischenfall in der Zahnarztpraxis mit einem Aufgebot an Polizei nach Nippes in die Florastraße gerast. Aber dort gab es keinen Gernot Murbach, hatte es nie gegeben. Die Spekulationen von Luis hatten sich mehr und mehr verdichtet, denn die DNA von Gernot Murbach hatte mit dem Profil vom Berner Fall und dem auf dem grünen Stofffetzen übereingestimmt.

Eine intensive Suche hatte begonnen.

Luis hatte Murbachs Gesichtsmerkmale von der Versichertenkarte durch alle Datenbanken laufen lassen und war schließlich auf eine Doppelung gestoßen. Ein elektronisch gespeichertes Ausweisfoto mit völlig anderen äußeren Merkmalen, aber den gleichen biometrischen Daten hatte die Ermittler auf die richtige Fährte geführt. Derselbe Mann, diesmal unter dem Namen Lutz Wender, mit einer Adresse in Sürth. Dort waren sie fündig geworden.

»Ja, ich sitze im Auto. Aber jetzt zu unserem gekillten Killer.« Jakob übernahm Leos Bezeichnung.

»Das klingt gut, Boss. Es wird spektakulär. Gernot Murbach oder besser Lutz Wender ist der Schlüssel zu mindestens einem Dutzend weiterer Fälle, über die gesamte Bundesrepublik verteilt.

Dazu der Berner Fall. Wer weiß, in wie vielen benachbarten Ländern noch. Ich hatte so was von recht.«

»Ja, schon gut, Luis, die Party zur Feier deiner Entdeckung veranstalten wir nächste Woche. Was ist mit Österreich?«

»Unser Mann war kein Ösi. Eine durch und durch gefakte Identität. Aber die Polizei dort überprüft jetzt ihre eigenen ungelösten Morde. Mit meinen Suchalgorithmen.«

»Laut der Zahnarzthelferin Britti Poster stammte der Mann aus Schladming.«

»Nein, sicher nicht. Es gibt in der Steiermark durchaus einige, die auf den klingenden Namen Gernot Murbach hören, aber die sind alle nicht mit Lutz Wender identisch. Wurden von mir in einer Eilaktion durchtelefoniert und abgehakt.«

»Gut, das war zu erwarten, dass ein Auftragsmörder falsche Identitäten benutzt.«

»Wann sehen wir uns? Im Haus des Killers? Klingt gut als Headline.«

»Verschon mich mit der Presse, selbst im Spaß. Ich bin auf dem Sprung.«

Die Verbindung wurde unterbrochen, und Jakob gab Gas.

Einerseits war es eine große Erleichterung, dass der Fall Eberhard Dallinger zum Teil gelöst war. Andererseits würde die Tatsache, dass der Mann von einem bezahlten Killer ermordet worden war, enorme Wellen schlagen. Dazu der Paukenschlag, dass jemand tatsächlich den Killer ermordet hatte.

Was für ein Glück Leo und Britti gehabt hatten! Es hatte nicht viel gefehlt, und seine Zahnärztin wäre eine hübsche Leiche gewesen. Ein kalter Schauer lief Jakob über den Rücken, er wollte keinen Millimeter weiter in diese Richtung denken.

Die Ampel vor ihm schaltete auf Rot, aber er gab Gas. Es blitzte. Scheiße, wieder ein Verkehrsdelikt des Herrn Hauptkommissars.

Jakob fuhr den Rhein entlang. Birgit und Per waren bereits im Haus von Gernot Murbach alias Lutz Wender. In Sürth in der Falderstraße, neun Häuser vom Wohnsitz des verstorbenen Eber hard Dallinger entfernt. Kaum zu glauben.

Ein herrlicher roter Himmel zeigte sich, die Herbstdämmerung setzte früh ein, und die Rheinsilhouette mit den Brücken wirkte unwirklich kitschig. Jakobs Gemüt beruhigte sich bei dem Anblick. Er spürte eine tiefe Verbundenheit mit der Stadt, in der er seit Jahrzehnten lebte.

Seine Mutter und er waren hierhergezogen, als Jakob noch ein kleiner Junge gewesen war. Hier hatte er die Jahre seiner Schulzeit verbracht, hier war er zum Mann geworden, hatte eine Ehe überlebt, und hier ging er auch in seinem Job als Hauptkommissar in der Kölner Mordkommission auf. Keine Versetzung aus Karrieregründen, nach Berlin oder sonst wohin, hätte ihn hier wegbekommen.

Vielleicht hatte Lutz Wender alias Gernot Murbach alias Werweiß-wie-viele-Namen-noch ebenso gedacht. Hatte sich das Haus als Rückzugsort ausgesucht. Seine bisherigen Taten waren laut Luis' Liste alle in verschiedenen Städten verübt worden.

Wenn Jakobs Vermutung stimmte, war der Mord an Eberhard Dallinger zweifelsohne eine Ausnahme gewesen, so direkt am eigenen Wohnort. Hatte jemand dem Auftragsmörder mehr Geld geboten, oder hatte etwas anderes den Ausschlag gegeben?

Jakob bog ab und sah Per schon vor dem Haus stehen und winken. Eine hübsche Straße, gehobener Mittelstand, eine kleine Idylle.

Um zu viel Aufmerksamkeit zu vermeiden, hatten sie auf extra Beamte in Streifenwagen verzichtet. Nur zwei Kollegen der Spurenermittlung und Jakobs Team waren vor Ort. Es konnte nicht mehr lange dauern, bis es durchgesickert war, dass der tote Mann im Römerpark ein Auftragsmörder gewesen war, der mitten in einem gutbürgerlichen Viertel Kölns gelebt hatte. Der nächste Shitstorm war der Kripo sicher.

Noch aber blieb die Medienlandschaft ruhig, es wurde über den Toten berichtet, aber in einer eher moderaten Weise, es gab spektakulärere Schlagzeilen über einen Pegida-Aufmarsch. Auch die Ergreifung der drei Terrorverdächtigen schlug immer höhere Wellen in den Medien.

Jakob stellte seinen Wagen in der ersten Seitenstraße ab und ging zu Fuß zum Haus.

Drinnen im Flur platzte Per sofort mit den Neuigkeiten heraus.

»Der Mann hatte tatsächlich mehr als ein Dutzend Identitäten. Je länger wir hier sind, desto mehr entdecken wir. Wir haben Pässe, Ausweise, Versichertenkarten und verschiedene Geburtsurkunden gefunden. Es gibt sogar Ordner mit Legenden, die er sich ausgedacht und notiert hat. Gernot Murbach, der Steirer mit Schmäh, ist nur eine der Figuren.«

»Luis hat am Telefon vorhin auch so was angedeutet. Da haben wir einen großen, toten Fisch an der Angel.«

»Ob jetzt Lutz Wender seine ureigene Identität ist, konnten wir noch nicht feststellen. In Köln lebte er damit seit acht Jahren. Wie uns Nachbarn erzählt haben, ein sehr sympathischer Mann, aber kein näherer Kontakt zu ihnen. Hilfsbereit und freundlich. Hat das Haus zuerst gemietet, dann gekauft. Handelte mit Aktien. War angeblich als Vermögensberater tätig.«

Jakob zog sich die Handschuhe erst über, nachdem er das Haus betreten hatte. »Britti Poster hat er das auch erzählt, aber sich als dieser Österreicher aus Nippes ausgegeben. Also hat er innerhalb seiner verschiedenen Identitäten ähnliche Geschichten eingebunden. Das machte es ihm sicher leichter.«

»Im Kleiderschrank gibt es verschiedene Outfits in mehreren Varianten, wahrscheinlich zu seinen Identitäten passend. Wirst du gleich sehen, Boss.«

»Was noch?«

»Die Leute von nebenan sind entsetzt, dass der freundliche Nachbar einem Verbrechen zum Opfer gefallen sein soll. Ich bin gespannt, was die sagen, wenn sie die Wahrheit über ihn erfahren. Allen voran Frida Dallinger.«

»Die den neuen Freund ihres Mannes aus der Nachbarschaft nicht gekannt haben will.«

»Sollen wir sie aufsuchen?«

»Damit warten wir noch etwas. Lass uns hier mehr Klarheit reinbringen, dann müssen wir uns ohnehin jeden aus Dallingers Umfeld neu vornehmen. Jeder kommt als Auftraggeber in Frage. Und auch als Verdächtiger in diesem Mordfall.«

»Und die anderen haben es hinterher schon immer gewusst und überlegen, ob sie nicht wegziehen sollen, da eventuell die Immobilienpreise fallen könnten.«

Birgit erschien an der Tür zum Wohnzimmer. Sie trug außer den Handschuhen auch Überzieher an ihren Schuhen. »Hey, Boss. Da drinnen ist es echt schnuckelig. Sieht nicht nach einer Mörderbude aus. Zieht euch auch die Fußkondome über und kommt rein.«

Zuerst fielen Jakob die Ordnung und die Sauberkeit auf, die in dem Haus herrschten. In seiner Junggesellenwohnung in Deutz lagen oder standen immer Dinge im Weg herum, mal waren es einzelne Wäschestücke oder eine ungelesene Zeitung, mal auch eine leere Bierflasche vom Vorabend.

Hier drinnen war jedes Ding an seinem Platz. Sauber, geordnet, adrett. Keine klassische Männerhöhle, eher ein Ort, an dem man eine gute Hauswirtschafterin vermutet hätte. In den Schränken alles gebügelt und gestapelt, staubfrei und mit Duftsäckchen versehen.

»Er war eine akkurate Hausfrau. Es ist unglaublich.« Birgit führte Jakob durch das Haus. Es war wie der Gang durch eine Welt des peniblen Durchschnitts.

Alles schrie nach Mittelstand, Ordnung und Gemütlichkeit. Die Möbel eine Mischung aus Ikea und einigen teureren Stücken, die Teppiche weich und einladend. Nippes in überschaubarem, etwas kitschigem Rahmen, weiße Vorhänge, Tischtuch mit Spitzen über einem langen Esstisch. Die Küche aus hellem Holz, die Wohnzimmersitzecke mit dunkelrotem Samtstoff überzogen. Ein Gäste-WC unten, ein Abstellraum mit eingelagerten Marmeladen, die selbst gemacht aussahen, daneben ein Staubsauger, auf einem Extraregal Putzutensilien.

Alles sauber, gereinigt, gut in Schuss.

In einer Nische stand ein Foto von einer Frau mit einem strahlenden Lächeln und einem Kind, das sie umarmte. Jakob hob dieses Bild hoch, drehte es in den Händen, löste den Rahmen. Das Foto wirkte abgegriffen, hatte aber keine Beschriftung auf der Rückseite.

Per war an seiner Seite. »Gefakt oder echt? Auch Mörder haben Familie.«

»Wir werden sehen. Wirkt eher wie ein eingescanntes Bild aus einer Zeitschrift. Eintüten.«

Per nahm es Jakob aus der Hand, legte es in einen durchsichtigen Umschlag.

Im ersten Stock ein kleines Schlafzimmer mit Schrank und einem gemachten Doppelbett. Ein Arbeitszimmer. Von hier aus hatte man einen Ausblick auf einen kleinen Garten. Am Fenster stand ein Schreibtisch, an den Wänden Regale mit Ordnern, ein weiterer Schrank, eine mannsgroße Pendeluhr.

»Er hat anscheinend viel von handschriftlicher Dokumentation gehalten.« Jakob hatte einen der Ordner herausgezogen und begann darin zu blättern. Es waren Aufzeichnungen über eine ganze Reihe unterschiedlicher Menschen, zum Teil mit Fotos oder auch gezeichneten Porträts. Gute Zeichnungen. Lutz Wender schien eine künstlerische Ader besessen zu haben.

»Er hat seine Opfer porträtiert.« Birgit stellte sich neben Jakob. »Hier, die Frau mit dem langen Zopf. Ich habe ein Foto von ihr in Luis' Fallakten gesehen. Sie ist vor drei Jahren von einem Aussichtsturm gestoßen worden. Nachdem sie zuvor stranguliert worden ist. Allerdings nicht mit einem Gürtel.«

»Er hat seine Opfer gemocht.« Jakob blätterte weiter. »Hier eine Liste mit Vorlieben und Bemerkungen über den Tagesablauf der Personen. Er hat Buch geführt über Hobbys und kleine Schrullen. Er muss sich mit seinen Opfern richtig beschäftigt haben. Unfassbar. Am Ende der jeweiligen Notizen ein dicker Haken. Bedeutet wohl: erledigt.«

Birgit hatte ihrerseits ein Fotoalbum aus dem Regal in die Hand genommen.

»Oh Gott, das hier ist allerdings pervers. Hier sind Bilder nach den jeweiligen Abschlüssen. Fotos von Toten.« Sie klappte das Album angewidert zu, legte es auf den Schreibtisch. »Da kommt was auf uns zu.«

»Hier.« Jakob blätterte zurück. »Da ist ein Frauenname mit dem Vermerk ›neu‹ direkt am Anfang. Nur der Name, unterstrichen. Noch kein Bild. Noch keine Notizen. Nur eine Stadt. Berlin. Tanja Canzelli. Ich gebe den Namen sofort an die Berliner Kollegen weiter. Dort hat er noch nicht losgelegt. Die Frau ist also noch am Leben.«

»Wer wollte sie töten lassen?«

»Steht hier nicht. Scheiße.«

Per schloss zu ihnen auf. »Er hat sich anscheinend mit seinen Auftragsopfern angefreundet.«

»Schräg.«

»Seinen Einträgen zufolge mochte er ihre Persönlichkeiten, ihre Schrullen. Er bemühte sich um sie.«

»Dazu könnte auch passen, dass er sich als Knochenmarkspender registriert hatte. Hier.« Birgit hob eine Karte hoch. »Er war ein Menschenfreund und Menschenvernichter zugleich.«

»Jekyll und Hyde. Mehr als schräg, krank im Kopf, oder? Habt ihr was über unseren Eberhard Dallinger gefunden?«

Birgit verneinte. »Wir sind ja erst am Anfang. Die penible Art unseres Täters wird uns sicher viel Arbeit ersparen.«

Jakob klappte den Ordner zu. »Ihr wisst, was noch fehlt?«

Birgit und Per sahen ihn etwas irritiert an. Per begann auf seiner Zunge zu kauen.

»Was wir vor allem brauchen, ist ein Hinweis auf seine Auftraggeber?«

»Da hast du völlig recht. Vielleicht finden wir noch eine Liste oder einen extra Ordner. Eine geheime Datei.«

»Was ist mit seinem PC?«

»Gibt es nicht.«

»Kein PC, so was gibt es nicht. Er muss einen haben. Oder einen Laptop. Er muss ja kontaktiert worden sein. Ich bin mir sicher, dass nicht Leute aus dem ganzen Land nur durch Mundpropaganda hier bei ihm vorbeigekommen sind, um bei Kaffee und Kuchen den Mord an einem ihrer lästigen Mitmenschen zu besprechen.«

»Ich denke, dazu könnte ihm ein Mobilteil gereicht haben. Ein Smartphone oder iPhone. Damit kannst du ein kleines Büro leiten. Das bräuchten wir.«

Bei der Leiche im Römerpark hatte nicht nur die Tatwaffe, sondern auch ein Mobiltelefon gefehlt. Jetzt hatten sie hier auf dem Schreibtisch vier Handys gefunden, akkurat nebeneinander aufgereiht. Allerdings alle mit Prepaidkarten, die ohne Registrierung in Belgien und Luxemburg gekauft worden waren. Und ohne Anruflisten. Jede der eingehenden Nummern war unterdrückt worden.

Luis war hinter ihnen aufgetaucht und schwenkte sein iPad in der Luft. »Hallo, Leute. Hier kommen meine News. Ich bin auf eine Cloud mit gespeicherten Daten gestoßen, und ich konnte mir zumindest zu diesen Informationen Zugang verschaffen.«

Per war bei Luis. »Legal?«

»Völlig legal, Kollege. Wenn man mit einem solch großen Fisch droht, mahlen sogar die Mühlen der großen Internetprovider blitzschnell.«

Jakob stellte den Ordner ab. »Was hast du darauf entdeckt?«

»Zwei externe Konten bei zwei Banken im Ausland. Dorthin hat er einen Teil seiner Einnahmen transferiert. Also stimmte das mit dem Anlageberater zumindest für sein eigenes Geld. Er ließ sich in Bitcoins auszahlen, dieser Internetwährung. Bei jedem Kiosk, wo Western Union drübersteht, konnte er somit an seine Vergütungen kommen.«

»Wir sind mit unseren analogen Methoden inzwischen auch weitergekommen«, informierte Birgit ihn. »Diese Ordner hier sind voll mit handschriftlichen Notizen zu den Menschen, die er getötet hat. Samt Fotos und sogar ein paar gezeichneten Porträts.«

»Oh.« Luis legte für einen Moment die angemessene Betroffenheit angesichts der Opfer an den Tag. »Habt ihr auch die Notizen über Eberhard Dallinger gefunden?«

Die drei schüttelten den Kopf.

»Dann hab ich also doch noch Neues.« Wie ein Zauberer vor dem nächsten Trick drehte Luis sein iPad auf einem Finger in der Luft. »In der Cloud war eine Datei mit dem Namen Ebbi. Da hat unser Mörder alle Treffen mit seinem Opfer hier in der Nachbarschaft aufgelistet.«

»Also hat er auch digital gespeichert. Seine schriftlichen Ordnereintragungen über Dallinger wollte er vielleicht bald nachholen.«

»Für jeden Auftrag eine neue Nummer samt Handy?« Per war seine Faszination anzumerken.

»Könnte sein. Auch mal dasselbe Handy, aber wechselnde Chipkarten.«

»Das heißt, wir wissen nichts über die Auftraggeber.«

»Reg dich nicht auf, Jakob. Wir kennen immerhin die Opfer, das wird uns zu den Auftraggebern und Mittätern führen.«

»Erzähl von Eberhard Dallinger.«

»Lutz Wender hat sich mit dem Mann über Wochen angefreundet, bevor er ihn getötet hat. Er hat sich die Sehnsucht des Dallinger nach Weiblichkeit notiert, und er hat ihn darin bestärkt. Er schreibt darüber, dass er sich als zweiten Vornamen ›Paulus‹ ausgedacht hat, weil Eberhard seinen Sohn gern so genannt hätte. Unser Killer hatte die emotionale Infiltration drauf. Er hat ›Ebbi‹ eingeredet, dass er sich viel zu lange nicht getraut hat, seine wunderbare feminine Seite zu leben. Unfassbar, sag ich euch. Er hat seinem Opfer das Gefühl gegeben, endlich einen Menschen gefunden zu haben, der ihn versteht, mehr als seine Familie oder seine Freunde.«

Die große Standuhr mit Pendel, die dem Arbeitszimmer eine idyllische Note gab, schlug die volle Stunde. Die Heizung lief, doch Jakob rieb sich die Hände, als ob es hier drinnen kalt wäre. Das Ambiente wollte nicht zu den Taten passen.

»Wer hat den Auftrag für ›Ebbis‹ Ermordung gegeben?«

»Die Antwort fehlt auch hier.« Luis zuckte mit den Achseln. »Kein Hinweis in der Cloud. Dazu bräuchte ich sein mobiles Büro. Unter Lutz Wender gibt es keine eingetragene Mobilfunknummer. Wir müssen weiter in seinen Identitäten wühlen.«

»Scheiße!«

»Auf der Cloud ist übrigens auch ein kleines Video vom Tatort am Tag von Dallingers Tod gespeichert.«

»Vom Rudolfplatz?«

»Oh ja. Er war unter den Schaulustigen, da lagen wir richtig. Er hat uns aufgenommen. Birgit ist kurz zu sehen und Dr. Kardiff.«

»Ekelhaft. Ich auf dem Video eines Killers.« Birgit schüttelte sich. »Jetzt aber eine ganz andere Frage, Luis. Ich bin Polizistin und wüsste nicht, wo und wie ich einen Killer beauftragen könnte.«

»Es gibt nichts im Netz, was du nicht finden oder bestellen kannst. Darknet heißt der Ort, wo du vom Samuraischwert bis zur Königskobra alles auftreiben kannst.«

»Darknet, klar kenne ich das. Für mich klingt es aber nach

einem Computerspiel, das meine Jungs sich heruntergeladen haben könnten. Mir müsste man tatsächlich zeigen, wie ich einen Zugang bekomme.« Birgit rümpfte die Nase.

»Das Darknet ist mit der richtigen Software für jeden zugänglich und auch für die, sagen wir mal vorsichtig, am Rand der Legalität gelegenen Dinge zuständig. Tauschbörsen für Raubkopien von Musik und Filmen kannst du entdecken. Aber ich gebe zu, wenn du etwas Illegales brauchst, ist es der richtige Ort. Das findest du dort.«

»Auch einen Menschen, der deinen Nachbarn tötet, weil der seine Hecken nicht schneidet?«

»Ich denke schon. Allerdings bewegst du dich dann überhaupt nicht mehr in straffreien Räumen. Das Risiko ist dabei, dass du einem verdeckten Ermittler in die Hände fällst und die Polizei ein paar Stunden später ganz real bei dir an der Tür klingelt oder du an einen Betrüger gerätst, der dir bei Vorkasse die Knete abluchst, und dein Nachbar lebt immer noch. Ein Profi allerdings lässt seine Geschäfte über mehrere verschleierte Server laufen, über Staaten, mit denen wir kein Abkommen haben, und kann somit kaum rückverfolgt werden.«

Jakob mischte sich ein. »Lutz Wenders Konten. Der Geldtransfer. Da er nicht umsonst gearbeitet hat, müssen am anderen Ende die zahlenden Kunden sein. Häng dich da weiter rein, Luis. Was ist mit der Steuer? Die hat doch jeden auf dem Kieker.«

»Lutz Wender war offiziell als Selbstständiger gemeldet. Wie die Nachbarn gesagt haben, hat er als Beruf Vermögensberater angegeben. Es gibt dazu sogar Kundenakten, ob die sich allerdings als legal und echt oder ebenso gefakt herausstellen, wissen wir noch nicht.«

»Der Mann hat sich ein perfektes Gebäude zusammengestellt. Da ist ihm sein Sinn für Ordnung sicher zugutegekommen«, fasste Birgit zusammen.

»Zurück zum Geld. Woher sind denn nun die Beträge für seine Aufträge gekommen? Auch wenn er online engagiert und bezahlt worden ist, irgendwie muss er ja an seine, sagen wir mal, Gage gekommen sein.« Jakob sah in die Runde.

Luis hob seinen Zeigefinger in die Höhe wie ein Lehrer vor

einer Schulklasse. »Es wird, wie gesagt, in Bitcoins bezahlt, die man später an unregulierten Onlinebörsen gegen andere Zahlungsmittel tauschen kann. Und bitte vergesst nicht, jeder, der sich im Darknet bewegt, tut das unter einem Pseudonym. Keiner geht da unter Birgit von Zeh oder Jakob Zimmer auf die Suche.«

»Kannst du die Pseudonyme knacken?«

»Gebt mir Zeit.«

Jakob Zimmer ging ans Fenster. Der Himmel über Köln hatte von Rot zu Violett gewechselt. »Um etwas Zeit haben mich auch die Leute von der Ballistik gebeten. Sie wissen immer noch nicht, mit welcher kleinkalibrigen Waffe unser Auftragsmörder erschossen worden ist. Die Kugel ist im Körper gegen das Brustbein geprallt und zu deformiert. Da aus nächster Nähe abgedrückt wurde, kannten sich Opfer und Täter wohl. Aber kommen wir zurück zum anderen Grund unseres Aufenthaltes in diesem Haus. Auch nach der Erschießung von Lutz Wender und unseren Erkenntnissen zu seiner Profession hat sich unsere ursprüngliche Fragestellung nicht geändert. Wer wollte, dass Eberhard Dallinger stirbt?«

Luis und Per sahen zu ihrem Boss.

Birgit hatte eben den Wandschrank neben der Standuhr geöffnet. »Seht mal.«

Die anderen drei wandten sich ihr zu.

»Hier ist der Grund, warum der Mann so dringend einen Zahnarzt gebraucht hat.«

Jedes einzelne Fach im Schrank war voll mit Süßigkeiten.

FÜNF

Sonntagabend.

Mir steckt der Eklat mit dem Killer immer noch in den Knochen.

Killereklat.

Was für ein Wort.

Lutz Wender.

Was für ein Name.

Das hat mir Jakob eben gesagt. Er hat sich wie versprochen gemeldet. Mir mehr erzählt, vielleicht mehr, als er durfte. Er ist schlimmer dran als ich. Eine lange Nacht steht ihm bevor. Überhaupt lange Tage. Meinem Hauptkommissar.

Ein Auftragsmörder. Grässlich.

Lutz Wender könnte sein richtiger Name sein. Nicht Gernot Murbach und keine Verbindung zu Österreich.

Der Name des Mannes, der Britti und mich fast … Mir graut es. Ich werde seinen richtigen Namen nicht laut aussprechen. So lange es geht. Obwohl er jetzt tot ist.

So ähnlich wie mit Voldemort aus den Harry-Potter-Büchern werde ich es halten.

Der Du-weißt-schon-wer, der mit Britti rumgemacht hat und der in Wahrheit ein Auftragsmörder war und der uns fast ebenso gekillt hat wie noch ein paar andere und der jetzt so tot ist wie seine Opfer.

Tot – mausetot.

Brrr.

Erschossen.

Daran will ich auch nicht denken.

Weg damit.

Wie es der armen Britti wohl geht?

Stiller ist sie geworden. Britti und still passt nicht wirklich zusammen. Ich habe ihr eine Auszeit bei vollem Gehalt angeboten, aber sie will arbeiten.

Ich habe auf ihren Blog geguckt. Sie hat seit unserem Abend

im Röntgenraum nichts mehr geschrieben. Gefällt mir nicht. Der, der ihr das Herz gebrochen hat, soll in der Hölle schmoren.

Ach, wie dramatisch, Leo.

Ich sollte endlich mal früh ins Bett. Schlafen. Ich bin längst nicht über den Killereklat hinweg und brauche Ruhe.

Killereklat – die Wortkreation gefällt mir mehr und mehr.

Immerhin habe ich endlich einen Zahnarzt eingestellt. In all dem Chaos und den Verwicklungen der letzten Wochen gibt es bald einen Kollegen.

Olaf Jansen. Macht einen guten Eindruck.

Und nicht vergessen. Jubel und Hurra. Diesmal hat mich nach dem Mord an meinem Killerpatienten keine Presse belagert und keine Talkshow über mich berichtet.

Still und leise läuft die Sache ab. Polizeiliche Ermittlungen der dezenten Art. Man soll das Gute loben, damit es sich verstärkt. Jakob und sein Team haben tolle Arbeit geleistet.

Kommissar Luis Fahrenz hat uns instruiert, was wir sagen sollen, wenn sich doch noch Presseleute melden sollten. Er hat sich lange mit Britti unterhalten. Ihr wohl erzählt, dass alles an ihrem Traumtypen falsch war, nicht nur sein Dialekt.

Vielleicht sollte ich zur Abwechslung Luis löchern. Über dieses Darknet und Bitcoins. Worte, die ich bisher nicht gekannt habe. Trotzdem tappt die Polizei im Dunklen, hat keine Ahnung, wer den Mann erschossen hat.

Luis ist nett. Der wäre was für Britti.

Bloß nicht einmischen, Frau Doktor.

Gott, jetzt spreche ich mich schon innerlich mit meinem Titel an.

Weiter mit den guten Dingen und weit weg von dem Duweißt-schon-wem.

Nächstes Positives in meinem Leben.

Gestern hat endlich auch dieses Gespräch zwischen Nathi und mir stattgefunden.

Na ja, gestern hat Nathalie geredet, und ich habe geschwiegen. Klopfe mir selbst auf die Schulter. Ich habe es geschafft, meinen Mund zu halten, allen Mutterkram hinunterzuschlucken und darauf zu warten, was von meiner Tochter kommt.

Meiner kleinen Tochter.

Wie erwachsen sie wirkt.

Dabei habe ich in Nathi tatsächlich immer die Kleine gesehen. Auch wenn meine Zwillinge nur ein paar Minuten voneinander entfernt sind, kam eben Luise zuerst auf die Welt, und ich hatte immer das Gefühl, dass sie auch die Schnellere, Reifere geblieben ist. So kann sich eine Mutter irren.

Egal, es ist alles gut. Nathalie hatte ihr erstes Erlebnis, und es geht ihr gut damit. Sie ist nicht schwanger, wird in Zukunft verhüten, auch wenn sie mir keine Details erzählen wollte, und fühlt sich ein wenig wie auf Wolken, zugleich aber auch geerdet, wie sie sagt. Mehr will sie vor der Mama nicht preisgeben. Punkt.

Gut, ich habe geschwiegen und genickt. Und ich werde schweigen. Kann ich sogar ganz gut.

Bin stolz auf mich!

Wie war ich in dem Alter? Viel chaotischer. Da habe ich schon bei meinem Vater gelebt.

Papa Gerwald habe ich immer noch nicht zurückgerufen. Ich bin die schlechteste aller Töchter.

Morgen.

Ja, morgen. Oder übermorgen.

Luise hat mich gefragt, nachdem das Gespräch zwischen mir und ihrer Schwester beendet war: »Mama, bist du okay?«

Hat sie gefragt. Sie mich, nicht umgekehrt.

Manchmal scheinen meine Töchter erwachsener als ich zu sein.

Apropos. Mein Ex-Mann hat mir nicht endgültig gesagt, ob seine junge neue Freundin von ihm schwanger ist. Soll ich mir dazu etwas wünschen? Besser nicht.

Ich sitze in meiner Küche, allein.

Ich trinke ein Glas Wein, allein.

Im dunklen Fenster spiegelt sich mein Gesicht.

In vier Wochen bin ich fünfundvierzig. Ziemlich bald.

Ist das schlimm?

Der, der im Römerpark erschossen worden ist, war erst Anfang dreißig. Und wird für immer Anfang dreißig bleiben. Gut, er war ein Auftragsmörder und hätte nach seiner Verhaftung ohnehin die nächsten Jahrzehnte im Gefängnis verbracht, aber hat jemand das Recht, so über ihn zu richten?

Ich sehe ihn vor mir. So wie er zu mir und Britti war, das falsche Ich. Das Grinsen, höre den Dialekt und seine zugegeben etwas peinlichen Witze, die aber bei Britti gewirkt haben.

Dann sein böses wahres Gesicht.

Ein Mann, der viele Menschenleben auf dem Gewissen hat, Eberhard Dallinger inbegriffen. Wenn es uns nicht gelungen wäre, uns zu verschanzen, und Jakob nicht aufgetaucht wäre, hätte sich die Zahl um zwei erhöht, Britti und Leo. Wenn ich meine Autoschlüssel nicht im Büro vergessen hätte, wäre Britti auf jeden Fall gestorben.

Wenn – ein Wort mit Gänsehauteffekt.

Mich schaudert es. Ich kann meine Hand mit dem Weinglas in der Spiegelung der Fensterscheibe zittern sehen.

Trotzdem.

Wer hat diesen Mann getötet?

Wer hat die Dinge in die Hand genommen und wie in einem Western den Killer gekillt?

Ich trinke einen weiteren Schluck Wein. Sonst kann ich nicht einschlafen. Je mehr Zeit vergeht, desto mehr laufen meine Gedanken. Morgen habe ich sicher einen dumpfen Kopf, und der Terminkalender ist knallvoll.

Bravo.

Zahnarzt mit Brummschädel.

Warum beschäftigt mich das?

Jakob und die anderen sind dran. Sie haben die Informationen und werten die Spuren aus. Ich bin nur eine Zahnärztin, deren Leben etwas schräg verläuft und die sich gerne in Dinge einmischt, die sie einfach absolut nichts angehen.

Punkt.

Auf jeden Fall muss jemand diesen Mann getötet haben, der ihn kannte, sein echtes Ich, als – na, Du-weißt-schon-wer. Oder?

Oder es hat ihn jemand schon länger verfolgt, einer, der dahintergekommen ist, dass er der Mörder von jemandem war, den dieser Jemand vielleicht geliebt hat.

Ich höre mich völlig verwirrt an.

Wenn ich jetzt mit Jakob weiterreden könnte, würde ich ihm sagen, dass ich glaube, dass der Tod dieses Mannes mit dem Mord an Eberhard Dallinger zusammenhängt.

Da wäre Hannes Probst. Er nimmt Rache für den Tod seines Angestellten. Weil er Ebbi mochte, sein Geschäft den Bach runtergeht.

Wer noch?

Die Ehefrau, die wirklich warme und dicke Frida. Die ihren Eberhard und auch die weiche Ebbi angeblich in einer Person vermisst.

Gott, wie das klingt. Dicke Frida. Ich bin auch nicht eben schlank.

Hannes Probst hat ebenfalls eine Frau. Was, wenn die? Ich muss Jakob nach ihr fragen.

Britti hätte auch einen Grund gehabt …

Mein Gott, Leo, was denkst du denn da?

Lieber noch einen Schluck Wein.

Meine Zahnarzthelferin Britti Poster könnte keiner Fliege etwas zuleide tun.

Wobei man nie hinter die Fassaden schauen kann. Wenn ein Patient auf meinem Zahnarztstuhl sitzt, denkt er auch nie im Leben daran, dass seine behandelnde Ärztin eine Phobikerin ist.

Nein, nein, nicht schon wieder über mich selbst nachdenken. Ich fühle mich wie ein hysterisches Eichhörnchen vor dem Wintereinbruch. Überall grabe ich nach Nüssen.

Wenn nun Britti diesen Mann nach den Ereignissen in meiner Praxis doch wiedergetroffen hat, hätte sie ihn in ihrem Herzschmerz oder auch in ihrer Wut erschießen können. Aber wahrscheinlich weiß Britti nicht einmal, wie man sich eine Waffe besorgen kann ohne Waffenschein.

Also, ich wüsste es definitiv nicht.

Im Darknet. Auch das.

Klingt nach einem schlechten Film. Aber Nathalie und Luise wussten sofort, wovon die Rede ist. Das heißt in weiterer Folge, dass meine Kinder wüssten, wie sie sich dort eine Waffe besorgen könnten? Oder Drogen. Oder einen gedungenen Killer. Meine minderjährigen Zwillinge wüssten es.

Heißt dann aber auch, dass sich Britti dort eine Waffe hätte besorgen können, schließlich ist sie im Netz und in allen sozialen Netzwerken aktiv. Da ist der Schritt zu Verbotenem nicht weit.

Nein, nicht Britti. Niemals Britti.

Wer kommt weiter in Frage?

Frida.

Eigentlich kann es nur Frida gewesen sein. Oder?

Die erste Begegnung mit ihr am Tatort. Dann, als sie zu mir in die Praxis gekommen ist. Ich sollte mich in die Ermittlung einmischen. Wie sie mich auf Hannes Probst gebracht hat. Als ob sie damit eine falsche Spur hatte legen wollen.

Sie trifft mich am Rudolfplatz, liest dann über meine Rolle beim Kernbach-Mord. Über ihren Sohn erinnert sie sich an mich und meine Töchter auch aus der Schule. Vielleicht hatte sie da die Idee, dass ich Hauptkommissar Zimmer und die Polizei beeinflussen könnte.

Hanni und Ebbi, lächerlich.

Und Hannes Probst war es nicht. Definitiv nicht. Hat mir mein Hauptkommissar auch zugeflüstert. Diesmal hatte der Mann ein wasserdichtes Alibi, eine seiner Präsentationen in einer privaten Damenrunde.

Frida Dallinger. Wie sehr hat es sie in Wahrheit verletzt, dass ihr Mann in Sachen Schönheit unterwegs war und sie sich so unattraktiv fand? Hätte sie ihn dafür bestrafen wollen? War es ihr darum so wichtig, jemand anderen zu verdächtigen? Doch nur, wenn sie von sich selbst ablenken wollte.

Noch ein Schluck Wein.

Ich sollte sie anrufen.

Wenn ich noch mal mit ihr rede, mich mit ihr treffe, könnte ich meinen Vermutungen nachspüren. Ich könnte ihr auf den Zahn fühlen. Sehr komisch!

Ich rufe sie an.

Nein!

Oder?

SECHS

Einen Tag und Abend später stand Leo etwas unschlüssig vor dem schmalen Haus in der Falderstraße. Sie hielt den Zettel mit der Adresse von Frida Dallinger, die sie sich aus der Patientenkartei herausgesucht hatte, immer noch in der Hand, und ihre Finger bogen eine Ecke um.

Sie war mit der Linie 16 gekommen, bis Sürth, hatte ihren Wagen am Nikolausplatz bei der Praxis gelassen. Sie wollte ihren Kopf auslüften, sie hatte vom gestrigen Wein immer noch einen leichten Druck im Schädel, und loslassen konnte sie am besten beim Straßenbahnfahren. Den Fußweg entlang hatte sie Ausschau nach Polizei gehalten, aber nichts war ihr aufgefallen.

Warum hatte sie vorher nicht angerufen?

Was wollte sie hier?

Einen Verdacht bestätigen oder fallen lassen.

Lange hatte sie gestern Abend alle Argumente, alle Ideen und alle ihre eigenen Schlüsse zum Tod von Lutz Wender hin und her gewälzt. Als ihr schließlich von einem dritten Glas Wein die Augen am Küchentisch zufielen, war sie nach oben geschwankt, hatte trotz der Bettschwere ihre Zähne geputzt – das Ritual konnte sie als Zahnärztin einfach unter keinen Umständen lassen, selbst in der Wildnis würde sie versuchen, ihre Zahnzwischenräume freizubekommen – und sich in Richtung ihres Schlafzimmers bewegt.

Bevor sie endlich in ihr Bett gefallen war, war sie ein Stück weitergeschlurft, hatte leise die Tür zu Nathalies Zimmer aufgemacht und ihre schlafende Tochter betrachtet. Alles würde sie tun, um Schaden von ihrem Kind fernzuhalten oder es vor den Grausamkeiten der Welt zu beschützen. Dann war sie in ihre Kissen gesunken. Traumlos bis zum Morgen.

Beim ersten Patienten allerdings hatte ihr Kopfkino erneut begonnen, alle möglichen Varianten durchzuspielen. Sie war wieder auf Frida zurückgekommen.

In der Mittagspause hatte Leo versucht, mit Britti noch mal über die Geschehnisse in der Praxis zu reden, aber zu ihrem großen Erstaunen hatte die Zahnarzthelferin, die an diesem Morgen mit einem völlig neuen Haarschnitt aufgetaucht war, es abgelehnt zu plaudern.

»Britti, muss ich mir Sorgen machen?«

»Frau Dr. Leo!« Britti hatte mit ihrem Kopf gewackelt, und normalerweise hätte sich ihr Pagenkopf mitbewegt, aber die neue Frisur war viel kürzer und stand nach oben weg. Britti sah ein wenig wie der Pumuckl aus. Die neue Haarpracht war sicher ein Statement für einen kleinen Neuanfang.

»Frau Dr. Leo, ich habe mir selbst ein einmonatiges Schweigegelübde auferlegt.« Um ihre Worte zu unterstreichen, hatte Britti eine Pause gemacht, während sie Schokostreusel auf ihren Milchkaffee kippte.

»Das, was mir passiert ist, durfte mir eigentlich nicht passieren. Ich meine, ich bin ein cleveres Mädchen, ich bin hübsch und verdiene ganz ordentlich, auch dank Ihnen, und mir steht ein guter Junge zu.«

So ernsthaft hatte Leo sie tatsächlich noch nie erlebt.

»Ich habe mich verliebt, Hals über Kopf, und bin an einen Psychopathen geraten. Das liest man im Internet auf jeder Frauenseite und in jedem psychologischen Ratgeber, aber mir ist ein waschechter passiert. Nicht nur ein Spinner, oh nein. Wenn Sie nicht gewesen wären … Wenn ich nicht so damit beschäftigt gewesen wäre, dem Kerl alles über mich, die Welt und das Leben an und für sich zu erzählen, heißt, wenn ich nicht ununterbrochen geredet hätte, hätte ich es vielleicht bemerkt, bevor er mich um die Ecke bringen wollte. Was, wie ich glaube, mit seiner gekränkten Männlichkeit zu tun hatte. Der Typ hat keinen hochgekriegt, und dafür sollte ich sterben. Vielleicht.«

Britti hatte begonnen, energisch in ihrem Milchkaffee zu rühren. »Also, Frau Dr. Leo, bevor ich jetzt schon wieder quatsche ohne Ende, ziehe ich mich zurück und übe mich im Stillsein. Dann hat es vielleicht der nächste Mann nicht mehr nötig, mich um jeden Preis zum Schweigen zu bringen.«

Sie hatte einen Schluck genommen und sich mit der freien Hand eine Träne aus dem Augenwinkel gewischt. »Das war jetzt komisch gemeint, also lachen Sie bitte!«

Leo hatte gelacht, wenn auch gequält, und ihre Helferin nicht mehr mit ihren Überlegungen belästigt.

Jakob wollte und konnte sie nicht anrufen. Seine internen Informationen waren Vertrauensbeweis genug gewesen, außerdem würde sie ihn nur bei den Ermittlungen stören.

Deshalb stand sie jetzt hier vor dieser Tür, nach Feierabend, wieder war es dunkel, dazu auch noch nebelig. Unschlüssig trat sie von einem Bein auf das andere, konnte sich nicht entschließen zu klingeln, da sie ja nicht einmal wusste, wie sie ein Gespräch mit Frida Dallinger beginnen sollte. Es gab keinen konkreten Verdacht gegen die Witwe des letzten Opfers vom Killer, sonst wäre die Polizei Leo längst zuvorgekommen.

»Wollen Sie zu uns?«

Leo drehte sich erschrocken um. Der siebzehnjährige Sohn von Frida und Eberhard stand hinter ihr. Leo überlegte, dann fiel ihr wieder ein, dass er Roman hieß und in der Schule zwei Stufen höher als ihre Töchter war.

Ihr fiel auch ein, dass er wegen der Frauenkleider, in denen sein Vater gefunden worden war, in der Schule böse gemobbt worden war, und sie schämte sich plötzlich, dass sie hergekommen war, um nach dem Tod des Vaters und Ehemanns deren beider Ruhe zu stören.

»Hallo, Roman. Ich bin Dr. Kardiff, die Mutter von Nathalie und Luise, ihr geht in dieselbe Schule.«

»Ja. Meine Mutter hat erzählt, dass Sie sie ein wenig getröstet haben.«

Die Scham wurde größer, und Leo kam sich vor wie ein durch und durch hinterhältiger Mensch. Da war Frida Dallinger froh, mit jemandem darüber sprechen zu können, hatte sich sogar Hoffnungen gemacht, dass Leo etwas herausfinden würde, das der Polizei entgangen war, und alles, was Leo hier wollte, war, die arme Frau auszuspionieren. Ihr eine Lüge und einen Manipulationsversuch zu unterstellen.

Hatte sie sich geirrt?

Leo atmete schnell ein und aus. »Ich komme ein andermal vorbei.«

»Nein, nein, meine Mutter müsste jeden Moment wieder zu

Hause sein. Ich schließe uns auf, und Sie können drinnen warten.« Roman hielt Leo die Tür auf. Im Vorzimmer ging das Licht automatisch an.

Beim ersten Blick in den geräumigen Ess- und Wohnzimmerbereich fiel Leo sofort die übertriebene Gemütlichkeit auf. Alles wirkte überladen. Hier gab es zwar nichts in Rosa oder Weiß wie im Präsentationsraum in der Glockengasse, aber dafür zu viele Möbelstücke, Landschaftsbilder ohne Ende an den Wänden und weiche beige Teppiche auf dem Boden, die sich überlappten.

Leo zog ihre hohen Schuhe aus und nahm sich ein paar graue Filzpantoffeln, auf denen schwarz gedruckt »Besucher« stand. Roman hinderte sie nicht daran, sicher war es üblich, nicht mit Straßenschuhen im Haus herumzulaufen.

Leo blieb in der Mitte des Raumes stehen.

Trotz des Esstisches mit Stühlen, eines Dreiersofas, eines Lesesessels mit Hocker und eines Schaukelstuhls mit Kissen wollte sie sich nicht setzen. Auch nicht auf die Eckbank, die neben einem Kachelofen stand. Zu viel Idylle, wie in einem Kitschroman. Auch über dem Kachelofen ein großes Landschaftsbild, das einen breiten Strom zeigte, der durch ein Tal bei Sonnenuntergang floss. Ein großer Spiegel gegenüber vom Essbereich.

Es hatte etwas Beunruhigendes an sich.

In Leos Kopf entstand als krasser Gegensatz dazu das Bild eines Eberhard Dallinger, der seinen Minirock anzog, sich die rote Perücke aufsetzte und durch dieses Wohnzimmer tanzte. Sie blinzelte es weg.

»Wie geht es dir in der Schule, Roman?«

Der Junge senkte den Kopf. Er lehnte sich an den Esstisch, und eines seiner Beine begann zu wippen. »Geht so. Die nennen mich immer noch Schwulenbastard oder Transenfötus, aber der eine oder andere hängt nach der Schule wieder mit mir ab. Je länger mein Vater tot ist, desto besser wird es.«

»So nennen sie dich?« Für eine Sekunde war Leo völlig geschockt. Sie fragte sich, wie viele schulische Grausamkeiten ihr Nathi und Lulu im Laufe der Jahre verschwiegen hatten.

»Wollen Sie was trinken? Ich geh sonst auf mein Zimmer,

Musik hören und Computer spielen, es kann nicht mehr lange dauern, bis meine Mutter da ist.«

»Nein, danke. Ich warte hier einfach. Schließlich bin ich einfach so, ohne Voranmeldung, aufgetaucht.«

Roman nickte und ging Richtung Treppe, die in den ersten Stock führte. Auf der zweiten Stufe hielt er an.

»Nicht nur in der Schule wird geredet. Auch die Nachbarn hier tuscheln hinter unserem Rücken. Scheiße ist das. Aber wenigstens haben sie die letzten Tage ein anderes Thema gehabt. Noch einer aus unserer Straße wurde getötet. Komischer Zufall, oder?«

Wie hart würde es erst werden, wenn öffentlich wurde, dass der ermordete Nachbar aus der Straße der Mörder seines Vaters war?

Leo bewegte sich auf Roman zu. Sie hatte das dringende Bedürfnis, den Jungen in die Arme zu nehmen. Er machte einen weiteren Schritt hinauf und drehte sich weg, gegen das Treppengeländer, sodass Leo nicht an ihn herankam. Das mit der Umarmung war eine dumme Idee gewesen, kein Siebzehnjähriger wollte von der Mutter einer Schulfreundin gedrückt werden.

»Welche Spiele magst du? Meine Töchter stehen auf ›Lara Croft‹.«

Ein kurzes Lächeln erschien auf seinen Lippen. »Früher, ja. Jetzt mag ich Härteres. Realistischeres.«

»Du bist also Experte.«

»Geht so.«

»Kennst du auch dieses Darknet? Meine Töchter haben mir davon erzählt.«

»Klar, wer nicht?«

Leo zuckte etwas hilflos mit den Schultern. Sie standen sich gegenüber, Roman auf der Treppe überragte Leo und sah auf sie hinunter.

»Du vermisst sicher deinen Vater.«

»Wir werden umziehen. Meine Mutter verkauft das Haus, dafür werden wir eine Stange Geld bekommen. Vielleicht wechsle ich auch die Schule. Wenn man so will, wird mein Leben sogar leichter werden. Ohne ihn.«

Er drehte sich um und stieg die Treppe hoch. Verschwand um die Ecke aus Leos Blickfeld.

Vielleicht war Frida in Wahrheit überhaupt nicht mit den Vorlieben ihres Gatten zurechtgekommen und hatte es gehasst, wenn er seine weibliche Seite herauskehrte? Wenn sie bei dem Gespräch mit Leo gelogen hatte, hatte sie auch der Polizei nicht die Wahrheit erzählt. Man konnte daraus ein Motiv stricken.

Hatte Frida, die Zukunft mit Ebbi fürchtend, den Auftragsmörder zuerst bestellt und dann erschossen? Die füllige Frida mit den roten Backen? Nein, Leo schaffte es nicht, sich die Frau mit einer Waffe vorzustellen. Auch nicht im Darknet nach einem Killer suchend.

Leo zog die Schultern hoch, sah sich in dem Wohn-Ess-Raum um. Kuscheln und Tod. Irgendetwas passte hier ganz und gar nicht zusammen. Wie schnell ihre Vermutungen von suspekt zu unschuldig zu verdächtig wechselten. Ihr ungutes Gefühl nahm zu.

»Roman?«

Oben blieb es still. Keine Musik war angemacht worden, was Leo wunderte. Wenn ihre Mädels nach Hause kamen, drehten sie als Erstes die Anlage im Wohnzimmer auf und verwandelten die Stille in Rhythmen aus den Charts.

Leo hielt es hier nicht mehr aus. »Roman, ich muss wieder los. Sag deiner Mutter einen schönen Gruß. Sie und ich, wir werden uns sicher ein anderes Mal treffen. Ja? Ich schreibe ihr meine Handynummer auf einen Zettel.«

Wieder keine Antwort.

Leo überlegte, ob sie in den ersten Stock hinaufgehen sollte, doch das kam ihr zu intim vor.

Sie wühlte wie immer in ihrer Handtasche, fand diesmal recht schnell einen Kugelschreiber und einen alten Einkaufszettel und notierte ihre Nummer. Im Vorraum legte sie den Zettel auf die Ablage. Sie schlüpfte aus den Filzpantoffeln in ihre hohen Schuhe und stöckelte zurück zur Straßenbahnhaltestelle.

In der Straßenbahn sang Leos Smartphone.

»Dr. Kardiff?«

»Ja, hier Frida Dallinger. Sie waren eben hier, hat Roman gesagt?«

»Oh, ja. Es tut mir leid, dass ich mich nicht vorangemeldet habe.« Leo stammelte etwas. Was sollte sie der Frau als Grund angeben, wenn sie fragen würde?

»Das hätte sich gut getroffen, ich wollte nämlich schon längst mit Ihnen reden. Von Frau zu Frau. Damals bei Ihrem Notdienst, da war es der falsche Moment. Aber heute.«

Darauf war Leo nicht vorbereitet. Sie wusste überhaupt nicht mehr, was sie sagen sollte. »Was wollten Sie mir denn sagen?«

Es rauschte in der Leitung. Die Verbindung war schlecht.

»Das kann ich nicht am Telefon. Wo sind Sie jetzt?«

Leo sah nach draußen, der Rhein floss wie ein dunkles Band neben der Bahnstrecke. »Ich bin in der 16. Nächste Station müsste der Ubierring sein.«

Wieder rauschte es. Leo konnte die nächsten Sätze nicht verstehen.

»Jetzt umdrehen wäre doof für mich. Ich muss zurück zu meiner Praxis. Mein Auto parkt dort. Aber morgen könnten wir uns verabreden.«

Die Leitung blieb still, und sie dachte, das Gespräch mit Frida Dallinger sei unterbrochen. Dann hörte sie ein trockenes Husten am anderen Ende, ein Räuspern. »Wenn Sie noch Zeit haben, komme ich dahin.«

»Wohin?«

»In Ihre Praxis. Heute ist doch kein Notdienst. Oder?«

Leo stutzte. »Nein.«

»Dann werden wir nicht unterbrochen. Und bei Ihnen wäre es mir wegen meines Sohnes ohnehin lieber. Geht das spontan?«

Leo sah auf die Uhr. Nathi und Lulu waren bei Freunden, wie so oft würden sie nicht vor zehn zu Hause sein. Das war die vereinbarte Zeit an Schultagen. War sie eine zu freigebige Mutter? Erlaubte sie zu viel?

»Dann machen wir es so. Wenn Sie mit dem Wagen schneller dort sind, warten Sie vor der Tür, Frau Dallinger.«

»Nennen Sie mich Frida.«

Leo wollte schon »Und Sie mich Leo« sagen, aber etwas hielt

sie davon ab. Sie legte auf, die 16 machte eine Kurve vom Rhein weg, hielt am Ubierring.

Es ist wie eine bizarre Verfolgungsjagd, dachte Leo. Zuerst schleiche ich ihr nach, jetzt fährt sie mir hinterher. Als die Bahn wieder anfuhr, war Leos Neugierde größer denn je.

SIEBEN

Frida wollte aufstehen, plumpste aber zurück auf das rote Sofa in Leos Büro. Es sah ungraziös aus, und das schien sie auch zu wissen. Sie hob ihre Handtasche vom Boden auf und drückte sie an ihre Brust wie einen Säugling.

Leo auf ihrem Drehstuhl, Frida gegenüber, wusste nicht mehr, was sie nach dem ersten belanglosen Geplauder noch sagen sollte. Wann kam die Frau auf den Punkt? Einerseits fragte sich Leo wieder, ob nun ihr gegenüber die Auftraggeberin für den Mord an Eberhard Dallinger und die Mörderin von Lutz Wender saß, andererseits verspürte sie weder Angst noch das Gefühl, sie müsste jetzt schnell die Polizei anrufen.

Sie bewegte den Drehstuhl Richtung Fenster, immer mehr Nebel hatte sich in der letzten Stunde draußen gebildet, die Straßenbeleuchtung und die erleuchteten Fenster vom Haus gegenüber wirkten gedämpft. Mein Gott, nach diesem Herbst kam ja erst der Winter mit seinen noch längeren Dunkelzeiten.

Leo wollte den Deckenstrahler anknipsen, endlich mehr Helligkeit hier drinnen, aber ihre Arme waren so schwer und der Weg zum Schalter unendlich weit. In dem Zimmer strahlte nur die Schreibtischlampe, warf einen grellen Lichthof über Leos Laptop und die Akten, ließ den Raum sonst mit tiefen Schatten durchzogen erscheinen.

Jetzt oder nie, dachte Leo, in medias res.

»Frau Dallinger, ohne Ihnen zu nahe zu treten, aber wissen Sie mehr über den Mord an Ihrem Mann? Oder über einen möglichen Auftrag, ihn töten zu lassen?«

Leo biss sich auf die Lippen. Jakob hatte ihr diese Informationen vertraulich zukommen lassen, und eben hatte sie Dinge preisgegeben, die Frida Dallinger offiziell nicht wusste. Noch nicht wissen konnte. Welche Reaktion würde die Anspielung auf einen Auftragsmord entfachen? Leo wollte es darauf ankommen lassen.

Zuerst sagte Frida nichts. Entweder hatte sie Leos Frage und das, was dahinterstand, nicht begriffen, oder sie war nicht überrascht.

»Wissen Sie.« Jetzt lockerte Ebbis Witwe den Griff um ihre Tasche und machte sie auf, wühlte herum, suchte.

Ein typisches Frauenleiden, dieses Wühlen, dachte Leo. Wir wühlen nicht nur in unseren eigenen Gedanken und Wünschen, wir graben auch in unseren Beziehungen zu unseren Liebsten und Kindern und Verwandten. Wir suchen im hintersten Winkel unserer Kopfhandtaschen nach all den Dingen, die wir vorsorglich eingepackt haben, nur um im Notfall festzustellen, dass wir in dem Durcheinander niemals das finden, was wir so dringend brauchen.

Leo merkte, dass ihr die Tränen aufstiegen. Frida Dallinger tat ihr leid.

Sie hätte einfach nur heulen können. Heulen um diese und mit dieser Frau, die ihre beste Zeit nicht nur hinter sich hatte, sondern sich auch mit dem Gedanken trug, gar nie wirklich richtig gute Zeiten erlebt zu haben.

Natürlich geht es uns gut, dachte Leo. Wir haben Staubsauger und Waschmaschinen, wir beschäftigen Putzfrauen und leisten uns Massagen und teure neue Kosmetik wie »Polite Beauty«, aber es mangelt uns an innerer Stärke. Wir nagen an unserem Selbstwertgefühl, wir meinen, nie zu genügen und nie auf dem Podest zu stehen. Immer ist eine schöner, dünner, besser verheiratet oder beliebter als wir. Und immer gibt es diesen einen Kerl, den wir unbedingt wollen, gerade weil er uns nicht so unbedingt will, und wir laufen ihm hinterher, als wäre er das Glück und wir arme kleine Bettelfrauen.

Frida Dallinger seufzte tief, und Leo drehte sich ihr wieder zu. Frida hatte einen kleinen Revolver in der Hand.

Das matte Licht ließ ihn schwarz erscheinen. Oder er war schwarz. Zumindest das Loch in der Mitte des Laufs war tiefschwarz und zielte auf Leos Bauch.

»Wissen Sie.« Frida setzte noch einmal an, wie wenn sie etwas Schweres aufheben würde. »Mich hat es wirklich nicht gestört, dass Eberhard gern mal Ebbi war.«

Leo sollte Angst haben, aber ihr Herz trommelte im gleichen

Rhythmus weiter, das einzige Zeichen von Anspannung verspürte sie in ihren Zähnen, die sie fest aufeinanderbiss.

»Also war es Ihre Idee? Sie haben –«

Frida Dallinger nickte und schüttelte sofort darauf den Kopf. »Alle werden denken, dass ich deshalb einen Auftragsmörder engagiert habe, weil mein Mann eigentlich schwul war oder ein Mischwesen zwischen Weiblein und Männlein, was weiß ich denn von solchen Dingen. Aber in Wahrheit mochte ich seine Weichheit. Er war groß, grober Körper, aber weich. Das ist kein Widerspruch. Wir hatten schon seit Jahren keinen Sex mehr, ich glaube, nein, ich weiß es genau, er bekam in meiner Gegenwart keinen mehr hoch, seit ich mit Roman schwanger war. Es hat nicht mehr für den Akt ausgereicht.«

Fridas Mund lächelte ein mildes Lächeln, das dem Lauf der Waffe völlig widersprach.

»Aber wir mochten uns. Wenn er meine Höschen oder andere Sachen trug, legte er sich gern zu mir, und wir verschmolzen. Das war wunderschön. Löffelchen liegen, Ebbi und Frida. Löffelchen liegen.« Sie sprach das Löffelchen liegen aus wie einen heiligen Begriff.

Leo bewegte sich nicht, drehte sich nicht mehr im Bürosessel. Wie eine ansteigende Flut kam die Erkenntnis über sie. Die Waffe in Fridas Hand verschmolz mit der Düsternis im Büro. Werde ich ein helles Mündungsfeuer in diesen dunklen Schatten sehen, wenn sie schießt? Sie schießt nicht, oder? Nüchterne Gedanken, ruhig war Leo, wie klares Wasser auf einem See bei Windstille.

»Warum dann?« Die Antwort interessierte Leo wahrhaftig.

»Wegen Roman natürlich.«

Leo beugte sich vor, musste näher an das runde Gesicht heran. Das Dunkle schien sich in dem Zimmer zu vermehren. Fridas Züge verschwammen vor Leos Augen.

»Wegen Roman? Aber Sie haben seinen Vater töten lassen!«

Statt einer Antwort seufzte Frida wieder, so schwer und tief, dass Leo das Gefühl hatte, ein Echo würde von der Wand zurückgeworfen.

»Es war so beschämend für den Jungen. So schrecklich beschämend.«

Leo dachte an Nathalie und Luise. An die vielen Male, die sie sich peinlich benommen hatte und ihre Töchter sich für sie geschämt hatten. Wenn sie ehrlich war, schienen sich die beiden, seit ihre Pubertät begonnen hatte, dauernd für irgendwas im Zusammenhang mit ihrer Mutter zu schämen. Gehörte das nicht dazu?

War es so viel schlimmer, wenn der Vater sich in die weiche Ebbi verwandelte und auf der Straße öffentlich die Blicke anderer Kerle suchte? So unendlich unerträglich für einen Sohn, dass sich die Mutter seiner erbarmen und den Vater erledigen musste? Wirklich?

Etwas begann in Leo zu nagen. Da stimmte eine Zahl in der Endabrechnung nicht. »Warum dann Lutz Wender, oder wie auch immer der heißen mag, töten? Der hatte doch seinen Auftrag bestens erfüllt.«

Frida biss sich auf die Lippe, das konnte Leo sehen. Wenn sie beide mit ihrem Dialog fertig waren, würde Leo aufstehen und gehen, ganz einfach. Dass Frida von der Waffe in ihrer Hand Gebrauch machen würde, konnte sie sich immer noch nicht vorstellen.

»Nun, er hat schließlich meinen Eberhard gekillt. Und mir eine Liebe vorgespielt, die nicht echt war.«

Das war neu. Also hatte der Killer nicht nur den charmanten Gernot Murbach bei Britti gegeben, sondern auch als Lutz Wender seine Eroberung gemacht. Ein Killer als Herzensbrecher. Leo musste über diese gedankliche Formulierung schmunzeln.

Aber etwas stimmte trotzdem nicht.

Löffelchen liegen. Weich und kuschelig. Dann Eberhard killen lassen. Sich in den Mörder des Gatten verlieben. Aber ihn gnadenlos erschießen. Nein und nein. Passte nicht. Kam nicht auf einen Nenner.

»Wie haben Sie den Auftragskiller eigentlich gefunden, Frau Dallinger? In den Gelben Seiten?«

Obwohl Fridas Züge mehr und mehr in der Dunkelheit verschwanden, glaubte Leo, eine Verunsicherung in ihnen zu erkennen.

»Das geht Sie nichts an, Frau Dr. Kardiff.«

Fridas Ton war mit einem Mal schärfer geworden. Leo konnte hören, wie ihre Zähne einmal aufeinanderschlugen.

Ein neuer Gedanke kam Leo.

Der Gedanke kam leise, setzte sich fest.

Leo drehte ihn hin und her wie vorhin ihren Drehstuhl.

»Wann hat Roman seinen Vater das erste Mal in Frauenkleidern gesehen?«

Eine Pause dehnte sich zwischen ihnen. Sie beide schienen nur mehr als Konturen zwischen den Schatten zu existieren.

»Mit vierzehn.« Fridas Stimme war ein Flüstern.

»Was passierte?«

»Roman flippte völlig aus. Er hing zu der Zeit mit einer Gruppe beliebter Jungs ab, die er supercool und megakrass fand. Wie die Jungs dazu eben sagen. Sonst war er schüchtern, hatte bis dahin nicht viele Freunde gefunden. Das waren seine ›heroes‹. So hat er es formuliert.«

Leo dachte wieder an Nathi und Lulu. Vierzehn, fast eineinhalb Jahre her, ja, da war alles geil, super, krass, cool oder mega gewesen. Laute Musik, abhängen mit Freundinnen. Das war heute noch so.

Fridas Flüstern floss weiter aus ihrem Mund. »Roman kam zu mir und war so außer sich, dass ich dachte, er würde vielleicht das Haus verlassen, zu einem dieser Kumpels ziehen und uns nie wiedersehen wollen. Wir sind dann beide zu Eberhard, der uns alles erklären wollte, Roman alles erklären wollte. Da hat der Junge sogar die Hand gegen seinen Vater erhoben, wollte den Mann in Frauenkleidern schlagen, mein Gott, dieses Bild werde ich nie mehr vergessen. Eberhard, ebenso völlig schockiert über die heftige Reaktion unseres sonst eher braven Sohnes, hat geschworen, es nie wieder zu tun. Für Roman. Nie, niemals wieder. Er liebte den Jungen innig. Obwohl ich denke, er hat Roman nie verstanden, so wie ich es tue, aber er liebte ihn auf seine weiche Weise. Eine Weile hielt es, Ebbi und ich haben sogar schon angefangen, Scherze darüber zu machen, manchmal.«

Frida lachte leise. Leo fragte sich, ob der Revolver immer noch auf ihren Bauch gerichtet war.

»Wir leben in sehr toleranten Zeiten, Frida.«

»Für meinen Jungen war es anders. Für meinen Jungen war es die Hölle. Egal, was Sie sagen. Und natürlich hat sich Eberhard nicht an sein Versprechen gehalten. Vielleicht hat er es versucht. Ich denke aber, die Sehnsucht nach dem Weiblichen war zu groß. Oder wurde immer größer. Können Sie sich vorstellen, was passiert wäre, wenn ihn hier in der Nachbarschaft jemand in seiner Aufmachung je gesehen und erkannt hätte?«

»Wie haben Sie es erfahren?«

»Roman hat es mir erzählt. Ich glaube, er hat seinem Vater die ganze Zeit hinterherspioniert. Es wäre lange schon an der Zeit, dem ein Ende zu setzen, hat er gesagt, Papa würde immer weibischer werden. Ekelhaft. Bald wüssten es alle. Er hätte einen aufgetrieben, der seinen irren Vater zur Vernunft bringen würde. So oder so. Ich habe Roman zuerst geschlagen, dann angefleht, mir zu sagen, wer und wie, und es rückgängig zu machen. Aber das wollte er nicht.«

»Also haben Sie selbst Kontakt aufgenommen.«

»Roman hätte den Deal ohnehin nicht bezahlen können. Ich hatte das Geld, er das Wissen, wie so was in diesem Darknet läuft.«

»Also war es Ihnen am Ende doch recht?«

»Eberhard oder Roman. Wenn nicht durch einen Auftragsmord, hätte Roman seinen Vater, Ebbi, beim nächsten Mal mit bloßen Händen erwürgt. Ich würde mich immer wieder für Roman entscheiden.«

Leo nickte, sah Nathalie und Luise vor sich.

Fridas Kontur erbebte. »Als dann die Ermittlungen begannen, da habe ich gedacht, sie werden es herausbekommen, habe gezittert, sogar überlegt, mich und Roman umzubringen. Aber nichts kam heraus. Den ersten Kontakt hatte mein Sohn über sein Smartphone hergestellt. Und das haben die Ermittler nie gecheckt.«

»Wann haben Sie gewusst, dass der Auftragsmörder in derselben Straße wie Sie lebte? Wann und wie Lutz Wender kennengelernt?«

»Lutz?« Wieder dieses leise Lachen im Grau.

»Zuerst kannte ich ihn nur als Nachbarn, dann plötzlich wurde er der neue beste Freund meines Mannes. Eberhard hat ihn immer

Paulus genannt, bei seinem zweiten Vornamen. Den fand er toll. Ich mochte ihn nicht, habe es gehasst, dass er Eberhard in seinem Wunsch nach Weiblichkeit so unterstützt, so gefördert hat. Habe ihm sogar verboten, in unser Haus zu kommen. Aber dann hat er begonnen, auch mich zu umgarnen. Klingelte, wenn Eberhard mit seinen Cremes unterwegs war. Hat mich gebeten, ihn Lutz zu nennen, denn dieses Paulus würde er in Wahrheit nicht mögen, das sei nur ein Entgegenkommen für Eberhard. Ich begann Lutz zu mögen, schneller, als mir lieb war. Er hat mich umworben wie nie ein Mann zuvor. Hat mich ausgeführt, romantische Treffen geplant. Ich konnte es kaum fassen. Ich und eine beginnende Affäre. Ich bin nicht der Typ Frau, um den sich Männer sonst überhaupt bemühen. War ich nie.«

Leo schüttelte schnell den Kopf. War sie nicht auch oft an die falschen Kerle geraten? Und wie oft fühlte sie sich einsam, wertlos und hässlich?

Frida machte eine halbe Drehung Richtung Fenster, als ob im Nebel draußen diese Geschichte geschrieben stehen würde.

»Eberhard war der Einzige, der mich damals genommen hat. Sicher, weil ich bereit war, Löffelchen zu liegen, und nie sexuelle Forderungen gestellt habe. Keine heißen Nächte. Na ja, so wie ich immer schwitze, habe ich Hitze genug. Aber meine Sehnsüchte nach einer großen Liebe, die waren immer da, im Verborgenen.« Das nächste Lachen war überraschend laut, ihr Tonfall wurde schrill. »Eines Morgens hat Lutz es mir gesagt. Einfach so. Dass er der gedungene Mörder sei, der Eberhard demnächst töten würde. Dass wir ihn engagiert hätten in diesem Darknet. Natürlich war ich da schon völlig außer mir vor Liebe zu ihm. Ich dachte sogar, er macht es für mich. Für uns. Damit wir, nach einer Anstandszeit, zusammen sein können. Also hab ich geschwiegen und gewartet.«

Leo bekam eine Gänsehaut. Frida redete.

»Ich hatte bis zuletzt keine Ahnung, dass Roman die Sache zwischen Lutz und mir herausgefunden hatte. Obwohl ich die Waffe fand. Er hat sie auch aus diesem grässlichen Internet. Ich verstehe nicht, wie es Jugendlichen so leicht gemacht werden kann, an so schreckliche Dinge zu kommen.« Frida kehrte zu ihrem Flüstern zurück. »Ich denke, es war der nächste Schock für Roman, der nächste Verrat, diesmal von meiner Seite aus. Ich hatte ein Date mit Lutz, da im Römerpark, und Roman war plötzlich da, mit der Waffe, und hat ihn erschossen. Dann sind wir davongelaufen, nach Hause zurück. Ich habe die Waffe an mich genommen, und ich wäre die Täterin gewesen, wenn die Polizei gekommen wäre. Aber keiner kam. Keiner.«

»Bisher, Frau Dallinger.«

»Wer weiß, vielleicht sind Sie die Einzige, die hinter unsere Fassade blickt.«

»Ich denke, es ist nur eine Frage der Zeit.«

»Dann nehme ich die Schuld auf mich. Außer Ihnen weiß es ja keiner. Das würden Sie für Ihre Töchter doch auch tun?«

Nein, dachte Leo.

Mein Leben geben, ja, jederzeit, aber ihnen nicht die Verantwortung für solche Entscheidungen abnehmen. Es hätte andere Lösungen gegeben, das musste auch Frida wissen. Sonst würde sie nicht hier sitzen.

Leo traf ihre Entscheidung.

Die Ruhe breitete sich weiter in ihr aus. Erfüllte sie. In diesem Moment hätte sie eine Spritze in die Hand nehmen können, ohne auch nur mit der Wimper zu zucken. Es war ein wenig wie Magie.

»Frau Dallinger. Wenn ich jetzt aufstehe, mein Handy nehme und Hauptkommissar Zimmer anrufe, werden Sie mich nicht erschießen. Nicht wahr, Frida?«

»Ich würde nicht darauf wetten, Frau Doktor.«

Die Stimme von Frida in all den Schatten um sie beide herum klang jetzt wie die eines sehr jungen und ungemein hübschen Mädchens. Eine Zeit lang geschah nichts. Der Lärm der Straße zog Risse in die Stille.

Leo stand auf.

Sie hörte das Klappern von Fridas Zähnen.

ACHT

Später in diesem Herbst. Regen und Sturm über Köln.

Sie sind bis zum Stadtgarten gebummelt, haben sich unterwegs eine Tüte Maronen vom Stand geteilt, jetzt sitzen sie im Café im Stadtgarten und sind bei Kölsch gelandet. Leo ist es wieder einmal zu heiß hier drinnen, sie merkt, dass ihre Wangen gerötet sind. Kurze Panik kommt in ihr auf, ist es der Beginn einer Wechseljahreswallung? Nein, dafür ist sie verdammt noch mal zu jung.

Doch heute und hier will sie nicht wieder Tausende Gedanken gleichzeitig wälzen. Es ist Wochenende, sie beide haben frei, kein Ärztebereitschaftsdienst, kein neuer Mordfall.

Jakob hebt sein Kölschglas. Er hat sich rasiert. Glatt wie ein Babypopo sind Kinn und Backen. Er sieht unverschämt gut aus. »Wollen wir endlich auf uns beide anstoßen, Leo?«

Sie nickt. In den Wochen bis zum heutigen Abend hatten weder sie noch Jakob Zeit und Ruhe für ein Treffen gehabt.

»Achtes Date.«

»Was?«

»Bitte, heißt das.« Automatisch kommt dieser Satz aus ihrem Mund, Jakob lacht schallend auf. Seine Grübchen wirken heute tiefer, wie sein Blick, mit dem er sie ansieht.

»Hast du mitgezählt?«

Sie nickt wieder und lächelt, trinkt einen Schluck, wischt sich den Schaum von den Lippen.

»Küss mich, Frau Doktor!« Jakob beugt sich über den Tisch zu ihr hin.

Sie schließt die Augen, und ihre Lippen berühren sich. Ihre Zungen. Es ist wie ein lauwarmer Regen, wie ein weicher Windhauch oder beides zusammen. Leo spürt selbst im Sitzen ihre Knie weich werden. Wenn das der Beginn ist, mag sie sich das Folgende gar nicht vorstellen, sonst würde sie in ihrem Körper noch mehr Hitze erzeugen.

Seine Lippen lösen sich wieder. »Und damit haben wir uns echt acht Dates Zeit gelassen?«

Sie mag seinen Humor.

»Noch ein Kölsch?«, fragt die Bedienung, Leo nickt, Jakob schüttelt den Kopf.

»Nein, ich zahle die beiden gleich.«

»Oh!«, sagt Leo. Doch nichts mit freiem Wochenende? Nathalie ist mit einer Freundin weggefahren, Luise bei ihrem Freund. Sie werden immer mehr flügge. Gut so. Leo hat eigentlich geglaubt, heute sei der »best day ever« für sie und ihren Hauptkommissar.

»Du guckst, als hätte ich etwas Falsches gesagt.« Jakob gibt großzügig Trinkgeld.

»Nein, schon gut, ich dachte nur –«

»Ich hab eingekauft, Leo. Für uns. In meiner bescheidenen Hütte gibt es Prosecco und ein paar Häppchen und, wenn du magst, noch mehr Küsse.«

»Oh.«

Leo findet keine Worte. Ist es das, was sie sich schon so lange wünscht? Der Killer fällt ihr ein, dem die süße Britti so schnell erlegen war, und sie fragt sich, ob es nicht auch in Jakobs Leben so etwas wie einen doppelten Boden gibt. Heißt es nicht immer, einer geht zur Polizei, weil er eine Affinität zur Kehrseite der Münze hat?

Quatsch, weg mit diesen Hirngespinsten und der Küchenpsychologie.

»Komm, Leo.«

Wie er ihren Namen ausspricht, macht sie froh. Genug Gedanken für heute, für dieses Wochenende. Montag werden wir weitersehen, denkt sie. Montag ist so weit weg wie der Mond.

Sie nehmen sich ein Taxi, fahren über den Rhein auf die Schäl Sick, nach Deutz, dort wohnt Jakob in einer komfortablen Junggesellenwohnung, wie er ihr erzählt hat. Ein Zimmer besteht nur aus einem Bett, hat er ihr auch mal gesagt, das fällt ihr ein, als er das Taxi bezahlt, und wieder sind ihre Knie weich, die Hitze in ihren Wangen.

Oben ist es gemütlich. Schon im Wohnzimmer. Helle Möbel, breite Couch, weicher Teppich. Es gibt tatsächlich Pflanzen, die Jakob und seinen Beruf zu überleben scheinen, einen Ficus und eine Yuccapalme im Wohn-Ess-Bereich.

»Ein Glas vor dem nächsten Kuss?«, fragt er, aber Leo ist jetzt alles egal.

Sie wirft sich ihm an den Hals, hängt sich an ihn wie ein kleines Äffchen, und seine Lippen, seine Zunge fühlen sich noch weicher an als im Café. Sie streichelt den Ansatz seines Haares im Nacken, er hält sie fest, umarmt sie so, wie sie es sich immer vorgestellt hat, gewünscht hätte vom Ex-Mann, Ex-Freund oder von der Handvoll Lovern.

Hier und jetzt ist sie angekommen. Das kann Leo spüren. Sie könnte spontan weinen, tut es aber nicht.

Seine Zunge ist da, hat sich ganz in ihren Mund geschoben, und sie erwidert den erotischen Kuss, erwidert ihn hungrig und bereit für mehr. Lange stehen sie so und küssen sich einfach im wechselnden Rhythmus ihres Verlangens. Seine Hand geht tiefer, fasst ihren Hintern, wieder der kurze Schreck in Leos Hirn, dass sie zu wenig trainiert und zu viele Pralinen gegessen hat, aber ehrlich, scheiß der Hund drauf, wie Lulu sagen würde.

Langsam bewegen sie sich Richtung Couch, lassen sich in die Kissen gleiten. Die Küsse werden schneller, seine Hände drängender, sie kann ihn jetzt auch spüren, ahnt, was kommen wird.

Ein kleiner Zweifel klopft an, eine scheue Angst meldet sich. Was, wenn es wieder schiefgeht? Wenn ihrer beider Leben, Berufe, Interessen doch zu verschieden sind?

Nicht, denkt Leo, nicht denken.

Hier und jetzt. Das ist mein Leben.

Und ja, dann lässt sie es zu, als ihr Jakob den Pullover über den Kopf zieht, hilft ihm, sein Hemd aufzuknöpfen, darunter noch ein Shirt, auch das ist schnell ausgezogen. Er küsst ihren Hals, ihr Dekolleté. Haut an Haut, wieder Hitze, es ist gut.

»Schlaf mit mir!«, sagt er, und sein Atem rennt.

»Bitte! Jetzt und hier!«, sagt er, und Leo brennt.

Lichterloh.

»Was?« Jakob sah Leo an.

Sie merkte, dass sie laut zu murmeln begonnen hatte über ihren Tagtraum, und ein schnelles, zu hohes Kichern kam über ihre Lippen.

»Bitte, heißt das, Jakob. Das sage ich auch Nathi und Lulu immer.«

»Schön, dass du mich auf einer Ebene mit deinen Töchtern ansiedelst.« Er prostete ihr mit seinem Kölsch zu.

Jakob hatte sich rasiert, das war tatsächlich real. Und er sah verdammt gut aus, auch das stimmte mit ihrer schönen Phantasie überein. Sie lächelten und stießen an. Die Bedienung kam und stellte zwei weitere volle Gläser auf den Tisch.

Draußen vor dem Stadtgarten-Café war es bereits dunkel, und die Straßenlaternen mühten sich gegen den Regen und das Dauergrau ab.

»An was hast du jetzt bloß gedacht, Leo?«

Leo zuckte mit den Schultern. »Ich musste an Frida und Roman Dallinger denken.«

Jakob seufzte laut auf. »Leo, das ist nicht gut. Ich kann dir einen Tipp geben, den jeder Polizeibeamte beherzigen muss: Ist ein Fall gelöst, lässt man ihn, wenn möglich, in seinem Kopf und auch in seinem Herzen in Frieden ruhen. Man beerdigt ihn, könnte man sagen. Und man geht nicht hin und schaufelt das Grab wieder neu auf.«

»Das klingt düster.«

»Nein, so ist es ja gar nicht.« Jakob nahm die Speisekarte in die Hände und drehte sie mehrfach. Er wirkte jetzt auch nachdenklicher. »Ich höre immer nach, was aus den Leuten wird.«

»Und?«

»Roman Dallinger hat seinen Prozessbeginn in einigen Tagen. Er ist siebzehn. Soviel ich gehört habe, hat es sein Anwalt geschafft, dass er nach dem Jungendstrafrecht angeklagt wird. Obwohl ich denke, das war schon eine harte Nummer, seinem Vater einen Auftragsmörder auf den Hals zu hetzen und dann kaltblütig einen Menschen zu erschießen. Er ist einem Menschentyp wie Lutz Wender ähnlicher, als seine Mutter erkennen will.«

»Ist das sein richtiger Name gewesen?«

Jakob strich sich über die Lippen. »Darüber kann ich ab sofort nichts mehr sagen, tut mir leid. Da laufen einige Wiederaufnahmen von Verfahren an. Alle Fälle werden neu aufgerollt, bei denen der Mann möglicherweise angeheuert wurde. Da wird es mehrere Verhaftungen geben, glaub mir.«

Leo sah ihren Jakob an. Er runzelte die Stirn und sah jetzt gequält aus. Die Stimmung am Tisch war trübe geworden wie das Wetter. »Und Frida?«, fragte sie.

»Tja, was wird aus einer Frau, deren Mann ermordet wird und deren Sohn ins Gefängnis kommt? Sie ist in Therapie, hab ich gehört, besucht Roman regelmäßig. Aber sie wird auch wegen Mittäterschaft angeklagt.«

Leo erinnerte sich an die Begegnung in ihrer Praxis. Sie erinnerte sich daran, wie sie am Ende nach ihrem Smartphone gegriffen hatte, um Jakob anzurufen. Nicht Jakob, den Freund, sondern Jakob Zimmer, den Hauptkommissar. Natürlich hatte Frida nicht abgedrückt. Die Waffe war gar nicht mehr geladen gewesen. Hatte Leo das wirklich geahnt oder ein klein wenig russisches Roulette gespielt? Diese Überlegungen sollte sie wohl schnell verdrängen. Doch Frida tat ihr immer weiter unendlich leid.

»Dein Kind bleibt immer dein Kind, so zumindest wäre es auch bei mir. Aber sie wird sich fragen, was schiefgelaufen ist. Das gehört dazu. Sie hat mein tiefstes Mitgefühl.«

Jakob streckte sich. »Komm, lass uns über etwas anderes reden. Keiner von uns beiden kann die Dinge, die geschehen sind, ändern. Aber unser Treffen, das könnte schön werden.«

Leo nickte. Dann trank sie den Rest ihres Kölsch in einem Zug. Ihr Tagtraum fiel ihr wieder ein.

»Das ist unser achtes Date, Jakob.« Sagte Leo.

»Bitte?« Jakob grinste.

Leo spürte, wie sie rot wurde. Er lernte schnell.

EPILOG – NACHSCHLAG

Olaf Jansen steigt aus dem Zug aus.

Am Kölner Hauptbahnhof herrscht Getümmel. Er fasst seine Tasche fester, es gibt so viele Trickdiebe hier. Er kann sich erinnern, vor drei Jahren auch einmal Opfer dieses »Antanzens« geworden zu sein. Wenigstens hatten die Diebe nur sein sogenanntes Außenportemonnaie mit dem Kleingeld gekriegt. Die eigentliche, wichtige Börse trägt er immer innen in seinem Jackett.

Olaf sieht ganz gut aus. Er ist Anfang dreißig und Dentist.

Ohne Doktortitel, aber das will er nachholen. Wenn es sich mit dem neuen Job in der Praxis hier in Köln vereinbaren lässt, wird er seine Dissertation schreiben und sich den Titel erarbeiten. Sein Haar ist braun, seine Augen ebenso. Er ist recht sportlich, aber ohne Muskelpakete. Er joggt gern und hat Ausdauer. Durchschnitt, was die Größe angeht, die Gesichtszüge. Unauffällig, aber freundlich.

Olaf spürt seine Blase. Immer wenn er aufgeregt ist, meldet sie sich.

Heute ist sein erster Arbeitstag, und die Nervosität ist mit Freude gepaart. Seine Nichte hat ihm den Job verschafft, die Tochter seiner älteren Schwester. Obwohl er kein wirklich inniges Verhältnis zu seiner Familie hat, hilft man sich gegenseitig, vor einem halben Jahr hat er Mirjam Geld für einen Gebrauchtwagen geliehen.

Er geht zur Bahnhofstoilette und wundert sich, dass es hier auch für Männer einen Euro kostet, seine Blase zu entleeren. Das ist Abzocke, aber er kann nicht mehr warten, obwohl er schon im Regionalexpress war. Olaf muss einen Zehn-Euro-Schein wechseln, er hat kein Kleingeld dabei.

Ihm fällt das letzte Treffen mit Frau Dr. Kardiff ein, bevor sie sich einig wurden. Auch sie war wieder nervös gewesen und hatte ihn sehr genau begutachtet, wie bereits das erste Mal, ihn nicht aus den Augen gelassen, während er einen Kaffee in ihrem Büro getrunken hatte. Trotzdem war alles erstaunlich glattgegangen.

In der Praxis in Eschweiler hatten sich für ihn so viele Urlaubstage angesammelt, die ihm Dr. Fink nie hätte auszahlen können, also waren sie übereingekommen, dass er ganz unbürokratisch früher wechselt, also in den kommenden Tagen, und beim Notdienst bereits einspringt, was seine neue Chefin dankbar angenommen hat.

Heute geht es los.

Jetzt steht er aber noch am Pissoir in der Bahnhofstoilette. Die Erleichterung ist groß, als er laufen lässt. Wo wohl all das Wasser in seiner Blase herkommt, fragt er sich, er trinkt recht wenig.

Danach wäscht sich Olaf die Hände und betrachtet sich im Spiegel über dem Waschbecken. Er bemerkt sofort den roten Fleck auf seinem hellen Hemd, fast hätte ihn der Schal verdeckt, aber er ist da und fällt unschön auf. Olaf hat gar nicht registriert, dass er einen Spritzer abbekommen hat, manchmal ist er unaufmerksam. Das ist sicher seiner Aufregung heute Morgen geschuldet.

Er benetzt seine Finger am Wasserhahn und beginnt an dem Fleck zu reiben. Wenn er es nicht schafft, ist Zeit genug, sich auf dem Weg zur Praxis in einem Laden ein neues Hemd oder einen Pulli zu kaufen. Er darf am ersten Arbeitstag nicht schlampig oder schmutzig erscheinen.

Unter seinen Fingern wird der Fleck rosig, durchscheinend und löst sich schneller auf als erwartet. Nur die Nässe bleibt zurück. Olaf zieht sich ein Stück Papierhandtuch und betupft die Stelle. Bis nach Sülz in die Praxis wird es trocknen.

Er verlässt die Bahnhofstoilette, reiht sich in den Strom der Menschen Richtung Straßenbahn ein.

Für Blutflecke immer kaltes Wasser verwenden, dann geht es einfach, hat seine große Schwester mal gesagt, damit hatte sie recht.

Fine

Dankesliste

Ein großes Dankeschön geht an:

Gabriela
Dr. Cornelia Assaf
Chris Willer
Lennart & Laurens Orlinski
Claudia Matschulla
Anne Wißmann
Leslie Schmidt
Erika Trücher
Regina und Peter Molden

Und ein extragroßes Dankeschön an Hilla Czinczoll.

Isabella Archan

TOTE HABEN KEIN ZAHNWEH

Broschur, 368 Seiten

ISBN 978-3-95451-776-3

»Ein ungewöhnlicher und sehr witziger Krimi. Ihre Hobbyermittlerin allein ist schon preisverdächtig.« Saarländischer Rundfunk

»Bühne frei für eine spannende, lustige, nicht immer ernst gemeinte Mörderjagd. Ein wenig grotesk, viel Humor.« Radio Köln